工业和信息化普通高等职业教育"十二五"规划教材立项项目
高等职业院校素质教育"十二五"规划教材

U0650967

# 就业创业教育

张杰 ◎ 主编

赫崇飞 王继辉 赵伦芬 罗红希 王光雪 ◎ 副主编

# Employment and Entrepreneurship Education

人民邮电出版社

北京

**图书在版编目（CIP）数据**

就业创业教育 / 张杰主编. -- 北京 ：人民邮电出版社，2015.3

高等职业院校素质教育"十二五"规划教材

ISBN 978-7-115-38504-8

Ⅰ．①就… Ⅱ．①张… Ⅲ．①职业选择－高等职业教育－教材 Ⅳ．①G717.38

中国版本图书馆CIP数据核字（2015）第028620号

## 内 容 提 要

本书结合大学生的就业、创业现状，按照就业篇和创业篇分别介绍我国大学生的就业基本理论、就业形势与政策、就业准备、就业前的面试与笔试、就业权益及保护，以及大学生创业基本知识、创业策略、目前大学生创业现状、创业实践与创业中的问题及对策等。书中既有大学生就业、创业理论方面的深入阐述，又有切合大学生就业、创业实际的能力训练、操作方法，有利于引导大学生正确对待就业创业难题，从容应对就业竞争和实现成功创业。

本书可作为大学生就业、创业教育方面的通识教育教材，也可作为高校相关教职人员的参考书。

- ◆ 主　　编　张　杰
  副 主 编　赫崇飞　王继辉　赵伦芬　罗红希　王光雪
  责任编辑　马小霞
  执行编辑　赖文华
  责任印制　张佳莹　焦志炜
- ◆ 人民邮电出版社出版发行　北京市丰台区成寿寺路 11 号
  邮编　100164　电子邮件　315@ptpress.com.cn
  网址　http://www.ptpress.com.cn
  北京艺辉印刷有限公司印刷
- ◆ 开本：787×1092　1/16
  印张：13.5
  字数：336 千字
  2015 年 3 月第 1 版
  2015 年 3 月北京第 1 次印刷

定价：35.00 元

读者服务热线：（010）81055256　印装质量热线：（010）81055316
反盗版热线：（010）81055315

2014 年 6 月 23 日～24 日，习近平总书记在全国职业教育工作会议上指出，职业教育是国民教育体系和人力资源开发的重要组成部分，是广大青年打开通往成功成才大门的重要途径，肩负着培养多样化人才、传承技术技能、促进就业创业的重要职责，必须高度重视、加快发展。要弘扬劳动光荣、技能宝贵、创造伟大的时代风尚，营造人人皆可成才、人人尽展其才的良好环境，努力培养数以亿计的高素质劳动者和技术技能人才。要牢牢把握服务发展、促进就业的办学方向，努力让每个人都有人生出彩的机会。李克强总理在会见全国职业教育工作会议代表时也强调，要加快培养高素质劳动者和技能人才，为推动经济发展和保持比较充分的就业提供支撑。

然而，随着国际经济形势的变化和国内产业转型升级的推进，我国高校毕业生就业压力有增无减，大学生就业工作一直成为我国政府、社会和高校关注的热点。党和政府高度重视高校毕业生就业工作，把大学生就业放在当前就业工作的首位，采取积极得力措施促进高校毕业生实现有效就业。因此，为了更好地促进高职院校大学生顺利就业、创业，切实重视大学生就业、创业教育教学，特别是编写一本能很好地适应高校学生就业、创业需要的教材，就成为必须解决的重要课题。

本书结合当前大学生的就业创业形势，以培养大学生的就业竞争意识和实现成功创业、提高大学生就业、创业能力为目的，按照《国家中长期教育改革和发展规划纲要（2010—2020 年）》、国务院《关于加快发展现代职业教育的决定》（国发〔2014〕19 号）、教育部 2007 年颁发的《大学生职业发展与就业指导课程要求》（教高厅〔2007〕7 号）和教育部《关于深化教学改革，培养适应 21 世纪需要的高质量人才的意见》的内容和要求，结合我国高校开展就业、创业教育教学的实际情况，由在高校教学第一线的具有较高理论水平和丰富实践经验的就业、创业任课教师编写而成，可作为我国高校开设就业、创业教育课的教材。

本书结合高校大学生的就业、创业现状，按照就业篇和创业篇分别介绍我国大学生的就业基本理论、就业形势与政策、就业准备、就业前的面试与笔试、就业权益及保护，以及大学生创业基本知识、创业策略、目前大学生创业现状、创业实践与创业中的问题及对策等。

全书题材新颖，内容丰富，具有很强的体系性、针对性、趣味性和指导性，既有理论方面的深入阐述，又有切合大学生就业、创业实际的案例探析、素质拓展；既立足实用性，具备指导功能，又注重方向性，富有教育意义，有利于引导大学生正确对待就业、创业难题，从容应对就业竞争和实现成功创业。

　　参加本书编写的主要是中山火炬职业技术学院思政部就业创业教研室的骨干教师及相关研究专家，担任该书主编的是中山火炬职业技术学院思欧部就业创业教研室主任兼文化策略研究所所长张杰老师，她对全书进行了精密的构思，提出了编写大纲，并负责编写"绪论"、第 1 章、第 2 章和第 3 章；赫崇飞博士负责编写第 4 章、第 5 章和第 6 章；王继辉教授负责编写第 9 章和附录一；赵伦芬老师负责编写第 7 章；罗红希博士负责编写第 8 章；吉林省松原职业技术学院王光雪老师负责编写第 10 章及附录二、附录三；张杰老师、赫崇飞博士、王继辉教授等负责全书统稿和润色工作。

　　由于时间仓促和编者水平有限，本书的不足之处在所难免，恳请广大读者给予批评指正。

编　者<br>2015 年 1 月

绪论

# 第一部分　就业篇

# 目　录

# 第二部分　创业篇

# 目　录

# 绪 论

## 一、就业创业教育的含义

随着我国高等教育体制改革的不断推进，高校毕业生就业制度改革也在逐步深化，为毕业生自主择业创造了机遇，但同时也带来了压力与挑战。新的就业制度客观上要求对大学生进行必要的就业创业教育，大学生也有接受就业创业教育的主观愿望，因此就业创业教育就应运而生。

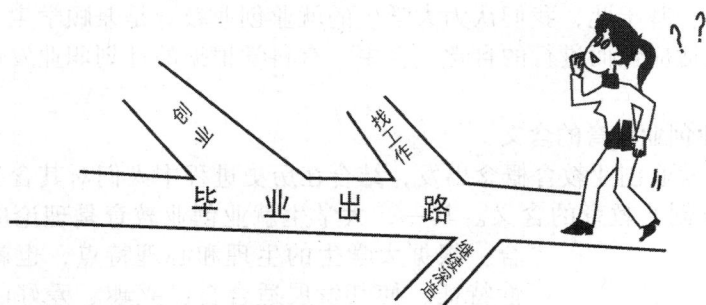

就业创业教育在不同的国家和地区有着不同的称谓，如在英国和美国称为职业指导，在法国称为方向指导，在日本称为出路指导，在俄罗斯称为职业定向教育，虽然称谓不同，但含义大体是一致的。

### 1. 对就业创业教育的理解

人们通常把就业创业教育理解为是帮助择业者根据个人的生理和心理特点选择适合于自己职业的过程。对这一解释的理解有狭义和广义之分，狭义上把它理解为择业期的选择过程；而广义上则理解为择业的准备过程和选择过程，以及在职业中发展和完善的过程，其中以准备过程尤为重要。

从就业创业教育的发展历程来看，从就业创业教育产生到19世纪以前，人们对就业创业教育概念的理解囿于狭义。为美国奠定职业指导理论基础的帕森斯，在20世纪初提出了职业指导是人的生理、心理特点与职业对人的要求相匹配的命题，而就业创业教育就是了解自己、了解职业、实现人—职匹配的过程。这一理论具有广泛的应用性，而且从表面上看，最易于使人把就业创业教育理解为择业指导的代名词，因此，在实践上，择业指导也就成了职业指导的代名词。基于此，就业创业教育也就成了"就业安置"或是帮助人们找"好职业"的重要环节。随着时代的发展，人们对就业创业教育的认识不断深化。又由于心理学理论的发展，20世纪60年代初，人们在观念上认识到，学生选择职业不是毕业时才有的一个临时性的事件，而是一个发展的过程。简而言之，就业创业教育就是一个指导学生成长发展的过程。

当然，从不同学科界定就业创业教育又有多种定义。例如，教育学者认为，就业创业教育是学生个性全面协调发展系统内的基本环节；经济学者认为，它是有计划地对劳动力进行分配与再分配的管理工作；而社会学者则强调就业创业教育对协调各种社会关系的作用。可见，不同学科均从各自学科的特点和捍卫本学科的利益出发，这有其正确的一面，即说明了某一环节，但难免以偏概全。

目前我国社会各界对就业创业教育概念的理解也颇多歧义，主要表现在把就业创业教育看作是择业指导。究其原因：一个是把就业创业教育局限于帮助择业者依据身心选择适合于自己职业的过程，是择业时一个环节的工作；另一个是受到学科的局限，把就业创业教育理解成劳动人事学科独有的范畴，或作为心理学上的应用。这就使就业创业教育局限于某一过程或某一方面，而不系统、全面。我们认为，就业创业教育从学科上来说是边缘交叉学科，就业创业教育还要考虑到对象的不同。从总体上说，针对所有的指导对象，可以把就业创业教育理解为是帮助择业者根据自己的身心特点选择适合于自己职业的过程。但是，如果考虑到高等学校的就业创业教育的特殊对象，就必须重视职业的准备，也就是择业预备期的指导。基于此，我们认为大学生的就业创业教育是兼顾学生个人特征与社会需要，为达到职业适应性而进行的自觉、自主、有科学根据的计划职业发展、合理选择职业的过程。

### 2. 大学生就业创业教育的含义

从一般意义的就业创业教育概念出发，结合在历史进程中人们对其含义的理解，可以揭示出大学生就业创业教育的含义。其一，大学生就业创业教育是理论应用与现实的结合。根据大学生的生理和心理特点，也就是大学生的个性特征，使其发展适合自己兴趣、爱好的职业能力。但由于受到社会职业的发展和竞争的局限，大学生不可能都按照自己的意愿去实现职业理想，因此，调整他们的职业期望，将其个人需要和社会需要结合起来，在结合中去设计自己的职业发展计划，这才是现实的。其二，大学生往往只想到那些职业声望高的所谓"好"的职业，而不顾个人特征的限制，这就需要指导他们认识自己，正确地评价自己，引导其在适合自己的职业领域内去发展自己的职业能力。每个大学生由于身心特点的局限，均有其适应的职业范围，并不是所有的大学生都适

应某一种职业，只有在适合自己的职业范围内实施职业发展计划，才意味着个人选择的成功。其三，就业创业教育有阶段性，但并不只是一个环节的工作，而是连续的过程。从人的职业生涯上来说，职业能力的培养和适应性是持续在人有劳动能力的过程中的。有学者认为，职业指导不仅要使被指导者知业，而且要设法使其为之预备、助其入业，使其乐于其业，万一入业不适宜，更当设法使之迁业。就大学生的就业创业教育来说，它贯穿于大学生活的始终，大学教育过程就是学生适应职业要求的整个过程，而且学业和择业是紧密联系在一起的。对高职院校的大学生来说，前两年是就业前期，也就是准备期，第三年进入就业期，也就是择业期。就业前期个人的综合素质和个人特征的养成准备如果不充分，就会给择业带来障碍。

## 二、就业创业教育的主要内容

大学生就业创业教育的内容是广泛的，比如：就业基本情况、就业形势与就业政策、就业准备、笔试与面试、就业权益及保护、创业概述、创业策略、大学生创业现状、创业实践、创业过程中常见的问题及对策。一般来说，高职院校大学生的三年学习中，前两年在学校进行理论学习，第三年进入实习阶段。因此学生在大二时就要重点了解社会就业形势和国家的就业创业政策和制度，高职院校在大二第四学期时就应开设就业创业教育课，向大学生重点讲授求职择业技巧、途径和大学生就业创业的相关法律法规等，帮助大学生科学正确地进行求职定位。

现就大学生就业创业教育内容，简单列举几个内容加以介绍：

### 1. 社会适应教育

大学生从学校走向社会，是人生道路的一大转折，在他们刚刚走向新的工作岗位之时，由于环境发生了变化，需要一个适应过程。在这个过程中，要完成从学生到职业工作者的角色转换，一般要经历社会化和再社会化的过程。社会适应教育帮助大学生尽快适应环境，完成角色转变，树立信心和责任感，遵守职业道德，用自己的所学在实际工作中乐业、敬业、创业，脚踏实地地干一番事业。

### 2. 就业心理教育

就业心理教育是指运用心理学的原理和方法，针对大学生的心理发展特点和在择业就业过程中的心理问题进行帮助指导。择业过程中的大学生，其心理往往是不稳定的，充满着矛盾冲突，从众、攀比、自负、自卑心理表现得较为明显。当前比较突出的一种心理是就业期望值过高，片面追求高待遇而不客观分析个人的付出和能力，片面追求舒适的工作环境而缺少艰苦创业的精神，片面追求稳定而缺乏竞争意识；另一种是抗挫折能力过弱，对目前严峻的就业形势估计不足，依赖心理严重，求职被拒之后不能客观分析原因，而是悲观失望、怨天尤人。学校要针对择业过程中的大学生的心理状况，采取心理咨询的手段，及时地消除大学生择业中的心理障碍，帮助其减轻心理压力，增强战胜挫折的能力，做好经受失败的心理准备，以健康的心理状态迎接挑战，参与竞争。

### 3. 就业政策教育

大学生就业是劳动就业的一个组成部分，受到国家就业方针政策的制约。就业政策是大学生就业的重要依据。一方面，要了解劳动人事制度，包括用工聘用制度和劳动合同制度；另一方面，要较为详细地了解就业政策。毕业生就业政策是毕业生就业的权利运用和约束条件的结合，是择业行为规范的法规性要求。要教育毕业生在法律法规的约束下开展求职择

3

业，一旦违背就必须承担应有的责任。对毕业生进行广泛地政策引导和咨询，能使毕业生明确哪些是应该做的，哪些是不应该做的，自己有什么样的权利，受到什么样的限制，从而纠正择业"误区"，少走弯路，为他们顺利就业奠定良好的基础条件。

### 4．就业技巧教育

掌握就业技巧是毕业生选择职业时不可忽视的问题，指导学生掌握正确的就业技巧也是就业创业教育的重要内容之一。就业技巧也就是就业择业技艺，它同投机取巧有本质的区别。应通过对毕业生就业技巧的指导，使毕业生掌握应聘、就业程序，掌握自荐方式和应试的有关礼仪，掌握适合本人的形象设计和外表包装，掌握与人交谈时有声语言和肢体语言的正确运用方法。面临择业的毕业生，由于思想准备不充分，心理压力大，出现不知所措、衣不得体、语无伦次、词不达意的现象是比较普遍的。加强择业技巧方面的指导，可以使学生避免由于方法不当而产生的求职就业障碍。

### 5．创业教育

有的大学生不想通过就业择业获得就业岗位，而是选择自己创业，但又不知从何做起，这就需要对大学生进行创业基本知识、创业者的素质要求、创业程序、创业策略和思路等方面的指导。

## 三、就业创业教育的意义

大学生是国家的宝贵人才资源，在当前就业形势异常严峻的大背景下，对大学生进行就业创业教育，促使他们人尽其才、才尽其用，在祖国需要的各条战线上为经济建设和社会进步做出更大贡献，这显得格外重要。大学生的就业创业教育，无论是对社会和用人单位，还是对高等学校和毕业生个人来说，都具有十分重要的意义。

### 1．就业创业教育有利于促进人才在市场上的合理配置

大学生的理想职业生涯，就是在谋求和促进社会进步与发展中实现个人的价值。就业不是单纯地"找工作"，它必须是正确的、科学的职业选择。盲目就业会给人才市场造成混乱的局面，从而导致学生与企业的两难选择：一方面，大学生在竞争中找不到适合自己的岗位，只好盲目就业，甚至失业；另一方面，庞大的求职应聘队伍增加了企业选拔人才的难度，甚至招不到合适的人才。就业创业教育把学生引导到了"人—职匹配"的择业道路上，理顺了人才市场的供求关系。

### 2．开展大学生就业创业教育有利于学校品牌、信誉的建立，有利于促进高等教育事业持续、健康、稳定和协调发展

随着高等教育大众化的转轨和招生规模的逐年扩大，高校大学生就业问题突出，就业率成为衡量一所学校的办学质量与综合实力的重要指标。积极开展大学生就业创业教育研究，对于完善高等学校的素质教育体系，落实以就业和社会需求为导向的高等教育改革；对于提高人才培养的社会符合度，打造学校的人才培养品牌，提高知名度，具有非常重要的战略意义。

### 3．就业创业教育可以增强学生应对社会竞争的能力，避免盲目就业

大学生能否顺利就业，既取决于社会需求和自身素质，也取决于就业创业教育工作。就业竞争实际上就是求职者综合素质的竞争。要通过就业创业教育，教育学生正确评价自己，正确认识自己的职业兴趣倾向、职业能力倾向和职业个性倾向，对自己的职业发展进行全面地定位，同时了解用人单位在选择人才时对人才品德和素质的要求，做到知己知彼，从而制

定出符合自身实际情况的职业生涯模式。然后按照制定出的模式去实施，激发自我塑造意识，提高自己的综合素质和创业就业能力，提高自身就业的能力。

**4. 就业创业教育有利于促进大学生的发展与成才**

一个人为社会做贡献的大小，个人才能能否发挥以及生活方式的选择等，在很大程度上取决于他的职业。就业的结果在相当程度上影响到个人的前途和幸福。当职业、职位与自己的兴趣、能力、特长相吻合时，工作者就能精神饱满，奋发努力，快速发展，茁壮成长。如果择业不当，在人生道路上就会出现种种曲折甚至坎坷，影响当前的发展和未来的前途。因此，要通过就业创业教育导，帮助大学生找到一个适合自己的岗位，使其心情舒畅、精神抖擞地走向社会，为其发展和成才创造条件、打下基础。

# 第一部分

## 就业篇

# 第1章

# 就业概述

## 1.1　就业相关概念

就业的含义在学界有多种表达，但比较完整的表述是：就业就是指在法定年龄内具有劳动能力和劳动愿望的公民依法从事某种有劳动报酬或经营收入的社会活动。

就业可以从三个方面进行界定：

一是就业条件，指在法定劳动年龄内，有劳动能力和劳动愿望；

二是收入条件，指获得一定的劳动报酬或经营收入；

三是时间条件，即每周工作时间的长度。

（见《瞄准就业填志愿》张恒亮著，http://baike.baidu.com/view/9707.htm?fr=aladdin）

随着我国就业形势的日趋严峻和市场经济竞争的日臻激烈，就业者所面对的各种压力势必越来越大，若要在就业竞争中取胜，拥有一定的技巧是十分必要的。

### 1. 求职者首先要给自己职业定位

在择业之前，必须要明确自己"想干什么和最擅长做什么"，整合自身的兴趣、特长、专业或经验，制定两个或两个以上比较适合自己的就业目标。在制定目标时，既不能好高骛远，也不要藐视自己，要分阶段进行，职位、工资待遇等均应循序渐进地发展。如果你真的感到定位无所适从，那你就可以根据自己的兴趣或爱好先"拜师学艺"，或先从"普通工"（无需特殊要求的或作业简易的工作，如剪线工、装配工、送货员等）干起，或请家人、亲朋好友当你参谋帮你定夺。古人云："骏马能历险，犁田不如牛。坚车能载重，渡河不如舟。"职业无贵贱之分，事事皆要有人为，行行都有状元出。

### 2. 多渠道了解就业信息

有了目标之后，就要广泛收集相应的就业信息，尤其是招聘（工）信息，从网络、报刊、广播电视，从职业中介机构、劳动力和人才交流市场，也可托熟人、亲戚朋友、同学，多渠道获取谋职信息，为自己拓宽就业门路奠定基础。

### 3. 分析对比，锁定岗（职）位

从诸多就业信息中，选择自己的理想职位，然后按此单位招聘（工）要求，与自己现有的能力条件做比较，认真分析自己能否胜任。在此同时，你还必须从网上或通过熟人、电话等咨询方式了解该单位的一些基本情况，如单位的性质、从事行业、工作方法和单位的价值观、经济效益、工资待遇等等，便利"知己知彼，百战不殆"，也更便于自己准确地锁定符合自己目标的且"力所能及"的岗（职）位。如果仅是"年龄、学历、身体状况"等条件不符合招（工）聘要求，但经分析认为这些条件又不影响你胜任工作的，你也可锁定。一般你至少要锁定两个职位、三个单位。

### 4. 做好应聘前的必要准备

锁定了目标单位与职位，你就得做些必要的应聘准备：（1）根据应征岗（职）位写简历，力求语言通俗易懂，内容简易扼要，突出自己与岗（职）位相关的经历、技能和荣誉，以便顺利获得面试机会；（2）有计划地向单位预约面试时间，不同单位约见时间间隔 2～3 天为宜；（3）温习应聘职位有关的基础知识和基本技能，巩固一下专业技巧，避免面试或笔试时不知所措，给人留下"滥竽充数"的印象；（4）不妨预先托人向目标单位介绍和推荐自己，尤其当你的年龄、学历、身体状况等条件不符合招（工）聘要求的情况下，但切忌"过火"，以免弄巧成拙；（5）尽可能地打听到目标单位历任此岗（职）的人员，向他（她）们讨教一下工作要领和经验，特别是关于面试的经验；（6）通过上网搜索和实际观察来了解和加深应聘职业的形象，并以此强化自己。

### 5. 规范面试的容貌、衣着和言行，塑造职业形象

具体来说，应做到（1）去面试时，需根据应聘职位修饰一番自己的容貌、衣着，俗话说得好"做什么应该像什么"，切忌面试管理岗位却穿得很休闲，面试普工岗位却穿得似"老板"，给人留下不踏实的感觉；（2）时常注意你的言行举止，把握每一个细节，它是你综合素质的体现，也是你塑造形象和表现自己的机会，如进办公室要敲门，看到杂物挡道要移除，移开椅子要归位，介绍情况和回答问题时要紧扣主题，发表意见和相互交谈时要措词恰当、多用职业语，等等；（3）要充满信心，设法通过你的容貌手势、衣着打扮、知识能力等多种形式表现自己，让对方感到你很适合从事这类工作；（4）当你某几个方面的条件不符合招聘要求，但你确实又有真才实学时，你不妨大胆提出"真金不怕火烧"的试证，让用人单位折服于你的才能。

### 6. 要把单位当成学府，要把工作视为深造

就业之后，要居安思危，要在工作中不断地培养自己、锻炼自己、提高自己，取同事之长补自己之短，学习多种知识、多种技能，有条件的还需考取职业资格证书、职称证书，为自己的晋级、转业和再就业夯实基础。这样你才会"是直木做梁，肩负千斤；是弯木成型，耕耘大地！"（见《余姚日报》—袁孝冲《就业也要有技巧》）

# 1.2  适应职业生活，转换职业角色

大学毕业生走上社会，首先要面对如何适应职业生活的问题，要按照"人岗适配"的原则，在竞争中求生存、求发展，最大限度实现个人价值，并为社会做出贡献，因此，认识职业适应的规律，掌握职业适应的基本要求，主动地、尽快地适应职业生活，对毕业生的成才和发展具有十分重要的意义。

从业之初，从相对简单的学生角色转变为复杂的社会职业角色，理想与现实之间的差距比较大，面临一些困难和挑战，产生一些矛盾和不适应，这原本是在情理之中的，也是正常的。但是，要完成从学生角色到职业角色的转换，就要充分认识和认真对待这些矛盾和冲突。要大胆面对现实，立足岗位，树立新的意识；顽强应对困难，努力学习，不断提高和完善自我；准确把握机会，适时调整方向。只有这样，才能够顺利实现角色的适应。

### 1. 面对现实，正确认识自我，合理定位

大学毕业生走上社会，成为一个社会的真正从业者，开始职业生涯的探索，随之而来的是要面对全新的生活理念，陌生的工作环境，更高的规范要求。如不能在较短的时间内正视现实并正确认识自我，将这些客观因素转化成自身文化素养，及时完成人的社会化过程，就很难被新环境、新群体所认同、所吸纳。当然，需要注意的是，既不要陷于畏缩和自卑的误区，也不要陷于自负或自傲的误区。大学生在校期间积累了一定的理论知识，但大部分来自于书本，普遍缺乏实践锻炼，刚开始工作不能熟练应用技术和开展业务是正常现象，没有必要对自己的弱点进行掩饰。相反，应当打破大学生是"天之骄子"这一观念造成的心理压力，放下思想包袱，面对现实，重新定位，敢于实践，善于请教。只有这样，才能把理论知识和实际工作有机地结合起来，最终赢得领导和同事的认可。

### 2. 主动了解岗位环境，敬业爱岗，安心工作

对新单位的了解，包括对单位的历史、现状及有关的政策、规章制度、人事制度等的了解。对"公司章程""工作纪律""服务规则""奖励办法"等一系列规章制度的了解也是进入新单位的非常重要的一个步骤。对单位的各项规章制度的了解是否清楚，直接影响你今后的工作。通过这一步骤，你能弄清楚什么是应该做的，什么是不应该做的，什么是必须遵守的。

熟悉你的工作。首先，你需要了解工作的内容。其次，需要了解单位将怎样评价你的工作。用人单位对员工的工作进行评价的标准有两种，包括正式的和非正式的。正式标准一般是可量化的，它的形式如产量或生产率、销售量的增加以及利润等，往往数量目标和质量目标并重；非正式标准较难描述，它全由上司来决定，典型的标准有穿着方式、你对工作是否感兴趣、你与工作群体是否能打成一片等。

作为一个新手，要想尽快适应工作的要求，除了要有投身实践的信心和勇气之外，还必须充分了解和熟悉工作环境、工作对象的特点和规律，并主动地收集本专业的传统和现状、本单位的历史沿革和发展前景等相关信息，从而对所从事的工作有较全面的认识和把握。安心本职工作是敬业爱岗的前提，如果不能静下心来工作，"这山望着那山高"、"身在曹营心在汉"，就根本无法掌握基本工作技能，这对个人的发展是不利的，对社会也是不负责的。

### 3. 勤奋学习，虚心求教，提高工作能力

勤奋学习，虚心求教，提高工作能力是角色转变的重要手段。勤奋和虚心是每个成功人士的必由之路，工作中的懒惰和傲慢为领导和同事所不齿。大学毕业生已经具备了获得职业技能的基础条件，即比较扎实的基础知识和专业知识。但是社会角色的适应过程是一个自我不断学习、不断完善的循序渐进的过程。作为初到工作岗位的新手，自身的知识量不一定足

够大，知识结构不一定合理。因此，大学生要根据职业的特点、性质、工作程序及其相互关系，不断学习新知识，增强自身素质和能力，提高工作技能和业务水平。同时，随着科学的发展和技术的进步，新的知识和技能不断出现，很多知识和能力需要在工作实践中去学习、锻炼和提高。虚心向有经验的技术人员、领导、师傅和同事学习，学习他们观察问题、分析问题和解决问题的方法，不断丰富自己的专业知识，提高自己的专业技能，在工作中才会有自己独到的见解，才能逐步具备独立开展工作的能力；反之，放不下架子、自以为是的人，是很难学到真本领的。

#### 4. 勇挑工作重担，善于团结协作，乐于无私奉献

勇挑重担，善于协作，乐于无私奉献是完成角色转变的重要标志。大学毕业生走上工作岗位以后，应当从一开始就严格要求自己，树立强烈的主人翁意识，增强社会责任感，培养无私奉献的精神，任劳任怨，不计较个人的得失，努力承担岗位责任，主动适应工作环境，促使自己更好、更快地完成角色转变。若是党、团员，更要自觉用党、团员标准严格要求自己，增强组织观念，在工作中勇挑重担，发挥模范带头作用。同时，人是社会的人，社会的发展与进步离不开人们的密切协作。实践证明，在人的社会联系高度密切的今天，一项大型工程的开展，一项科研项目的完成，一个生产过程的组织与管理，单靠某个人的力量显然是不够的，必须靠十几个、几十个甚至成百上千个人的共同劳动、互相配合、互相协作才能完成。这就要求每一个成员都要有互相协作的团队意识，从整体利益出发，个人利益服从集体利益，顾全大局。

#### 5. 准确把握自己，慎重再择业

大学生要根据自己的专业、特长、兴趣等，寻找适合自己的工作，以免走不必要的弯路。但是，因为自身能力、机遇，或者工作单位情况等方面的变化，一些毕业生就业后需要重新选择职业，这要求毕业生准确把握自己，具体情况具体分析。一方面，要珍惜第一次职业的选择，认真地、实事求是地分析自己对职业不满意的原因。如果因为自己的眼光太高，那么就应当自觉地调整自己，热爱自己的职业，从点滴做起，踏踏实实地工作；如果因为自己能力不够，那么就虚心学习，不断提高自己的素质，单单抱怨单位是没有任何益处。另一方面，如果确实因为客观的原因，经过自己的努力和调整仍难以适应现有的职业，则可以谨慎地调整自己，重新选择职业。

随着人力资源市场的丰富和人才市场的快速发展，人才的流动是个人发展的要求，也是社会发展的需要。职业流动不仅得到大学生们的认同和支持，而且现代社会的发展也正在加快社会的发展，正在加快社会职业的流动。这些变化打破了先前劳动者"从一而终"的就业观念，代之以职业流动和"适时跳槽"等观念的确立。因此，大学生既要干一行爱一行，也要准确地把握机遇，谨慎地调整自己的岗位，以更好地发挥自己的聪明才智。

# 1.3 就业环境及方式分析

随着我国社会主义市场经济体制的建立和改革的深化，大学生就业体制从"统包统分"的计划型环境模式向"自主择业"的市场型环境模式转变。大学生从被动接受国家分配转向就业市场自主择业，转型期中不可避免地会产生一些就业误区。因此，如何使毕业生准确定

位，在科学的人生观、价值观指导下，用合适的包装成功推销自己，是大学生就业指导工作面临的新课题。

### 1．学历供求情况分析

（1）硕士毕业生的就业形势不容乐观

现实情况下，并不是学历越高越好就业。有些学生因为学历较高，反而陷入了"高不成，低不就"的尴尬境地。硕士毕业生中就存在类似的现象。所以广大大学生应该注意，提升个人学历水平也许很重要，但是提升个人素质和能力更重要。要想保证自己有较强的竞争力，就需要认真分析就业环境，做好充分准备。

（2）本科毕业生在总量上供过于求

若干年前，大学生都是天之骄子，毕业后，由国家负责分配工作，工资也比较高。但是随着高校扩招政策的出台，大学生身上的光环开始慢慢消失，甚至在有些情况下，出现了几十甚至几百个人争抢一个职位的现象，就业形势日益严峻。

许多大学生都希望寻找一份相对轻松、薪金待遇相对较好的职业，但是，这样的好事似乎不容易轮到自己头上。为了能有更好的发展，边工作边考研的大有人在。

（3）专科毕业生在总量上供过于求

近年来，专科生的数量急剧上升，除了与本科毕业生数量增加相同的扩招原因外，不少中专、中师学校获得批准升级为专科学校也是原因之一。随着毕业生的增加，专科毕业生要客观分析个人的条件，不要好高骛远。要知道，任何一项工作都要有人去做，任何一项工作都可以做得非常出色。不要太在意企业性质、福利，其实这都无关紧要。最重要的是找到一个适合自己发展的平台。

### 2．大学生本身问题分析

（1）大学毕业数量急剧增加，竞争白热化

高校招生规模连续扩大，使大学毕业生数量逐年增长，但社会的人才需求却没有相应地增长。形象地说，就是"僧多粥少"。越来越多的大学生竞争数量有限的工作岗位，造成了就业竞争日趋激烈。

（2）大学毕业能力亟待提高

大学生的学习主要集中在校园内，虽然不少学校都在倡导学生增加社会实践，提高实践能力，但受到参与社会实践的机会和时间的限制，不少学生还是没能得到充分的能力锻炼。这在就业时就表现为多数大学生理论知识丰富，实际工作能力偏低，往往需要工作经验丰富的人指导，才能融入实际工作。

很多大学生都有这样的体会，即工作以后要用的知识和在校学习的简直就是两回事。很多东西都要重新学，这固然与大学教材知识更新速度慢有着密切关系，但学生的实践机会少、实践时间短，没能通过实践补上知识缺口、提高能力，也是重要原因之一。不过大学生也没有必要失去信心，只要加强自己的实践经验，让自己获得更多优势，成功还是很有希望的。

（3）一些大学生的就业观念亟待转变

从目前就业市场来看，大学生就业存在扎堆现象。在大城市，本科生、硕士生甚至博士生数量偏多，而一些中小城市却供不应求。大学生普遍倾向于在大城市就业，而不愿到中小城市，这种就业观念的存在严重影响着大学生的就业。

就业观念是大学生目前面临的主要挑战之一，虽然大城市的就业机会多、发展空间大，但是大城市同样存在着竞争激烈的问题。如果想要在大城市就业，就不得不面对诸多窘境；而到中小城市则往往更容易发挥自己的专长，获得好的发展机会。因此，在就业时，大学生不妨转变自己的观念，舍弃大城市的繁华，去中小城市寻找就业机会。

（4）部分大学生不适应市场化就业机制

大学毕业生的人数每年以数十万甚至上百万的速度急剧增加，不再像以前一样以"精英"的形象出现，而是更为大众化。从以前的供不应求到如今的供过于求，一些大学生自嘲"毕业即失业"。所以，在这样的情况下，如果我们再坐等机会来到我们身边是不可能的。现在大学生必须清醒地认识到就业机制已经转向市场化，再不能像以前那样等待机会，或者消极被动地等待机会的到来，而是要主动出击，通过报纸、电视和网络获取招聘信息，寻找就业机会。

【案例】

史铁山面对着就业的严峻形势，有些无奈。他从现在的就业环境中，根本看不到小时候表哥向他描述的那么美好的前景：只要考上大学，你的人生就会彻底改变，工作不用担心，房子会给你分配，还会有一个美满的家庭。

到现在，他已经参加过五次招聘会了，仍然没有找到合适的工作。每次招聘会往上看全是人头，往下看全是屁股，不到招聘会现场，你不会知道究竟有多少毕业生在找工作。看着身边的同学一个个签下了就业协议书，他急得跟热锅上的蚂蚁似的团团转。光电子简历他就发出去了 500 多封，可是除了自动回信，基本杳无音信。

后来，他的师兄问起他找工作的情况，才知道他是一门心思盯上招聘会了，不注意在电视、报纸、网络上获取招聘信息。"信息就是资源，你只跑招聘会还不行，网上要投简历，报纸也要盯着，这些渠道一齐抓才能成功。"师兄的一番指导让史铁山开了窍。

一个半月后，他在网上投递简历后，终于成功拿到一家外企的录用通知书。

史铁山的问题是思路没有跟着形势变化，以前就业是国家分配，可是现在是市场化就业了。不仅不能坐等机会，还要主动出击创造机会，切忌只用一种单一的方式找工作，否则很难成功就业。

（5）部分大学生就业思路受限

大学生在学校时都有自己的专业，因此，在毕业就业时也都倾向于寻找与自己的专业相关的就业机会。当然，这样成功的概率比较大，但同时也限制了就业的思路，无形中错过了一些可能适合自己的工作。

在就业时，大学生不妨拓宽自己的就业思路，有选择性地进行尝试，可能会有意外的收获。

（6）部分大学专业不对口

我们经常会看到这样的情况：明明学历史专业的，最后找工作时却成了行政助理；明明是学习法律专业的，最后找工作时却入了广告这一行。工作和专业的不对口，是很多大学生在就业中面临的一个问题。这样的结果对于一些精于专业知识的大学生而言，确实是一个不理想的结果，但现实不会因为个人的意愿而改变，大学生应当做的是努力克服专业不对口带来的问题。不仅要成功就业，还要在自己岗位上做出成绩。

其实，在当下的环境里，很少有人可以选择到各方面都很满意的工作，因此，如何调整自己适应社会的变化就成为必要的技能。

### 3. 大学生就业竞争对手分析

大学生就业面临的竞争压力很大，从宏观的角度观察，竞争对手主要来自于在社会实践中成长起来的人才。虽然他们获取知识的途径不同，但都参加了与高校毕业生同平台的就业竞争，大学生想要在竞争中取胜，就要努力学习专业知识，逐步加强自己的专业技能，增强自己的沟通能力以及人际交往能力。

### 4. 大学生就业去向分析

（1）去基层就业

一些毕业生认为，十几年的寒窗苦读，好不容易到了城市，如果仍然回到县城，感觉很没面子。因此，尽管基层就业前景广阔，而且从现实来看，去基层就业无疑是大学生的一条出路，可不少大学生还是宁愿把就业目标锁定在城市，只有极少数愿意去农村，特别是山区，这样就导致城市就业竞争压力加大。有一部分毕业生虽然回到家乡，但因为工作单位不理想，还存在一些跨行业就业的情况。

在就业区域方面，大学毕业生应该理性、客观，不能一味地只想留在大城市，而不考虑环境因素。

尽管"海阔凭鱼跃，天高任鸟飞"，但是如果我们都不建设自己的家乡，就如同崔炎的感受，家乡只会越来越贫穷。相较于中下层工作，扎根基层或许意味着要忍受更艰苦的环境条件，但是从实际锻炼价值来说，扎根基层所带来的收获或许会让你受益终身，由基层一步步走出来的成功者，往往能练就一身铁打的筋骨和意志。

（2）去中西部地区就业

我们可以看到，随着我国经济发展的政策调整，中西部地区的经济开始迅速发展，人才需求量急剧增大，这使得大学生的就业机会增加。从国家一些优惠措施的实施也可以看出，中西部地区人才的需求量很大。

作为大学生，应当摒弃陈旧的就业观念，不要盲目热衷于条件好、收入高、工作环境舒适的大城市和发达地区，而要把更多的注意力投放到中小城市和中西部地区，在那里同样可以展现风采，实现人生价值，成就自我。

年轻人的精力、体力都非常旺盛，这时候不要贪图安逸，而要迎难而上，祖国哪里需要，就要响应号召去哪里发光发热。近年来，中国实施西部大开发的战略，年轻人去西部就业更容易大展宏图。

（3）去民营企业就业

现在，随着社会的进步、市场经济的发展，民营企业如雨后春笋般成长起来，这也为大学生提供了大量的就业岗位。而且，为了吸引人才，一些民营企业还给出了较好的条件，大学生在选择工作岗位时，不要只关注国家机关、国有企业，进入一家发展前景较好的民营企业未尝不是一种好的选择。

行政机关和国有企业相对来说管理比较规范，但却不能让大学生充分地张扬个性、发挥特长。广大大学生在选择就业岗位时，可以选择国企或者行政机关，但也可以选择民营企业，也许在民营企业更能一展所长。

（4）去中小城市就业

随着大学扩招政策的实施，大学生的数量剧增。而令大学生就业环境日渐恶劣，并不只是因为毕业生数量的增加，扎堆大城市也是这种供需矛盾日渐激化的原因之一。一方面，大城市工作难求，另一方面，中小城市无人才可用。从这个角度来讲，大学生选择中小城市就业也是条较好的路径。

中小城市不一定没有就业机会。市场经济发展到现在，许多中小城市都有了自己的龙头企业，这些企业的发展同样需要大量人才。与其在大城市激烈拼杀，不如选择一个中小城市定下心来工作，创造自己的未来。

### 5. 大学生就业市场变化分析

（1）本土大学生面临国际联合办学机构竞争。

近几年，我国高等教育市场逐步向国外资本开放，外国教育机构进入中国，创办了形式多样的人才培养机构。这些机构不但提供了短期人才培训，还与国内大学进行联合办学，这种全新人才培养模式给中国本土高校人才培养模式带来了挑战，也使我国本土高校大学生就业增加了许多竞争对手。

在与国际联合办学项目毕业生的竞争中，许多学生都感到有些压力，尤其是竞争一些与国际相关贸易的职位更是如此。这个现象的出现提醒广大本土大学生：要在就业市场中获胜，不仅要关注国内的形势，而且要具有国际视野，这样才能在就业时不落人后。

（2）人才市场更加偏重"好"专业。

所谓的"好"专业或"热"专业，是指当前就业市场较紧缺的专业。近年来，影响大学生就业的重要因素之一即大学所学专业是否与社会需求相一致，用人单位对大学生的专业偏好比对大学知名度更高，名牌学校一些不适应市场需求的专业的毕业生就业不理想。用人单位在看重"专业"的同时，还对大学毕业生的"专长"很重视，有专长的复合型人才是用人单位竞相争聘的对象。

与专业人才相比，复合型人才更受用人单位的欢迎。广大大学生在学好本专业的基础上应当努力扩大自己的知识面，这样才能在越来越激烈的就业竞争中占得先机。

（3）海外归来学子对国内本土大学生就业冲击加剧。

近几年，留学生回国潮一浪高过一浪，直接挤压国内大学生的就业空间。这些海外学子对世界经济运行规则、各国法律制度等比较了解，他们在国外经过多年的锻炼，社会实践能力和驾驭各国社会文化、政治制度差异的能力比较强，竞争力较强。

总之，随着中国高等教育的跨越式发展，高等院校大规模扩招，大学生就业从"卖方"市场步入了"买方"市场。这导致了大学毕业生求职的成本和时间增加、难度增大，在这种形势下，更有必要了解就业环境，端正就业态度，在就业时做到有的放矢。

# 1.4　国外大学生就业情况

在高等教育步入大众化阶段后，无论是发达国家，还是发展中国家，都面临着大学生就业的新问题，只是各个国家的文化背景不同，大学生就业的路径也各不相同。下面简要介绍一下部分国家的就业制度和大学生就业方法，给即将毕业的大学生们提供一定借鉴。

## 1. 美国

美国实行毕业生自主择业制度，政府不直接干预和限制，而是由劳工部、学校、中介机构和用人单位协同进行。高校学生在毕业前从多方渠道了解就业行情及用人单位信息。劳工部主要负责制定宏观政策和做好就业调查等基础性工作，是毕业生就业的"总管"。劳工部设有劳工统计局，主要职能是收集不同时期美国就业市场的职业需求状况、不同职业对知识和技能的要求等数据，重点预测经济发展对未来就业需求的影响。统计结果通过网络和发行出版物向全社会公布，作为政府决策和个人择业的参考依据。劳工统计局根据这些数据编撰的《岗位需求手册》很受美国大学生的欢迎，几乎人手一册。

## 2. 日本

日本大学毕业生实行自由择业的就业制度，大学生就业不受任何行业范围、工作性质和就业地区的限制，可以根据自己的愿望自由地选择职业；用人单位可以根据自己的需要自由录用毕业生；政府对双方的行为不做任何行政干预；学校对学生的就业只起指导咨询、推荐和介绍情况作用，毕业生就业完全通过市场调节。尽管如此，在日本，无论是政府、学校还是用人单位对毕业生的就业工作都极为重视，积极采取措施促进大学毕业生就业。

日本有完善的就业机制：一是网络信息准确。日本是一个网络无处不在的社会，在求职方面，网络作用十分明显，日本公司在网上都有自己的主页，公司招聘信息都在网上公布，求职学生在规定时间内报名申请即可。二是报纸刊登广告。这样既公布了招聘信息，又为公司做了宣传，一举两得。一些报纸会经常整版刊登招聘广告，学生按报纸提供的联络方式，可直接与公司联络。三是用人单位举办各种各样的说明会。四是日本有各种求职支援中心和俱乐部。它们都有自己的网址，提供各种信息，只要交少量费用，就可享受各种优惠。五是政府提供预算支持。

## 3. 加拿大

加拿大大学生找工作的途径主要有以下三种：一是求助于学校的"职业介绍服务"，学生可以从这种服务中获得相关的人才需求信息。二是通过由校方安排的专业实习找工作。在最后一个学年里，大学生一般都要去企业、政府机关和民间机构等单位实习三个月左右，部分学生就是通过这种实习找到工作的。三是到自己联系的单位去实习，然后找到工作。

在这三种途径中最后一种更普遍一些，大学毕业后，许多学生并不能马上找到工作，但可以到企业或政府机关去实习。实习期间，用人单位给大学生发放相当于正式雇员工资的50%～75%作为报酬。通过实习，部分大学生在实习单位找到了工作。即便不能留在实习单位工作，有了实习经历后，也更容易在其他单位找到合适的工作，这种途径对有效缓解大学生的就业压力非常有利。

一般情况下，加拿大成绩优秀的大学生总希望找到工资比较高又与所学专业对口的工作，但多数学生则希望找一份比较稳定的工作。此外，大部分学生还希望在经济比较发达的地区就业。加拿大政府鼓励大学毕业生到生活条件艰苦的欠发达地区工作，在条件相对艰苦的加拿大西北部地区工作，工资一般要比其他地区高得多。

【阅读材料】

## 透视国外大学生就业心态

法国：兴趣先行

大学毕业生找第一份工作时最重视的是什么？在法国大学生们给出的答案中，"工资收入"这一因素的排名相对靠后，他们最重视的是工作是否符合自己的兴趣。法国大学生最看重的因素按照重视程度排名前5位的依次是：工作令自己感兴趣、良好的工作环境及氛围、在公司发展的前景、工作中有自主权、个人生活与工作达到平衡。工资收入在大学生们考虑就业时排名第6位。

俄罗斯：不介意改行

俄罗斯是一个高等教育普及程度极高的国家，高中毕业生的大学入学率很高，跨入大学校门只是被看作成年生活的起步。在俄罗斯，所从事的工作和所学专业相去甚远的大学毕业生比比皆是。他们往往在毕业后根据自己的实际工作需要再进行相关专业的再学习和再培训。

瑞典：不求高薪

面对劳动力"买方市场"，瑞典大学毕业生不得不调整自己的就业预期，找工作的态度由被动变主动，过去，一些著名企业上门求才，大学毕业生则待价而沽。现在形势变了，一个招聘岗位往往引起两三百人前来应聘，竞争异常激烈。瑞典大学毕业生也不再对薪水提出过高要求。

印度：甘心低就

印度普通高校的毕业生只有10%的人能找到自己理想的工作，其余除了部分人决定考研究生继续深造外，绝大多数人迫于生活压力不得不调整心理预期。一些学生甚至放弃专长去做一些根本不需要高学历的工作，使得社会上出现了越来越多的大学生售货员、大学生司机。

巴西：先就业后择业

巴西大学毕业生增长速度迅猛，大学生普遍认为，毕业后只能先就业后择业，不管对工作是否满意，都要先干起来，逐步积累工作经验，一边工作，一边寻找自己所喜爱的工作。虽然小企业和服务行业这些单位收入低，工作流动性大，但在目前的就业形势下应聘者却只增不减。

资料来源：王希怡. 中国教育在线 http://www.eol.cn

# 第2章

# 就业形势与就业政策

当前，世界金融危机对我国宏观经济和就业形势产生的不利影响逐步显现，高校毕业生就业工作压力增大，任务十分艰巨。中国共产党第十八次全国代表大会提出："推动实现更高质量的就业。就业是民生之本。要贯彻劳动者自主就业、市场调节就业、政府促进就业和鼓励创业的方针，实施就业优先战略和更加积极的就业政策。引导劳动者转变就业观念，鼓励多渠道多形式就业，促进创业带动就业，做好以高校毕业生为重点的青年就业工作和农村转移劳动力、城镇困难人员、退役军人就业工作。加强职业技能培训，提升劳动者就业创业能力，增强就业稳定性。健全人力资源市场，完善就业服务体系，增强失业保险对促进就业的作用。健全劳动标准体系和劳动关系协调机制，加强劳动保障监察和争议调解仲裁，构建和谐劳动关系。"《中华人民共和国就业促进法》（以下简称《促进就业法》）的颁布实施从法律的高度对促进就业工作做出了规范。本章主要介绍我国目前面临的就业形势、大学生就业面临的机遇与挑战、大学生就业制度和就业政策等内容。

## 2.1 大学生就业形势与特点

就业形势反映了一段时间内就业市场的整体趋势，对大学生个体求职择业有着重要影响。大学生在就业前应该有针对性地了解就业形势，以便调整自己的就业目标和策略。

当前及今后一个时期，我国劳动者充分就业的需求与劳动力总量过大、素质不高之间的矛盾依然存在，促进就业任务十分繁重。国际金融危机正加速从虚拟经济向实体经济、从发达国家向新兴经济体和发展中国家蔓延，对我国经济和就业的影响更加明显。当前我国宏观就业形势趋紧，2009 年我国高校毕业生数量是

611 万，2010 年数量是 630 余万，2011 年数量是 660 万，2012 年数量是 680 万，2013 年数量是 699 万，2014 年数量是 727 万。加上 2013 年未就业的毕业生，2014 年高校需就业的人数是 810 万。这就需要政府、学校和毕业生三者共同努力，制定科学合理的对策，积极解决大学生就业问题。

**1. 大学生就业面临的机遇**

（1）我国经济持续稳定快速的发展为大学生就业提供了广阔的空间

近几年我国国内生产总值增长情况如图 1-1 所示，我国经济保持持续快速健康发展，GDP 增长保持在 7% 以上，这一速度将对就业产生强有力的拉动。一般来说，GDP 每增长一个百分点，就业岗位就会平均增加 80~100 万个，这样每年新增加的就业岗位约达 800 万个，可为大学毕业生提供基本的就业空间。

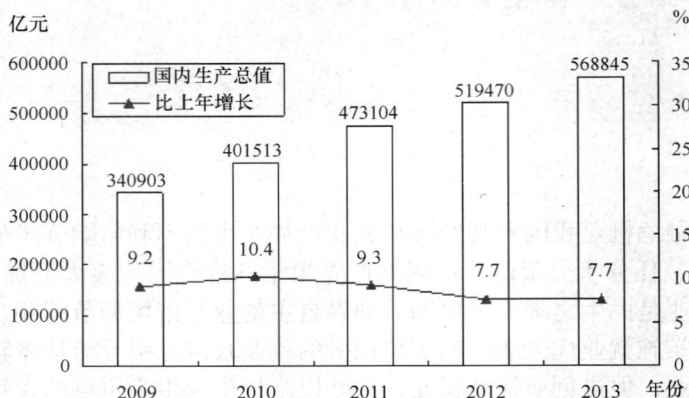

图 1-1　2009—2013 年国内生产总值及其增长速度①

（2）党的十八大提出推动实现更高质量就业的奋斗目标

近年来，各地区和有关部门认真贯彻落实党中央、国务院关于就业再就业的方针政策，取得显著成绩，体制转轨遗留的下岗失业人员再就业问题基本解决。

（3）各种促进就业的法律法规相继颁布

2007 年 8 月 30 日《就业促进法》正式颁布，并于 2008 年 1 月 1 日起开始施行。这是我国劳动保障法制建设取得的重大成果，将多年来行之有效的就业再就业政策措施通过法律形式固定下来，标志着我国解决就业这一民生问题有了法律保障。

2007 年 6 月 29 日《中华人民共和国劳动合同法》（以下简称《劳动合同法》）正式颁布，并于 2008 年 1 月 1 日起开始施行。这是一部对保护劳动者具有里程碑意义的重要法律，是构建和谐劳动关系，构建和谐社会的重要基础法律。

2007 年 10 月 30 日《就业服务与就业管理规定》正式颁布，并于 2008 年 1 月 1 日起开始施行。加强就业服务和就业管理，有利于培育和完善统一开放、竞争有序的人力资源市场，为劳动者就业和用人单位招用人员提供高质量服务。

2009 年 1 月 19 日，国务院办公厅发出《关于加强普通高等学校毕业生就业工作的通知》（国办发〔2009〕3 号），要求把高校毕业生就业摆在当前就业工作的首位，采取有效措施，

---

① 资料来源：中商情报网 http://www.askci.com/

拓宽就业门路，鼓励高校毕业生到城乡基层、中西部地区和中小企业就业，鼓励自主创业，鼓励骨干企业和科研项目单位吸纳和稳定高校毕业生就业。

2008 年 12 月 8 日～10 日召开的中央经济工作会议指出："必须实施更加积极的就业政策，全方位促进就业增长，确保就业形势基本稳定。要加快经济结构战略性调整，坚定不移地推进改革开放，着力做好就业和社会保障工作"。当前，各级政府都把高校毕业生就业工作作为"一把手"工程加以贯彻落实，在组织领导、机构建设、经费投入等多方面明确了具体目标和要求。

（4）西部大开发和科教兴国战略

西部大开发和科教兴国战略的实施，使各种类型、各种层次的人才需求量越来越大。西部大开发战略的启动，刺激了西部地区的人才需求，包括陕西、四川、重庆在内的部分经济基础较好的省市，对人才的需求量比过去明显增加。素质教育和科教兴国战略的全面推进，使得教育的主体地位日益突现，各层面的人才需求量不断加大。

（5）加入世界贸易组织（WTO）

加入 WTO 后，我国对外开放进入一个崭新的历史阶段，国际协作进一步加强，经济一体化进程进一步加快，为我国的高级专门人才参与国际竞争提供了广阔舞台，也为大学生就业提供了新机遇。

（6）高校就业指导机构纷纷建立，并逐步完善

随着毕业生数量的增加，各高校纷纷建立就业指导机构，帮助学生收集、传递、分析、整理求职信息，对学生就业进行指导，避免他们在择业道路上走弯路。经过多年的努力和发展，我国已建立起较完善的以高校为主的毕业就业市场和就业体系，各高校相继配备了经验丰富、素质优良的人员组成就业指导队伍，为毕业生择业提供了有益的经验和启示。

**2．大学生就业遇到的挑战**

（1）毕业生数量增长速度快，每年待就业人数逾百万

近几年，毕业生数量每年以超过 20% 的高速度逐年递增，2009 年我国高校毕业生数量是 611 万，2010 年我国高校毕业生数量是 630 余万，2011 年我国高校毕业生数量是 660 万，2012 年我国高校毕业生数量是 680 万，2013 年我国高校毕业生数量是 699 万，2014 年我国高校毕业生数量是 727 万。同时，每年还有上年度 30% 左右未就业的滞留毕业生不断加入就业大军中来，因而，在一定的就业岗位总量内，毕业生之间的相互竞争更加激烈。图 1-2 所示为 2009—2014 年全国高校毕业生人数统计。

（2）大学毕业生需求相对不足，大学生就业走向"买方"市场

从国家整体形势看，大学毕业生需求相对不足，某些专业的毕业生"供大于求"，甚至无人问津。国家整体形势对于各类人群的就业都有着宏观的整体制约，表现为：一是部分国有大中型企业经营困难，下岗形势延续，再就业任务艰巨，而国有大中型企业原来一直是我国大学毕业生就业的主渠道；二是地方机构改革继续实施，干部分流，政府机关原则上不再直接进毕业生，而通过公务员考试进入政府机关的竞争却是异常激烈；三是事业单位深化人事制度改革，特别是聘任制的推行，使许多事业单位的管理人员和专业技术人员重新就业压力都较大，对于刚刚毕业毫无工作经验和社会阅历的毕业生而言，要与这些人员竞争岗位，难度不小；四是院校生源结构与社会对毕业生的专业需求结构不一致，导致毕业生的数量、层次、专业与社会需求不完全适应。热门专业供不应求，毕业生选择单位的余地非常大；而一些社会发展所必需的长线和冷门专业毕业生就业十分困难。

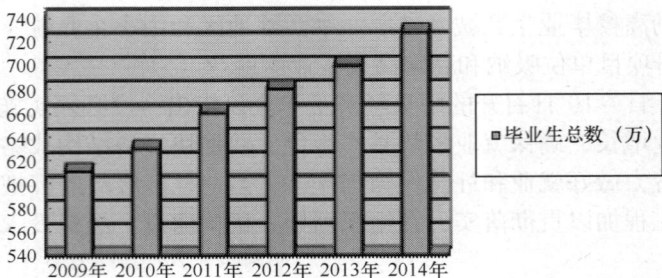

图 1-2　2009—2014 年全国高校毕业生人数

（3）社会对毕业生的要求进一步提高，部分单位存在高层次人才消费现象

近年来，用人单位在人才市场上处于绝对的主导地位，由于毕业生生源的"富裕"，使用人单位对毕业生的挑选十分苛刻，他们不仅挑选名校和高学历的毕业生，而且注重毕业生的综合素质和实践能力。部分用人单位对待毕业生的态度居高自傲，如有些用人单位要求"女生免谈""非本市户口勿谈"，有些本来并非特种行业的单位甚至对长相、身高、家庭状况都提出十分苛刻的要求，个别单位甚至用一些完全与人才标准无关的条件来要求毕业生。从近年各地专门针对大中专毕业生举办的大型人才招聘洽谈会来看，各单位纷纷打出了需求高层次人才的旗帜，形成了"研究生多多益善，本科生等等再看，大专生请靠边站"的盲目求高现象。固然，随着社会进步与高新技术的发展，一些行业、岗位需要一批具有一定专业水平、素质较高、潜能较大的高级人才，但是，许多需要实际操作技能的岗位大专生完全可以胜任，用人单位没有必要花更大的代价盲目追求高学历。但从近年来的行情看，这种"求高"的趋势仍然还会持续一段时间。这在客观上也对许多大专生甚至部分本科生的就业造成了不利影响。

（4）毕业生的就业观念发生明显变化，部分大学生需要进一步转变择业观念

毕业生自主择业的观念明显增强，不再等待"分配"，而是早准备、早谋划、早出击，全面提高自身素质，通过多种渠道寻找用人单位，积极推销自己。毕业生选择单位的标准也发生了变化，不再以用人单位的所有制性质为择业限制，而是勇于到各种经济实体和单位就业。但是，仍然有不少毕业生存在着急功近利、期望过高和缺少竞争意识的不良现象，不愿到基层和偏远地区就业，不愿到艰苦行业就业。与世界上发达国家比较，我国的大学毕业生在全国人口中的比例还是很低的，就业的空间应该很大，而这些空间主要是边远地区（包括整个中西部地区）、基层单位和广大农村。这些地方就业容量巨大，而且求贤若渴。大多数毕业生却不愿面对这个现实。不少毕业生非沿海城市、大都市、高工资不去岗位，单纯考虑经济待遇和工作环境，"宁要沿海一张床，不要内地一间房"。在这种择业心态驱使下，许多完全可以发挥其才能的单位未能进入其择业视野，这也在一定程度上加剧了就业形势的严峻。

（5）毕业生就业方式发生改变

大学生就业在今后几年将呈现两大趋势：一是大学生就业层次将会逐步下降，大学生将会从社会精英转向普通劳动者；二是大学毕业生资源不再短缺，大学生就业将主要面向中小型企业，面向基层。

（6）高等教育专业改革相对滞后，大学生动手能力欠缺

高等学校的课程设置和教学模式与社会需求错位，成为制约毕业生成功就业的另一因素。高等教育专业设置、教学内容、培养模式等方面的改革滞后，专业设置的结构性问题突出，未能以社会需求和学生就业为导向进行规划并主动调整，进一步加大了专业及课程设置的盲目性。专业趋同、专业划分过细、根据现有师资条件设置专业等问题，导致大学专业难以跟上市场变化的步伐。一些高职、高专教育缺乏专业特色，培养出来的学生没有竞争优势。近几年来，虽然一些高等院校也加快了专业结构和人才培养结构的调整，但效果不尽如人意，而且高校严重缺乏"双师型"师资，高校教师大多在动手能力或指导动手能力方面还很欠缺，在培养学生动手能力上经验匮乏。

（7）大学毕业生初期失业率上升

从 1999 年开始的高校扩招，使我国高等教育进入大众化的发展阶段，大学生毕业当年未能实现就业人数逐年增多。2009 年我国大学毕业生当年未能实现就业是 79.43 万人，2010 年当年未能实现就业是 65.52 万，2011 年当年未能实现就业是 64.68 万，2012 年当年未能实现就业是 61.88 万，2013 年当年未能实现就业是 60.114 万，2014 年当年未能实现就业约为62.522 万，如图 1-3 所示。企业纷纷减员增效，政府部门精简机构，事业单位下岗分流，进一步加剧了大学生就业难的问题。从院校类别上看，教育部直属高校毕业生就业情况较好，初次就业率达 85%，部门（其他部委）高校次之，地方院校最差。

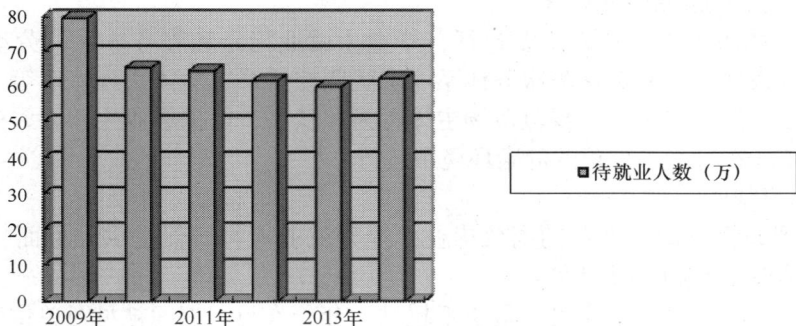

图 1-3　2009—2014 年大学生待就业人数

总之，大学毕业生就业形势总体紧张的客观情况在短期内不会有明显改善，毕业生就业压力仍旧很大，因此，高校应切实做好毕业生就业的教育、引导、服务指导和咨询工作，使毕业生不断提高自身素质，增强竞争能力，调整择业心态，在日益严峻的挑战面前顺利就业。

# 2.2　大学生就业制度

目前，我国的市场经济正在不断完善，经济结构发生了很大变化，对人才的需求也相应地发生了变化。这些变化导致高校毕业生就业出现了暂时的结构性困难。虽然"双向选择""自主择业"是当前大学生就业的基本制度，但"自主择业"并非自由择业，不同地区接收

毕业生的办法不尽相同。因此，掌握毕业生就业的相关制度和政策，了解就业市场的动态是大学毕业生顺利就业的前提。

大学生就业制度作为高等教育体制的组成部分，必须与我国的生产力发展情况、经济与政治体制，以及其他体制改革相适应，并随着各项体制改革的深化而不断深化。

现行的大学生就业制度由毕业生就业的有关方针政策、就业管理体制和服务保障体系、大学生人才市场等方面的内容构成。

### 1. 就业工作管理体制

高校毕业生就业实行中央和地方两级管理、以地方管理为主的工作体制。中央建立由国务院有关部门参加的高校毕业生就业工作联席会议制度，定期研究、协调解决工作中的重大问题。

截至 2004 年 7 月，全国各省、自治区、直辖市人民政府都按照要求建立了高校毕业生就业工作领导协调机制。

### 2. 完善尚未就业毕业生的有关政策规定

对毕业离校时未落实工作单位的高校毕业生，本人要求户口和人事档案保留在学校的，按规定保留两年（部分地区政策有所调整，以学生毕业当年政策为准）。在此期间，档案管理机构对保管的档案免收服务费用；本人要求将户口转回入学前户籍所在地的，公安机关应当按照户籍管理规定为其办理落户手续，人事、教育部门所属人才交流服务机构负责办理相关手续。本人落实工作单位前，人事部门所属人才交流服务机构免费为其提供人事代理服务。落实工作单位后，公安机关按有关规定为其办理户口迁移手续。

### 3. 大学生就业的服务保障体系

大学生就业的服务保障体系主要包括：毕业生就业指导和服务体系、劳动关系调整体系、职业技能开发体系、社会保障服务体系、宏观调控体系、法律法规体系等，建立健全执法监督机制和法律服务机构，以规范市场主体行为和秩序，保护毕业生和用人单位的权益，使毕业生就业市场在公平、公正的健康环境中运行。

### 4. 就业见习制度

为帮助回到原籍、尚未就业的高校毕业生提升就业能力，促进供需见面，尽快实现就业，建立高校毕业生就业见习制度。

毕业生见习期限一般为 6 个月，最长不超过 1 年；在见习期间被见习单位正式录（聘）用的，在该单位的见习期可以作为工龄计算；见习单位应为见习生办理人身意外伤害保险。见习活动结束后，由见习单位对高校毕业生进行考核鉴定，出具见习证明，作为用人单位招聘和选用见习高校毕业生的依据之一。

为完善离校未就业高校毕业生见习制度，鼓励见习单位优先录用见习高校毕业生，国务院办公厅于 2009 年 2 月发出通知要求，高校毕业生见习期间，由见习单位和地方政府为其提供基本生活补助。国务院办公厅还提出从 2009 年起，用 3 年时间组织 100 万未就业的高校毕业生参加见习。

【重要提示】

见习期满未被见习单位录用的高校毕业生，可继续享受政府提供的免费就业信息和各类就业服务；对有创业愿望的，有关机构将提供项目开发、方案设计、风险评估、开业指导、融资服务、跟踪扶持等"一条龙"创业服务。

### 5. 就业准入制度

就业准入制度是根据《中华人民共和国劳动法》（以下简称《劳动法》）和《中华人民共和国职业教育法》（以下简称《职业教育法》）的有关规定，从事技术复杂、通用性广、涉及国家财产、人民生命安全和消费利益的职业（工种）的劳动者，必须经过培训，并取得相应职业资格证书方可就业上岗的制度。

就业准入制度是经济社会发展的需要，也是国际上通行的做法。劳动者要进入相关行业就必须获得相关的资格证书，如医生、教师、律师等。

职业资格证表明劳动者具有从事某一职业所必备的学识和技能，是劳动者求职、任职、开业的资格凭证，是用人单位招聘、录用工作人员的主要依据。大学生如果能在校期间获得相关的职业资格证书，将为自己的求职择业增添砝码。

### 6. 大学生人才市场

大学生人才市场是社会主义人才市场的组成部分和特殊实现形式，是针对应届毕业生这一特定群体就业特点而建立、专门为大学生和用人单位之间实现双向自主选择、供需优化配置的服务场所，是高校毕业生就业过程中涉及的各种社会关系的总和。

人才市场的任务是举办就业洽谈、进行供需信息交流、开展咨询服务等活动，通过市场作用，使大学毕业生找到合适的工作、用人单位得到所需的人员。其基本职能是依法组织市场，根据法律和市场规范运作；维护进入市场的供需双方的合法权益，使双方在市场中处于完全平等的地位，保证公开公正地进行双向选择；监督运作过程和达成协议的合理合法性；在双方出现争议时，依法据理进行调解。

大学生人才市场分为有形市场和无形市场两部分。有形市场是指有固定和明确的场所，有固定和明确的开放时间和地点，具有特定参加对象的大学毕业生就业市场。无形市场是指不受特定时间和空间的限制，由毕业生和用人单位自行选择的就业市场。其主要特征是没有具体的时间、地点和固定的场所，它是无形的，但又是客观存在的。人才信息网、高校毕业生就业服务网、单位招聘网站等网络媒体，单位和求职者通过报刊、电视等媒介进行沟通和选择等，也属于无形市场的范畴。

# 2.3  大学生就业政策

近年来，随着高校的不断扩招，大学毕业生人数骤增，大学毕业生的就业形势显得相当严峻。为有效缓解大学生就业危机，切实帮助大学毕业生解决就业难题，国家不断出台新的就业政策，突出表现在：2003 年一年内，包括国务院办公厅、教育部、财政部等在内的有关部委、部门及团体共出台 14 个有关大学生就业的配套文件，无论从数量上、内容上、范围上来说，都是史无前例的；2007 年 8 月 30 日，十届全国人大常委会第二十九次会议表决通过了《就业促进法》，该法于 2008 年 1 月 1 日起实施，为扩大就业、发展和谐劳动关系带来了福音。大学生就业政策不断丰富和发展，对做好大学毕业生就业工作起到了极大的促进作用。

23

### 1. 当前我国大学生就业的总政策

大学生就业的总政策主要包括以下方面的原则规定：认清形势、深化改革；完善高校毕业生就业工作管理体制；调整人才培养结构；鼓励人才合理流动；完善尚未就业高校毕业生的有关政策；整顿和规范高校毕业生就业市场程序；加强对高校毕业生的思想教育和领导；转变用人机制，拓宽高校毕业生就业渠道；发挥市场作用，建立高校毕业生社会服务体系；等等。

2009 年 3 月，教育部下发《国家促进普通高校毕业生就业政策公告》，对毕业生就业政策做出了具体部署。

（1）鼓励高校毕业生到基层、到中西部地区就业

① 对到农村基层和城市社区公益性岗位就业的毕业生，给予社会保险补贴和公益性岗位补贴。对到农村基层和城市社区其他社会管理和公共服务岗位就业的毕业生，给予薪酬或生活补贴。

② 对到中西部地区和艰苦边远地区县以下农村基层单位就业并履行一定服务期限的，由政府补偿学费，代偿助学贷款。

③ 对有基层工作经历的，在研究生招录和事业单位选聘时优先录取。

④ 对参加"选聘高校毕业生到村任职""三支一扶"（支教、支农、支医和扶贫）"大学生志愿服务西部计划""农村义务教育阶段学校教师特设岗位计划"等项目的，给予生活补贴，按规定参加社会保险。项目服务期满并考核合格的，报考硕士研究生初试总分加 10 分，高职（高专）学生可免试入学读成人本科。今后相应的自然减员空岗全部聘用参加项目服务期满的高校毕业生。

（2）鼓励高校毕业生应征入伍服义务兵役

① 由政府补偿学费，代偿助学贷款。

② 在选取士官、考军校、安排到技术岗位等方面优先。

③ 退役后参加政法院校为基层公检法定向岗位招生考试时，优先录取。

④ 具有高职（高专）学历的，退役后免试入学读成人本科。或经过一定考核，入读普通本科。

⑤ 退役后报考硕士研究生初试总分加 10 分。荣立二等功及以上的，退役后免试推荐入读硕士研究生。

（3）积极聘用优秀高校毕业生参与国家和地方重大科研项目

高校毕业生在参与项目研究期间，享受劳务性费用和有关社会保险补助，户口、档案可存放在项目单位所在地或入学前家庭所在地人才交流中心。聘用期满，根据需要可以续聘或到其他岗位就业，就业后工龄与参与项目研究期间的工作时间合并计算，社会保险缴费年限连续计算。

（4）鼓励和支持高校毕业生到中小企业就业和自主创业

① 对企业招用非本地户籍的普通高校专科以上毕业生，各地城市应取消落户限制（直辖市按有关规定执行）。

② 为到中小企业就业的高校毕业生提供档案管理、人事代理、社会保险办理和接续等方面的服务。

③ 从事个体经营符合条件的，免收行政事业性收费并享受国家相关扶持政策。

④ 登记失业并自主创业的，如自筹资金不足，可申请 5 万元小额担保贷款。对合伙经营和组织起来就业的，可按规定适当提高贷款额度。

⑤ 参加创业培训的，按规定给予职业培训补贴。

⑥ 灵活就业并符合规定的，可享受社会保险补贴政策。

（5）强化对困难家庭高校毕业生的就业援助

① 就业困难和零就业家庭的高校毕业生，享受公益性岗位安置、社会保险补贴、公益性岗位补贴等就业援助政策。

② 机关、事业单位免收招聘报名费和体检费。

③ 高校可根据实际情况给予适当的求职补贴。

④ 对离校后未就业、回到原籍的高校毕业生，由各地公共就业服务机构免费提供就业服务并组织就业见习和职业技能培训。

**2. 地方政府关于毕业生就业的有关政策**

随着大学生就业竞争的日益激烈，地方政府为了推动和促进高校毕业生就业，出台了一系列方针政策，为毕业生充分就业提供了制度保障、政策保障和工作保障。在就业服务方面，不仅学校有周到的指导和服务，政府有关部门特别是人才市场、劳动力市场和毕业生就业市场还提供多种公益性服务；在择业期限方面，不仅毕业前可以找工作，毕业后两年内仍可双向选择；在困难救助方面，毕业后可以登记失业，享受失业人员优惠政策。可以说，现有政策涵盖了毕业生就业的各个方面，基本形成了比较完善的政策框架体系。

全国各地根据中央和教育部关于做好鼓励和引导毕业生到基层和中西部地区就业的指示，出台了多项优惠政策，采取了一系列鼓励措施，积极引导毕业生树立正确的择业观念，旨在提高毕业生就业率，实现毕业生最大限度就业。

① 河北：给予一定数额的稳定岗位奖励；对领取失业保险金期满后 6 个月仍未就业的困难失业人员，可以将职业培训、职业介绍补贴一次性发给本人。

② 江苏：全面落实鼓励企业吸纳就业的政策。吸纳困难人员就业的企业，企业缴费部分可享受全额社会保险补贴。对连续 5 年足额缴纳失业保险费、在经济困难时期不裁员、集中开展技能培训的企业，给予职业培训补贴。

③ 黑龙江：充分发挥县以上政府投资和确定重大项目带动就业的作用，主动了解企业投资额度、用工数量，主动提供就业服务。

④ 山西：全省在安排扩大内需 6 个领域、33 个方面的投资和重大项目建设时，把增加就业岗位和人力资源配置作为重要内容，在项目实施方案中明确增加就业的人数，并提出招用工计划。

⑤ 湖北：在安排政府投资和确定重大项目时，要把增加就业岗位作为重要内容统筹考虑，优先重点发展劳动密集型行业和企业。

⑥ 北京：对参加失业保险的企业和职工，确因生产经营困难停产、半停产，但短期内能恢复生产的，由失业保险基金给予工资性补贴。

⑦ 云南：实行转岗培训补贴。对采取转岗等方式安置富余人员的用人单位，可按照培训项目实际付费的 50%、人均不超过 400 元的标准，从统筹失业保险基金中给予用人单位一次性培训补助。

⑧ 宁夏：充分发挥失业保险的作用，将职业培训补贴和职业介绍补贴的比例提高到

25%，对在宁夏央企不因经营变化批量向社会推出失业人员的，两项补贴可提高到35%。

⑨ 重庆：放宽再就业重点企业条件并提高贴息标准。将享受贷款贴息的再就业重点企业安置下岗失业人员人数由100人以上调整为80人以上，给予贴息贷款额由人均2万元提高到3万元。在重庆毕业或在南京上大学的重庆学生，不需任何抵押、担保，即可获得不高于5万元的创业贷款。为降低贷款风险，此类创业贷款的年基准利率一般在现有利率基础上上浮15%~20%。

⑩ 河南：高校毕业生当年自主创业的，从当地就业专项资金中给予每人不超过3000元的一次性创业补助。从省本级再就业财政专户结余资金中拿出1亿元用于各地小额贷款担保基金和贷款贴息补助，扩大小额担保贷款的发放规模。

⑪ 江西：从事个体经营且符合条件的高校毕业生，可享受不超过5万元的小额贷款，贷款期限最长不超过2年。对符合条件合伙经营的，可以根据人数和经营规模扩大贷款规模；对从事属于国家支持发展的服务业、餐饮业和商贸业项目，可享受财政贴息50%。

⑫ 湖南：从事个体经营的高校毕业生，可享受三年内免交登记类、管理类和证照类的各项行政事业性收费的优惠政策。对自愿到湘西地区及县级（含县级）以下基层自主创业的，可申请小额担保贷款。对从事微利项目的，贷款利息由财政承担50%，展期不贴息。

⑬ 浙江：高校毕业生毕业后6个月内未就业的，可申请失业登记。经失业登记后，就业服务机构将为其提供免费的职业介绍、职业指导、创业指导等就业服务。在校大学生创办民营科技企业的，学校将为其保留1~3年的学籍。

⑭ 辽宁：从2006年起，设立"高校毕业生创业资金"，它通过财政和社会两条渠道筹集，专项用于为高校毕业生自主创业、兴办企业申请小额贷款提供担保。

⑮ 西藏：西藏自治区各类企业和自收自支事业单位每接收1名国家计划内招收的区内应届高校毕业生，由财政部门给予用人单位一定数额的奖励资金。

⑯ 陕西：高校毕业生到本省境内民营企业就业，签订2年以上劳动合同，其个人档案由学校或各级人才交流服务机构和公共就业服务机构免费保管；在专家选拔、人才流动、人员培训、户籍管理、职称评审、技术创新、成果转化等方面给予国有企事业单位同类人员同等待遇，并在申报国家和地方科研项目、科研成果或荣誉称号等方面给予倾斜和支持。

**3. 大学生就业政策中的具体规定**

（1）自主创业政策

自主创业是大学生就业的重要增长点。据有关调查，目前应届毕业生中自主创业的比例仅为0.3%。创业难度很大，潜力也很大。为鼓励高校毕业生自主创业，2009年1月19日，国务院下发《国务院办公厅关于加强普通高等学校毕业生就业工作的通知》（国办发〔2009〕3号），提出大学生自主创业4项优惠政策。

① 免收行政事业性收费。通知提出，对高校毕业生从事个体经营、符合条件的，免收行政事业性收费。同时，落实鼓励残疾人就业、下岗失业人员再就业以及中小企业、高新技术企业发展等现行税收优惠政策和创业经营场所安排等扶持政策。

② 提供小额担保贷款。对于创业者而言，创业初期多是开办中小企业，然而中小企业"融资难"一直是制约企业发展的瓶颈。针对这些问题，通知明确要求，在当地公共就业服务机构登记失业的自主创业高校毕业生，自筹资金不足的，可申请不超过5万元的小额担保贷款；对合伙经营和组织起来就业的，可按规定适当扩大贷款规模；从事当地政府规定微利项目的，可按规定享受贴息扶持。

③ 享受职业培训补贴。创业者要想创业成功，仅有创业意愿还不够，关键还要提高创业能力。对创业者提供职业培训是提高创业者创业能力的有效途径。为了鼓励、支持更多高校毕业生参加创业培训，通知明确要求，有创业意愿的高校毕业生参加创业培训的，按规定给予职业培训补贴。

④ 享受更多公共服务。高校毕业生想创业，选择什么项目？项目开发成功，如何推向市场？创业失败，谁来帮助自己？针对这些问题，通知明确要求强化高校毕业生创业指导服务，提供政策咨询、项目开发、创业培训、创业孵化、小额贷款、开业指导、跟踪辅导的"一条龙"服务。通知还要求，各地要建设完善一批投资小、见效快的大学生创业园和创业孵化基地，并给予相关政策扶持。此外，政府鼓励、支持高校毕业生通过多种形式灵活就业，并保障其合法权益，符合规定的，可享受社会保险补贴政策。

（2）免费师范生就业的相关政策

在教育部直属师范大学实行师范生免费教育，意味着近代中国在相当长时间内实行的师范生免费教育制度重返大学校园。免费师范毕业生一般返回生源所在省份中小学任教，有关部门将统筹规划，在配合师范大学做好免费师范生招生计划工作的同时，提前做好免费师范毕业生的接收计划和相关工作，确保 4 年后每一位到中小学校任教的免费师范毕业生有编有岗。

（3）毕业生到城乡基层就业的政策措施

毕业生到城乡基层一线工作，既能实现就业，又能得到锻炼，是大学生就业的大方向。为鼓励高校毕业生参加社会主义新农村建设、城市社区建设和应征入伍，国务院提出实行 4 项具体鼓励政策。

① 基层社会管理和公共服务岗位就业补贴政策。其中涉及两项补贴政策：一是对到农村基层和城市社区从事社会管理和公共服务工作的高校毕业生，符合公益性岗位就业条件并在公益性岗位就业的，按照国家现行促进就业政策的规定，给予社会保险补贴和公益性岗位补贴。二是对到农村基层和城市社区其他社会管理和公共服务岗位就业的，给予薪酬或生活补贴，所需资金按现行渠道解决，按规定参加有关社会保险。

基层社会管理和公共服务岗位，包括村干部、支教、支农、支医、乡村扶贫，以及城市社区的法律援助、就业援助、社会保障协理、文化科技服务、养老服务、残疾人居家服务、廉租房配套服务等岗位。其中，公益性岗位是指全部由政府出资开发，以满足社区及居民公共利益为目的的管理和服务岗位，优先安排困难人员或重要群体，并从就业专项资金中给予社会保险补贴和岗位补贴；其他基层社会管理、公共服务岗位，是指在街道社区、乡镇等基层开发或设立的相应的社会管理和公共服务岗位，由政府或相关组织和单位出资，所安排使用的人员按规定享受相关补贴。

② 学费和助学贷款代偿政策。对到中西部地区和艰苦边远地区县以下农村基层就业并履行一定服务期限的高校毕业生以及应征入伍服义务兵役的高校毕业生，实施相应的学费和助学贷款代偿。

27

③ 选聘招录优惠政策。对有基层经历的高校毕业生在研究生招录和事业单位选聘时实行优先，在地市以上党政机关考录公务员时进一步扩大对其招考录用的比例。

④ 继续实施和完善面向基层就业的专门项目，扩大项目范围。主要内容包括 4 个方面：中央有关部门和地方基层就业专门项目要鼓励更多的大学生参加；要制定各项目待遇政策衔接的办法；对参加项目的毕业生给予生活补贴，参加有关社会保险；与项目相对应的自然减员空岗要全部聘用那些项目结束后留在当地就业的高校毕业生。

（4）毕业生到中小企业、非公有制企业就业的政策

去中小企业和非公有制企业就业，已成为大学生就业的主要渠道，但这一渠道还不够通畅，相关制度和政策有待进一步完善，国务院《关于进一步做好普通高等学校毕业生就业工作的通知》（国办发〔2011〕16 号）提出了完善落实相关制度和政策的工作要求，主要包括以下 3 个方面。

① 清理影响就业的制度性障碍和限制。主要是在档案管理、人事代理、社会保险办理和接续、职称评定以及权益保障等方面，要认真清理现行制度，简化手续，做好服务工作，形成高校毕业生到企业就业的有利环境。

② 取消落户限制。对企业招用非本地户籍的普通高校专科以上毕业生，各地城市应取消落户限制（直辖市按有关规定执行）。

③ 落实就业扶持政策。企业招用符合条件的高校毕业生，可享受相应的就业扶持政策。所谓符合条件的高校毕业生主要指就业困难人员，扶持政策包括对企业的社会保险补贴以及定额税收减免政策；劳动密集型小企业招用登记失业的高校毕业生达到规定比例，可享受高至 200 万元的小额担保贷款。

（5）骨干企业和科研项目单位吸纳毕业生就业的政策

为提高骨干企业人力资源质量和科研项目质量，对于有技术专长的优秀高校毕业生提出以下 3 项措施。

① 鼓励企业更多吸纳高校毕业生。国有大中型企业特别是创新型企业要更多地吸纳有技术专长的毕业生。高新技术开发区、经济技术开发区和高科技企业要集中吸纳高校毕业生。高校毕业生掌握现代化知识和技术，符合这类单位的用人需求，因此教育部《关于做好 2013 年全国普通高等学校毕业生就业工作的通知》（教学〔2012〕11 号）提出要鼓励吸纳高校毕业生，以加强人才培养，使用和储备。各地、各有关部门要根据实际情况制定具体的鼓励措施。

② 鼓励困难企业更多保留高校毕业生。在当前应对国际金融危机、实施企业减负稳岗的措施中，支持困难企业更多地保留大学生技术骨干，按规定给予社会保险补贴、岗位补贴或职业培训补贴。人力资源和社会保障部、财政部、税务总局颁布的《关于采取积极措施减轻企业负担稳定就业局势有关问题的通知》对此项政策有具体规定。

③ 鼓励科研项目聘用高校毕业生。承担国家和地方重大科研项目的单位要积极聘用优秀毕业生参与研究：给予其劳务性费用和有关社会保险费补助，由项目经费列支；参与项目期间，毕业生户口、档案可存放在项目单位所在地人才交流机构；聘用期满，可续聘或到其他岗位就业，聘用期间工龄、社会保险缴费年限连续计算。高校毕业生参与科研项目，既可以促进科研的发展，又可以延长毕业生学习和研究的时间，对缓解当前就业压力有积极作用。

（6）对困难毕业生的就业援助措施

① 对家庭困难的毕业生，高校可根据情况给予适当的求职补贴，其参加公务员考录、

事业单位招聘时免收报名费和体检费。

② 对离校后未就业、回到原籍的毕业生，各地要摸清底数，免费提供政策咨询、职业指导、职业介绍和人事档案托管等服务，并组织其参加就业见习、职业技能培训等促进就业活动。

③ 对登记失业的高校毕业生，各地要纳入当地失业人员扶持政策体系，抓好政策落实。

④ 对就业困难和零就业家庭的高校毕业生，要实施一对一职业指导、向用人单位重点推荐、公益性岗位安置等帮扶措施，按规定落实社会保险补贴、公益性岗位补贴等就业援助政策。就业困难人员的标准，由省级人民政府规定。

**【案例点评】**

黄翔是新近毕业的大学生。在毕业之前，他曾经考虑过考取工商管理系统的公务员。这对当时的他来说，是有巨大压力的。由于他学习的是生物工程专业，这个专业是冷门专业，所以选择考公务员就要放弃自己这些年的专业知识，然后投身于另一个领域，这让他多少有点儿不适应。在经过反复斟酌考虑后，他放弃了考公务员的打算。公务员是铁饭碗，待遇福利也好，很多人梦寐以求的，但黄翔其实还是抱着从事生物工程研究的愿望，在初中读书时，他就立下了这样的志向。在黄翔看来，再好的工作，如果没有兴趣的滋养也很难做好。于是，他准备找一家生物工程公司从事产品研发工作。

其实，他更远大的理想是回报家乡。虽然他已经离开家乡很多年了，但他对家乡深厚的爱就像浓重的乡音一样一直跟随着他，他无时无刻不挂念着家乡的脱贫致富。但因女友一直还抱有在大城市扎下根的想法，暂时不愿和他回家乡，所以他也只好放弃了这一打算。

现在大学生就业形势越来越严峻了，竞争的人非常多，有专科生也有硕士生，而那些考证又非常猛的牛人无处不在，所以黄翔还是挺紧张的。他也害怕自己会失利，因为如果一直找不到工作，拖下去自己很有负担。

另外还有非常多的海归来跟国内毕业生抢饭碗，黄翔更是悬着一颗心，每天都放不下来。

不过他的专业知识倒是让他很有底气，因为大学四年他一点儿也没有荒废，全部时间都花在学习上了，他的女朋友正是被他的才华吸引，才慢慢爱上他的。但在接下来找工作的过程中，黄翔受了很多打击。国家科研院所他是想都不敢想的，因为这些机构现在的门槛都很高，没有博士的文凭，想要进去简直难如登天。于是他把自己的目标定位在民营生物公司。他陆续参加了很多单位的面试，但结果都不理想。民营企业多是看中短期的利益，所以对于他所感兴趣的基础理论研究大都不屑一顾。一次次的面试碰壁，让他有些灰心，"与其在这儿做些应用型的研究，不如回家乡工作，用自己的知识指导家乡人提高特色农作物的质量和产量，实现自己的理想"。

就在黄翔左右为难的时候，女友也找工作无果，并且对大城市也有点失去信心，觉得个人能力确实不够。经过黄翔的再三说服，女友答应和他一起回家乡工作，家乡没有高楼大厦，没有地铁、公园，但那里有一个温暖的家。

**点评：**

（1）黄翔对就业环境进行了一系列的分析。就业形势不容乐观，而就业竞争压力非常大，如果要选择在大中城市就业，那么就要付出一定的代价。而如果失败，那么代价也是高昂的。

（2）黄翔对就业形势做了一定的展望。他想过进国家科研机构，也想过去民营生物工程公司，但最终留在大城市从事科研的路没有走通。最后，他选择了回家乡工作，以实现自己的理想、造福乡里。

（3）在他女友找工作也失利的情况下，他们终于一同返回基层，回到自己的故乡。这个结果看似无奈，却是建立在他们对现实情况综合分析判断的基础上的。

**【素质拓展】**

**拓展1**

程龙即将大学毕业，但他始终找不到方向，他想干的事非常多，但是又不知道从哪里干起。他不想吃苦，因为这几年的大学生活已经让他彻底地松懈了下来，他无法再去过那种刻苦进取的生活，而且他对当前大学生的就业形势和政策又没有做充分了解，他现在很迷茫。

程龙的迷茫是很多大学生的迷茫。他们的专业知识可能不够牢固，而且也没有做好就业准备。如果你是程龙的同学或老师，你该如何跟程龙讲当前的就业形势和政策？怎么帮助程龙顺利找到一份工作，而不是这样一直拖下去？

**拓展2**

张显贵是今年毕业的大学生，他本来想留在北京工作，但是北京的就业压力非常大，所以他现在正面临这样一个选择：回老家湖南，或者继续留在北京打拼。回湖南老家的话，那里非常多的就业政策都对他非常有利，比如当地有大型的大学生专场供需见面会活动，还没有找到工作的大学生可以借着这个机会再次进行双向选择，而他所在省的教育厅也和所在大学交换了毕业生双向选择信息，这都有利于他就业。他自己进行了一番思考，终于决定回去试试，毕竟这是一个不错的机会。

张显贵所在的湖南省在就业政策上给予了大学生极大的便利，这些就业政策是为了响应国家相关就业政策而制定的，相信每个大学生都能够找到适合自己的工作。如果你是大学生张显贵，你会选择在北京这样的大城市就业还是回自己的老家、享受所在省份的就业政策？

**拓展3**

你将来打算在哪个省份、哪个城市就业？你了解当地的就业政策吗？请将调研结果列出。

# 第3章

# 就业准备

随着社会主义市场经济的发展，高校毕业生就业制度已改变了"统包统分"和"包当干部"的就业模式，实行少数毕业生由国家安排就业，多数由学生"自主择业"的就业制度。与此相配套，各地区及高校学校相继开办"供需见面"会和"毕业生就业市场"，组织毕业生与用人单位进行"双向选择"，通过竞争落实就业单位。为此，面临就业的大学生，必须增强竞争意识，树立正确的择业观念，在就业之前做好多方面的准备。

就业准备，是指未就业者为了能从事某种职业或获得某种职位，在一个相当长的时期内所做的准备工作，它是就业的基础和前提，对于大学生来说非常重要。一方面，就业准备是大学生求职、择业的基础。大学生只有进行了必要的就业准备，才有可能产生相应的求职、择业行为；做好充分的就业准备还有助于大学生选择一个理想的、合适的职业，实现就业目标。另一方面，就业准备是社会发展的客观需要。随着社会经济的繁荣、科技的进步，社会职业对从业者的身体素质、心理素质、思想素质、科学文化素质等提出了新的要求。这就决定了大学生只有做好充分的就业准备，才能适应社会发展对人才的客观需要，更好地为社会做贡献。

大学生求职者如果在准备工作方面做得不够充分，极有可能将唾手可得的工作机会让与旁人。很多大学生刚毕业时，到处投简历，盲目求职，这就说明他们还没有充分做好求职准备，没有调整好自己的求职状态。

"成功总是青睐那些有准备的人"，求职过程中，仅有专业知识和技能是远远不够的，只有做好充分而全面的准备工作，才能游刃有余，实现自己的职业理想。大学生求职者应该做好哪些准备呢？我们看下面的内容。

## 3.1　思想准备

如果有了充分、正确的思想准备，对于进行就业准备的大学生来说就意味着有了一个良好的开端，往往可以起到事半功倍的效果。大学生可以从以下几个方面来进行思想准备。

### 1. 客观的自我评价和准确的个人定位

自我评价既是大学生职业规划的前提，也是就业准备的重要内容，所以，大学生应该对自己进行客观、准确、符合实际的评价，即对自己的知识水平、个人能力、心理、性格、气质、兴趣、爱好、优缺点、价值取向等进行全面、客观地评价。个人定位是指大学生对自我现状的认识以及对自己今后所从事的工作及工作能力的判断（也可以称为就业期望）。可以说，客观的自我评价是准确的个人定位的基础。

从心理学角度看，人在进行自我评价的过程中，往往存在着刻意回避自我不足的潜意识，从而造成过高的自我评价；另外，我国传统文化氛围里的谦虚意识也可能造成过低的自我评价。过高或过低的自我评价都会造成个人定位的偏差，使大学生的求职历程变得坎坷。

有了客观、公正的自我评价做基础，就可以进行相对准确的个人定位，从而明确个人发展的奋斗目标。有了准确的定位，大学生就可以判断出自己是理论知识丰富还是动手能力强，自己是适合从事科研工作，还是更适合从事产品生产销售工作等。

大学生的个人定位在很大程度上受到其就业期望值的影响。当前有一部分大学生的就业期望值偏高，他们认为自己是同龄人中的佼佼者，应该有一个灿烂的前程；一心希望留在大城市、政府机关工作，而且收入要高。他们的想法本无可厚非，只是他们可能没有注意到目前中国的高等教育正由精英化过渡到大众化，他们的观念没有跟上时代的变化，结果往往为找不到理想的工作而郁闷和苦恼。可见，对于就业期望值偏高、个人定位不切实际的大学生来说，适当地降低就业期望值、准确地进行个人定位是非常必要的。

### 2. 树立远大抱负，将个人发展同祖国建设大局结合起来

青年大学生是祖国建设的栋梁，理应以大局为重，响应党的号召，到西部去、到基层去、到祖国和人民最需要的地方去建功立业，将自己的职业发展和未来融入祖国的发展和建设中去，在为社会主义事业奋斗的同时，实现个人理想，体现自身价值。

### 3. 应该处理好的几个问题

从长远来看，大学生响应国家号召，将自己所学的知识运用到基层实践中去，既可以开阔眼界、磨炼意志、增长才干，也能为祖国做出贡献，自己也会受益终身。大学生在就业时不可避免地也会遇到以下 3 个问题，如图 3-1 所示。

要稳定还是要挑战？　要专业还是要转行？　要感情还是要事业？

图 3-1　大学生在就业时会遇到的问题

- 是选择稳定的工作还是选择富有挑战性的工作（要稳定还是要挑战）？
- 是从事对口的专业还是进入一个全新的领域（要专业还是要转行）？
- 是为了家庭、情感还是为了工作和事业（要感情还是要事业）？

这些看似简单的问题其实没有一个通用的标准答案。对个人而言，最适合自己的就是最好的选择，所以，这些问题需要大学生认真思考。

（1）要稳定还是要挑战

到底是该选择稳定的职业还是富有挑战性的工作呢？因为各人的目标、兴趣不同，不同的人选择的答案就不可能相同。稳定的工作意味着稳定的收入、规律的工作时间、按部就班的晋升和较为固定的人际圈，一般来说，工作压力不太大，时间较为宽松。但是几乎一成不变的环境和工作内容很容易让人厌倦，所以需要更多的耐心。因此，建议具有一定耐心的、希望工作和生活相对稳定的大学生选择此项。从事富有挑战性的工作则意味着从业者需要肩负更多的工作压力，承担更大的风险，适应相对紧张的时间安排，需要付出更多的精力，需要相当的心理承受能力。但是，当顺利完成工作后获得的成就感和满足感却也是难以用言语形容的。因此，建议不安于现状、富有想象力且具有相当心理承受力的大学生选择富有挑战性的工作。

（2）要专业还是要转行

从事与所学专业高度相关的职业，所需投入的成本（指时间、精力、经费）都会较小，而且成功的可能性相对较高。从事与所学专业没有联系的职业，需要从业者投入大量的时间、精力甚至经费来学习和掌握与本职工作相关的知识和技能，这就形成了职业成功的机会成本。大学生应该结合本人的实际情况，认真考虑这种成本。

（3）要感情还是要事业

每个人的价值取向是不同的。有的人以事业为重，情愿先立业再成家；有的人以家庭和感情为重，为了家庭或感情可以放弃自己心目中理想的职业目标。即使是同一个人，在他人生的不同阶段，所追求的目标也可能会发生变化，所以，同一个人不同时期的选择也不一定相同。

大学生在进行就业准备时，最好能够明确每一个阶段的目标，权衡事业和家庭、工作和生活在各个阶段的重要性，权衡为了职业上的发展可以放弃哪些个人生活，或是为了家庭或感情可以放弃哪些职业机会。

**4. 必须具备一定的安全意识**

大学生进行就业准备时在思想上要有一定的安全意识，在就业的过程中尤其需要注意安全问题。目前，某些地方有少数非法传销组织将目光锁定在大学生身上，他们以招聘员工、进行面试等手段诱骗大学生，非法限制受骗大学生的人身自由。大学生求职过程中一定要提高警惕，防范非法组织利用自己求职心切的心理侵害自己的合法权益。

# 3.2　心理准备

大学生完成学业，从学生身份过渡为社会生活中的职业人身份，是人生中的一次重要转折过程，它不仅表现为一个人身份的转变，其内心世界也会随之发生着种种反应、变化。作为一名即将毕业的大学生，需要了解影响就业的心理因素，自觉加强就业心理准备，努力提高自我的就业心理调适能力，为顺利就业做好准备。

**1. 大学生求职心理障碍的主要表现**

大学生在求职过程中会产生或轻或重的心理障碍，轻者影响求职过程中的判断，重者导致求职的失败，甚至诱发恶性循环，产生精神疾病，因此对此必须加以重视。大学生常见的求职心理障碍有以下几种。

（1）焦虑心理和嫉妒心理

求职焦虑心理是在求职心理压力下所产生的一种不踏实感、失落感、危机感和迷惘感，表现为经常处于烦躁不安和心急如焚的情绪状态。大学毕业生在求职期间普遍存在着不同程度的心理焦虑。面对求职择业过程中的诸多因素和选择，一些大学生常常会感到无所适从：有的人期望值过高，不切合实际；有的人患得患失，优柔寡断；有的人急于求成，盲目浮躁；有的人不善推介自己，畏于面试。

一些大学生在求职时对他人的特长或优越条件既羡慕又敌视，这种情感的内化就是嫉妒心。如在求职时把别人的优越之处视为对自己的威胁，因而感到心理不平衡，甚至是恐惧和愤怒，于是借助说风凉话、讽刺挖苦、造谣中伤等来求得心理补偿。结果由于嫉妒，疏远了自己与他人的关系，人际关系恶化，从而使自己处于孤立的境地，精力分散，内心痛苦，使自己无法顺利求职和择业。

（2）自傲心理和自卑心理

自傲是过高估计自身实力而产生的一种优越感，这种心理在一些大学生身上反映比较突出。他们在求职时好高骛远，自命不凡，挑三拣四，怕吃苦，讲实惠，给用人单位留下浮躁、不踏实的印象，不受用人单位的欢迎。自傲心理使大学生严重脱离实际，以幻想代替现实，使自己的求职目标和现实产生极大的反差。当面对现实时，往往情绪一落千丈，产生孤独、失落、烦躁、抑郁等心理现象。

与自傲相反，自卑心理表现为对自身的能力和素质评价过低。一些大学生对自己缺乏信心，觉得自己事事不如他人，在求职中，不敢充分展示自我，缺乏大胆尝试、积极参与竞争的勇气，从而错失就业良机。过度的自卑还会产生精神不振、心理扭曲、沮丧、孤寂、脆弱等心理现象，久而久之还可能导致自卑型人格的形成。

（3）从众心理和依赖心理

一些毕业生在求职时从众攀比。你进了北京，我就非上海不去；你进了金融系统，我就非进烟草、电力系统不行。实际上，由于每个人生活环境、家庭背景、能力和机遇的不同，其求职目标、职业选择是不具可比性的。而部分大学生在虚荣心的驱使下，对自我缺乏客观分析，盲目攀比，不屑到基层、到艰苦的地方工作。这种攀比心理使得他们迟迟不愿签约，从而失去就业机会。

在求职过程中，大学生的从众心理主要表现在，不能客观分析就业形势和就业需要，认为只要是"大家觉得好，肯定错不了"。因此，在没有明确的自我定位、尚未衡量自身条件的前提下，就将所谓的热门单位、热门职业作为自己的求职首选目标，盲目地"赶时髦"，结果往往四处碰壁，给自己事业的发展留下不良影响。另外一些大学生仍存在"等""靠"的依赖心理，在机会面前顾虑重重，不能主动地参与就业市场的竞争，不能主动向用人单位展示自我、推销自我，而是寄希望于学校的安排和家长的奔波，有的甚至委托家长与人洽谈，自己站在一旁若无其事。这样的依赖心理，使部分大学生丧失了把握机会、创造机会的主动性，使自己在求职竞争中处于劣势。

**2．自我心理调适的方法**

大学生要学会调节自己的心态，放松自己紧张的情绪，从容面对求职过程中的种种困难，掌握必要的自我心理调适方法，避免因心理问题导致就业的失败。

（1）自我转化与适度宣泄

当不良情绪不易控制时，可以采取转移情感和精力到其他活动中的办法，如参加一些轻松愉快和自己感兴趣的活动、学习一些新知识、新技能等，使自己没有时间和精力沉浸在不良情绪中，以求得心理平衡。当因遭受挫折造成焦虑、紧张等不良心境时，可以适当地宣泄情绪进行自我调适，如向亲人、好友倾诉自己的心理感受，甚至痛哭一场，以求得安慰、支持和帮助；也可以通过大运动量的体育活动，寻找畅快淋漓的宣泄感觉，调整心态。

（2）自我慰藉与幽默疗法

当求职不能如愿时，不要过分苛求自己，可以通过自我安慰来进行自我调适。例如，借"酸葡萄"等理由自我安慰，找一个自己可以接受的理由来承认并接受现实。或者借助幽默的力量，放松紧张心情。可以把自己的不如意在同学、朋友面前自我调侃，幽默一回，从而摆脱郁闷的心境，将沉重化为轻松，把辛酸化为快乐。

（3）理性控制与积极升华

当求职择业遇到困难、产生心理困惑时，可以通过理性的分析和思考来摆脱消极情绪，进行自我调适。如找一个宁静的环境，使自己的心理、躯体得到放松和休息。在此基础上，认真分析失败的原因，进一步确立努力方向，将失败的压力化为奋斗的动力，以积极的姿态迎接新的挑战。

总之，面对人生的转折，大学毕业生要做好充分的心理准备，顺应社会发展。只有未雨绸缪，才能临阵不乱。希望每一个大学毕业生都能找到自己满意的工作，并在自己的实际岗位上做出一番成绩。

**3. 男、女大学生求职心理准备**

不仅仅是求职需要做好心理准备，很多事情诸如考试、竞赛都需要做好心理准备。有的时候，竞争者的条件相当，赢就赢在心理素质上面。因此，大学生求职的心理准备工作是非常重要的。因为目前不少工作岗位只招男性，所以女大学生就业的压力要大于男大学生，我们在此将分开讲述男、女大学生的求职心理准备工作。

（1）男大学生的求职心理准备

① 要充满必胜信心。

宝剑锋从磨砺出，梅花香自苦寒来。经过几年大学教育，大学生有理由相信自己是优秀的，缺乏的只是实践经验。如果平时做过一些与专业相关的兼职，那将会更加有自信。只有相信自己的能力和水平，才能有信心做好未来的工作，做出一番事业来。在用人单位眼里，应聘者只有坚信自己有实力胜任某项工作，才能表现出坚定的态度和从容不迫的风度，令用人单位相信你是最合适的。信心是自己给的，当你为自己的求职做好一切准备时，你的自信便自然而然会体现出来。自信不足便是自卑，有的大学生在应聘的时候手足无措、语无伦次，或者低头不语、目光闪烁，这些都是极度不自信的表现，这样的表现是不会赢得用人单位的信任和认可的。

【案例】

再也没有比那次面试更尴尬的事了，乔玉杭一直在回想那次应聘时的场景。当时他因为太紧张，手一直攥得紧紧的，面色苍白，主考老师为了缓解他的紧张情绪，用诙谐的口气讲了一个笑话。谁知道他过于紧张，竟然说："好的，谢谢，我没有听笑话的习惯。"当时主考老师极为尴尬，后面说的什么内容他都不记得了，最终面试以失败告终。因为缺乏自信心，他在整个应聘过程中，既被动又紧张，唯一一次缓和气氛的机会他也没有抓住，为此他非常懊恼。

乔玉杭失败的原因在于太缺乏自信，没有面对挑战的勇气，一味惊慌失措，表现令人失望。他自己当然也不希望面试是这样的，可是自信心不是一朝一夕能培养起来的。虽然自信不是万能的，也不能减少困难，可是自信能帮我们压倒困难、藐视困难，给自己足够的勇气，支撑我们最终找到机会，战胜困难。

② 要具有竞争意识。

现代的学生，不少是在家长的精心呵护下成长的。平时依赖性较强，许多事情坐享其成，自己觉得竞争不竞争都一个样，反正总会有自己的。久而久之，便失去了竞争意识，竞争能力也日渐退化。更有的学生受一些不良风气的影响，认为即使再努力，也会被一些阴暗的潜规则埋没，还不如听天由命。这样的思想都是不对的。只有努力去竞争，不畏风险与困难，坚定自己的信念与目标，并为之奋斗，才能成就有意义的人生。

【案例】

胡赐和刘洋从小一起长大，高中的时候同班，大学的时候同校，就像亲兄弟一样。他们同样是独生子女，只是胡赐的父母是军人，他跟着姥姥和姥爷；刘洋的父母出国了，他跟着爷爷奶奶。相似的生活经历让他们成为好友，却并没有给他们相似的性格。胡赐从小就独立，身为退伍军人的姥爷对他进行军事化管理，结果胡赐做什么事都干脆利落；刘洋却被爷爷奶奶宠得跟玩具娃娃一样，除了学习和玩，几乎什么都不会。从高中开始，胡赐就像大哥哥一样跟着刘洋收拾东西，提醒他别丢三落四，刘洋却什么都是满不在乎，好在天资聪颖，成绩从来都比较优异。毕业求职时，他俩同时应聘到了一家广告公司工作，性格的差异开始显现。胡赐很快便能独立处理业务了，而刘洋因为没有竞争意识，而且还不擅长管理自己的资料，结果自己的客户经常被公司其他人捷足先登。两个月的试用期很快过去了，刘洋居然只做了一单业务，就这还是胡赐忙不过来的时候分给他的。开会的时候，营销部老总说的一句话令刘洋非常难过："也不知道你上大学的时候是怎么上的，还全优呢，整个一外强中干。"刘洋说什么也不愿意在这家单位做下去了，尽管胡赐说找总管延长刘洋的试用期，可是刘洋不愿意受这份窝囊气。于是他跳槽到另一家公司，可是依旧是没过试用期便被辞退了。这下刘洋不干了，他在家里做起了"啃老族"，还说父母赚钱就是留给他花的，他赚不赚钱都行。这下刘洋的爷爷奶奶都傻眼了：他们心目中的好孩子，原来这么不中用。

竞争意识要从小培养，只有综合素质过硬的人，才能在优胜劣汰的市场竞争中生存下来。不要总是把自己放在温室里成长，要做凌空的雄鹰，不要做只会在鸡窝里扑腾的小鸡。

③ 要具有顽强意志。

我们可以看到，自古以来，成大事者必须有顽强的意志，卧薪尝胆，程门立雪，无不验证了这个道理。大学生在求职过程中，会经历各种各样的考验与失败，只有意志顽强的人才能披荆斩棘、所向披靡。毛泽东说过："不到长城非好汉。"光有目标不行，还要有不达目的的誓不罢休的精神，这样才能最终获得成功。

【案例】

宋国安的就业之路充满了传奇色彩。他应聘的是一家电热材料有限公司营销员，因为他个子特别矮小，面试的时候主考官没有看上他。但是当他知道没有被选上是因为个子小时，他不服输的精神来了。他首先请主考官老师给他一个机会，并申明销售产品和个子无关。但主考官辩解说电热元件高密度而且易碎，量少的时候经常都是业务员自己带着送货，以宋国安的个子，估计都拿不动一木箱的货。宋国安表示可以拿动，毕竟现在交通便利，而且交通辅助设施完善，真正需要自己搬运的地方不多，他完全可以搞定。主考官老师随口说："下午之前你把那车货搬到仓库放好就算通过。"接着主考官就开始面试下一位应聘者了，而宋国安却和那车货物较上了劲。整整三个小时过去了，当主考官走出面试的办公室时，看到满脸黑灰的宋国安正站在门口，原来，宋国安真的一个人把货卸了搬进了仓库。主考官是公司的财务总监，他一下子被宋国安打动了，他相信这样一个意志顽强的人在攻克客户时也会一样会马到成功，于是决定聘用他。

大凡成功的人都有着顽强的精神，从古至今的伟大人物，无不拥有顽强的意志和坚定的信念。愚公移山，志在不舍；滴水穿石，意在坚持。大学生在求职过程中，一定要具有顽强的意志，不屈不挠，为自己理想的岗位而努力。

④ 要正确面对挫折。

现代的大学生因为多数身处顺境，缺少挫折的磨炼，遇到事情时经常手足无措，或者逃避、消极对待，或者冲动为之，这都不是明智之举。要把挫折当成动力，当成对自己的磨炼，越挫越勇，须知经历过失败的人才能品尝到成功的喜悦。大学生在就业当中屡屡碰壁实属平常。有的人太过自负，完全不把挫折放在眼里，结果因为轻敌而导致失败；还有一种人，把挫折当成猛兽，避之千里，不敢直面，结果导致重复失败；人不要在同一个地方跌倒，每一次受挫都会给我们教训，如果不会吸取经验，就无法取得成功。

【案例】

童爱山在得到某外资公司经理助理的岗位之前，已经有过三次面试的经历了。他知道自己学的文秘专业竞争力不强，好在自己还有英语六级、计算机二级等其他证书。他一直认为自己不算个"将才"，上学的时候就不是班干部，但是自己比较细心，而且喜欢文字工作，又喜欢出差，文秘工作似乎再适合自己不过了。为此，他一直注意文秘岗位，每次面试失败，他都会问主考官，自己哪些方面不合格，针对这些不足一次次地改进，最终在第四次面试时顺利过关，得到了自己梦寐以求的工作岗位。

如果经历了一次或两次失败就放弃了自己的理想，那么，童爱山是不可能得到自己理想的工作岗位的。总结不足，直面挫折，在挫折中寻找经验，最终必将克服困难，迎来曙光。

（2）女大学生的求职心理准备

尽管我国法律规定"男女平等"，但实际上，在大学生就业方面，女性遭遇性别歧视是不争的事实。因此，女大学生在求职时要有乐观的精神，坦然面对性别差异，勇于面对现实，并且必要的时候要学会使用法律武器，维护自己的切身利益。

① 调整心态，正确认识性别差异。

我们不难看到一些岗位对性别有要求，明明男女都可以胜任的岗位，偏偏要求男性，这是传统思想在作怪，许多人认为女性员工需要生育子女，容易耽误工作，而男性员工则省却了这样的麻烦，这是极不正确的思想。除一些特别的工种需要男性来完成之外，许多岗位不应该有性别歧视。作为女大学生，要正确认识性别差异，用自己的实力与能力证明男性女性一个样，甚至有的时候，女性能比男性做得更好。

【案例】

某单位要招收一名空调制冷及维修人员，但是在招聘现场，用人单位提出男性优先。李蕊递上自己的简历应聘，负责招聘的人说要是男的就好了。李蕊问为什么男性优先，对方说这是不言自明的事。李蕊据理力争，拿出自己的计算机等级证书、维修电工技师证书、高级维修电工等级证书，说自己能取得这些证书，说明工作中一定不会落后于男性。招聘人员看了那些证书之后，有些心动，又问了一些专业方面的问题，并且给了她一台破旧的空调让她维修，结果她既快又准地完成了任务。这一切令招聘人员刮目相看，告诉她可以参加最后的面试。李蕊明白自己的优势，用实力证明自己和男性一样优秀，捍卫了自己的权利。

据理力争，不卑不亢，有的时候很难做到。作为女性求职者，要调整好心态，扬长避短。如果是体力活，女性多数情况下都不如男性，但脑力劳动就不同了。李蕊相信自己是优秀的，同时拿出实际证据来证明自己是优秀的，这样一来，她就多了几分胜算。

② 冷静思考，正确评价自己。

女大学生要认清自己的实际能力，不要好高骛远，也不必妄自菲薄。要客观地评价自己，不盲目提高标准，选择合适的工作岗位，发挥自己的优势，成就自我。

【案例】

因为女大学生就业面比男大学生窄，于是张霞想尽办法展现自己，可是第一次面试时她打扮得比较男性化，结果主考官说她形象不好。第二次面试时她把自己打扮成淑女，谁知道面试的主考官说她一看就太娇气。她都不知道该打扮成什么样子参加面试了。痛定思痛，她开始重新定位自己：自己是学自动化专业的，英语口语较弱，考研也没能考上，学习成绩平平，不过自己开朗热情，善于沟通，花钱有计划。根据自己的这些优点，她将自己的职业定位于民营企业的公关、销售、行政，放弃了需要更强竞争力的国企岗位。经过了五次应聘之后，她终于找到了理想的工作。

一次失败不可怕，可怕的是不总结经验教训。张霞是个资质平平的女大学生，之前因为一味地想表现自己，反而弄巧成拙，未能得到认可与信任。后来她冷静思考，正确评价自己，重新定位，找准切入点，终于为自己赢得了合适的岗位。

③ 充分准备，提高竞争力。

这一点具有普遍性。因为性别原因，女大学生更要做好准备，提高竞争意识和竞争力，在应聘过程中从容应对，克服怯懦不安、自卑等不良情绪。平时则要有意识地锻炼自己的口语表达、人际交往、应急分析、处理问题等多方面的能力，以扎实的专业知识和优秀的综合能力争取求职的成功。

【案例】

学习生物专业的徐红在网上投递了 30 多份简历，只换来了三次面试机会。面对用人单位"男性优先"的心理，她知道自己要好好把握面试机会。之前参加招聘会时，有两家单位一看是女生，连递过来的简历都不接，这令徐红极其郁闷。苦读十几年，徐红没有比男生少用一点儿功，到头来求职时遭冷遇怎能不难过？不过，徐红并没有因此而懊恼，遭受冷遇更加激起她的斗志。她收集了相关用人单位的招聘信息后，根据自己语言表达能力好、与人沟通能力强的优势，模拟主考官的问话，然后模拟回答，结果竟然有两家单位表示愿意和她签约。经过慎重考虑，她选择了一家离家更近的单位上班了。

虽然女生比男生求职难是现实，但是如果女大学生比男大学生优秀、竞争力更强，那么就有可能争得一席之地。

④ 增强自信，展现自我风采。

自信心是走向成功的助力器。一个没有自信的人，不会是一个成功的人；拥有自信的人，会因自信而散发出独特的魅力。受过教育的女大学生尤其应该充满自信。得体的衣着打扮，再加上精心制作的简历、恰当的言谈举止，会使你的自信倍增，使你的求职取得意想不到的效果。

【案例】

有的女生被用人单位拒绝过几次，便开始胆怯，原本就不足的自信心越发降低了。明慧是一名化工设备与机械专业的女生，她的专业令她在就业时屡遭歧视。一般来说，工科专业领域男性更受用人单位欢迎，因为传统观念认为，男性比女性在生理条件方面更占优势。明慧从刚开始寻求大公司的高分子材料职位，调整至中小企业质检人员，将自己职业女性的认真、细致表现出来，博得了用人单位的认可。

摆正自己的位置，不自大，也不过分谦虚，运用自己的长处增强自信，这是每一位面试者必须学会的能力，这也是明慧成功就业的秘诀。

# 3.3 情商准备

情商主要是指人在情绪、情感、意志、耐受挫折等方面的品质。职场情商，简而言之是在职场中处理好人际关系的能力。我们常说"三分做事七分做人"，三分的做事靠的是智商，而七分的做人就要看情商了。大部分职场新人都希望自己在职场上能获得成功，能够成为成功人士，可是他们的身上大多会有阻碍其成为成功人士的诸多硬伤。比如不少人显得比较有个性，比较自我，喜欢以自我为中心，他们可能很自负，也可能很自卑，有的人甚至是自负和自卑的结合体。只有发自内心愿意接受来自外界对自身的教育和影响，才能在短时间内完善和突破自己。

**1．职场情商的内涵**

职场情商是个全新的概念，是职场中人的信心、恒心、毅力、责任感、合作精神等一系列素质的反映，是职场成功的一切必需的、适当的非智力因素，包括协同力、沟通力、抗挫折力、应变力、自我管理力、持久力等一系列职场提升力。正所谓"智商决定录用，情商决定晋升"，职场情商是一个职业人士不可或缺的素质，是我们在职场中获得成功的关键。一个人能否在职场中获得成功，智商多高不是重点，重点在于有多高的职场情商。因此，提高职场情商是人们在新世纪不可或缺的必修课。

**2．职场情商的重要性**

有一项调查结果显示，从一个人的智商和他的情商对工作的贡献度来说，情商至少是智商的两倍以上，而且越往高阶层走，越到公司上层领导的位置，情商越重要，智商与情商的贡献度比例是 1：4 到 1：6 之间，所以有这样一种说法——成功人士都是高情商的。作为职场新人，职场情商是大学生进入职场后应着力提高的一个方面。

【案例】

张扬参加工作虽然有一年多了，但他依然过得很凄苦。他每天任劳任怨、起早贪黑地上班，但月底领到的工资却少得可怜，把房租一交，之后的日子每天都要节衣缩食。再加上他跟公司同事和上司之间的关系也没搞好，在公司里也不受大家的待见，总之是郁闷极了。但他既不跟朋友沟通，也不自己适当地调节一下，结果导致压力越来越大。他觉得自己也挺聪明的，可为什么就是混不好呢？

他想放弃，不想过大城市的生活了，他觉得自己再在这里待下去会发疯的。父母养活自己非常不容易，而且现在他们身体不好，也非常需要他。当他看见朋友过年过节都给父母买这买那的时候，他觉得自己实在太不孝顺了。

后来，他终于找了心理咨询医生，把心里的苦水好好倒了一番。在听完他的叙述之后，医生跟他说"不要太紧张了"，他几乎每天都会碰到一个像张扬一样的年轻人，他们压力太大而不懂得调节自己，在职场打拼又丝毫不得要领，沟通能力不强，情绪低落。其实他们往往也没有什么大问题，只是因为在学校里待久了，缺乏职场情商。这跟智商无关，也不是每个人天生就具备的，需要一个人特别是初入职场的人慢慢去培养它。

张扬在与医生聊过之后，心里放松多了，也知道未来应该从哪些方面做出调整，才能做一个成功的职业人。

张扬在职场遭遇了很多事情，这让他失去了方向。而这种情况主要是因为职场情商不足，不懂得调控自己，不懂得与他人积极沟通。大学毕业生很容易遇到这类问题，在没有专业人士帮助的情况下，又没有任何职场技巧，结果很难提高职场情商。其实不必把职场情商看得那么高不可攀，只要用心去培养，每个人都可以具备。

**3. 提高职场情商的基本法则**

由于缺乏职场情商，很多初入职场的大学毕业生容易在各方面碰钉子、犯错误。要避免这些错误，就要掌握提高职场情商的一些基本法则，为成为一名成功职业人而积极做准备。这些基本法则包括认识自我、驾驭情绪、识别他人情绪、学会沟通、注重细节、不怕吃亏、保持低调、保持和谐等。

（1）认识自我

职场情商既然关系到人际关系，就必然存在一个角色定位问题，即面对什么人，自己扮演是一个什么样的角色，这也是通常所说的认识自我。如果对自我认识不清，那么极有可能对人际关系的把握和处理不到位，对待领导不像对待领导，对待同事不像对待同事，有时候甚至会影响到客户对所在单位形象的认知。

【案例】

梁重毕业后进入了一家私营企业，这家企业的老总是他的舅舅。舅舅从小就看着他长大，而且对他也非常好，他也非常依赖舅舅。现在，他进了舅舅的企业，本当走得非常顺畅。不过刚进公司的一个月，他还是有点适应不了。他经常没事就跑去舅舅办公室，跟舅舅聊天、喝茶什么的，而且工作中一有什么问题就去找舅舅，而他其实是有自己的上级领导的。后来舅舅训诫了他一通。舅舅跟他说：你既然走上了工作岗位，就要认识清楚自己的身份。我虽然是你的舅舅，但那是在家里；进了公司，大家各有职责，就该公私分明。你有你的上级领导，你有什么事跟他汇报和沟通就可以了。你这样没事就来我办公室瞎转悠，有事就直接跟我汇报，会造成非常不好的影响，人家会以为我们公私不分、任人唯亲，有能力的人也不愿意多干活。而且你既然上班了，就应该摆脱学生身份，你现在是一个成年人了，要为自己的事情负责，做错了，我照样会惩罚你。你不是没人管，失败了更不可以重来。

梁重的问题也是一些大学毕业生碰到的问题，他们在职场中，对自我的认识不够，对自己的身份定位不清，从而导致和同事、领导或客户处理关系时方式不当，造成很不好的影响。所以，认识自我是提高职场情商的第一步，也是非常重要的一步。

（2）驾驭情绪

提高职场情商的一个最重要的原则就是学会管理自己的情绪，学会洞悉人心，揣摩别人的心理，调整自己的心态，张扬好情绪，收敛坏情绪，从而赢得别人的认可和尊重。每一个心智正常的职场人士肯定都不愿意跟别人发生冲突，所有的职场人士都希望自己能跟别人保持良好的人际关系。职场上的成功往往来源于对自己情绪的很好管理，尤其是对不良情绪的管理。可是就有那么一些人总是控制不住自己的情绪，为了一点小事情也会跟别人发生激烈的冲突，之后又会感到非常后悔。

（3）识别他人情绪

很多东西不像语言，开心或不开心都能够准确地传递出来。懂得去识别对方的情绪，才能保证自己不会鲁莽行事。大学毕业生在走进职场之后，要学会观察同事、领导以及客户言行，根据这些言行判断他们的情绪然后再去说话做事，这样能够对职场情商的培养起到良好的提升作用。

【案例】

小丽工作已经半年了。在这半年中，她学到了很多，不只是业务知识，还有跟人相处的技巧。可能因为她是女生，所以很懂得察言观色，很善于识别同事和领导的情绪，阅读他们的心理，然后根据自己的发现来行事。有一次，领导带她去参加会谈。在这一过程中，需要她做一些口头翻译，而会谈的双方对于利益分成的决议一直感到不是很满意。后来会谈结束，双方会餐，对方负责人跟小丽聊家常，这时，领导有点不满意了，觉得小丽似乎有点热情，因为会谈还没有什么成果，此时如果示好，可能会造成我方士气上的削弱。虽然领导没有明显表示出来，但小丽也看在眼里。小丽在主动取悦对方的同时，又主动跟领导传递他们聊天的内容，然后告诉领导，其实她发现对方也并非是对利益分成很不满意，只是对会谈中领导的咄咄逼人口气不满意。而且，当她试探性地替领导说了好话之后，对方也表示，做生意不必这么针锋相对，大家好好谈，应该会有不错的结果。小丽建议领导可以主动敬一杯酒，缓和一下情绪。就这样，下午双方又重新回到了会谈桌上，这次大家终于达成了协议。

小丽在工作中极好地体察了他人的情绪，她很好地识别了客户和领导的情绪，在适当的时机做了适当的事，既安抚了客户，又及时跟领导沟通，终于促成了这单生意。可能很多男同学并不能够像小丽这么细心，但是也需要注意这些问题。

（4）学会沟通

几乎所有招聘广告中，都会强调应聘者应具有"善于沟通"的能力，这正说明了沟通是职场中、工作中必不可少的一部分。很多老板有时候宁可招一个能力一般但沟通较为出色的员工，也不愿招来一个"独行侠"，看他整日独来独往、我行我素。能否跟同事、领导、客户流畅地沟通，可以体现一个员工的职场情商，因此学会沟通也是培养职场情商的重要原则之一。

【案例】

小李今年刚毕业，在一家广告公司上班。他的性格属于内向型，而且短时间里，他和同事也不非常熟络，工作中碰到一些问题时，也是借助自己的个人看法、主观臆断来处理。有一次，老板交给他一个任务，要他去做大幅的宣传海报。小李拿U盘拷贝好内容就出门了，结果来到图文制作店，对方问他想做成哪种形式、何种价位、图像的分辨率如何时，小李全都答不上来。这时，他才赶紧跟领导打电话，问清楚海报制作的要求，领导把他一顿训斥，而小李也只有受着的份。回到公司，同事小王跟他聊天说，人际交往和工作一样，你不去沟通，难怪别人无法理解你。如果你跟领导把要求问清楚，也不至于领导后来会大发雷霆，而领导训斥完，你也不应该什么话都不说，这样会让领导以为你懒得理他。你要示弱，但不能懦弱，更不能一声不吭。小李觉得他在职场上需要学习的东西还很多。

大学生走上新的工作岗位，通常都会对周围的环境产生一些抵触现象，不愿与他人沟通和交流。在学校里，也许沟通和交流不会显得非常重要，因为学习知识是最重要的事。但到了工作岗位上，就不能再单打独斗了。小李显然是把学校里的人际处理方式带进了职场中，这种做法的危害是非常大的。无论什么事，沟通顺畅了，大事也会变成小事；如果不去沟通，那么小事也会变成大事。

（5）注重细节

在人际关系的处理上，细节的作用非常微妙，也非常重要，能体现出一个人的职场情商如何。注重细节，能表现出大学生对他人的一种关心和重视，如果不关心和重视，也就不可能会发现什么细节。而人正是这样一种需要被关心和重视的生物，所以注重细节能够增进人和人之间的感情。

【案例】

小雯毕业之后在一家咨询机构工作。她在人际交往中是一个非常注重细节的人。单位如果发什么物品，或者有奖金发放，她总是招呼大家一起领，如果有些同事因为忙顾不上领，关系很近的，她也会帮忙领一份。有些时候，同事出差了，这时有人来找这位同事，她如果发现了，一定会接待这个人，并且她如果知道是什么事，也会主动去跟对方说，如果不知道，就马上给自己的同事打电话、告知此事。而小雯最注重的一点，就是她无论何时上班下班，都会跟同事打招呼，主动问好，面带微笑。这都让她的同事对她有亲切感。而她也给自己定了两条规矩：第一条，绝不在背后说别人坏话或者打听别人隐私；第二条，绝不去占嘴巴上的便宜。虽然这些可能都是极不起眼的小动作、小心理，但却帮助小雯在单位中获得大家的一致好评，谁都愿意跟小雯分享自己的成果，愿意给予小雯工作上的帮助，而没多久，小雯也升任了部门主管。小雯当部门主管，大家没有不服气的。

小雯确实没有做什么惊天动地的大事，这些都是生活中的零星小事、小细节，但这些小细节也能够清楚地反映出一个人的为人处世原则。正是因为这种小细节，小雯才会在同事中获得很高的声望，为她今后成为领导铺好了道路。

（6）不怕吃亏

很多人都怕吃亏，尤其是大学生。在面对待遇问题时，在面对利益冲突时，很多人都会盲目地以自我为中心，去躲避这种损害。但是不要忘记，职场虽然存在竞争，但团队也是一个利益共同体。你吃了一些亏，但赢得的却是别人的尊重，而这些尊重却不是利益能够衡量的。过分计较蝇头小利，成功的路也难以走远。

【案例】

陈显初是沿海城市一家企业的销售经理，而他能坐上这一位置，全赖他当初的选择。刚进单位没多久，单位要在西部边远地区新疆开拓市场，虽然这家企业在沿海地带和中原城市已经有了非常好的市场，但现在他们为了扩大规模，急需向西部边远城市进军。企业里所有的销售人员都知道新疆条件艰苦，开发得好，最多也就得到跟现在差不多的待遇，但是干不好，可能几年的努力就白费了，甚至有些业绩非常不错的员工跟老板放话，如果派他们去西部，他们就直接辞职，凭借他们的能力，换一家企业也可以获得同样的收入。不过陈显初立即就站了出来，主动表示要去新疆，而且向领导保证，不把新疆的市场开拓出来绝不回来。陈显初是一个新人，但他的豪情和自我牺牲意识一下子就打动了领导，领导直接升任他为部门经理，给了他权力和资金，让他好好把西部这块市场啃下来。其实在大家眼里，他的做法非常不明智。开拓一块市场，快则 3 年，慢则 5 年以上，而如果在公司总部发展 5 年，他的前途肯定很好，出去吃苦完全没必要。但陈显初不怕苦不怕累，积极开动脑筋，只花了两年时间，就把一个西部城市的市场给做出来了。不过毕竟是西部城市，即使做出来，业绩其实也只有公司总部的十分之一不到，但了不起的是，公司产品的市场份额却占当地的第一，而陈显初此时的收入只有总部同等级别经理的一半。就在大家都讥笑他时，老总却在过年后把他召了回来，然后把总部的销售总监的职位给了陈显初。当大家都不服气时，老总说："谁敢站出来说自己 3 年就可以把新疆的市场开发出来，我就可以任命他当销售总监。"这时，没有人敢说话了。当初陈显初虽然表面上吃亏，但他的前途却因此而被照亮了。

陈显初心甘情愿做的这件事，在别人看来可能躲都躲不及。表面上看，不仅自己的收入无法保证，甚至连晋升机会都会比别人少很多。一个在沿海大城市做了三年经理的人即使跳槽，也会比一个在西部城市开拓 5 年市场的经理要享受更好的待遇。而陈显初也并非不知道这一点，但他深信，吃亏也是一种磨练，别人不敢干、不愿干，才能体现出他的坚强意志和才干。

（7）保持低调

一些年轻大学生自以为是，为了彰显个性和能耐，总喜欢炫耀自己、显摆自己，他们以为这样才能获取别人的尊重。孰不知，这样是最令人讨厌的，因为没有人喜欢听一个不成功的人的故事，那意味着浪费时间和自尊被侵犯。所以初入职场的大学毕业生一定要小心谨慎，保持低调，这也是大学生体现自己具备良好职场情商的重要手段。

【案例】

刚进公司就想身居要职的小李，一直都觉得自己被公司大材小用了。他是名牌大学毕业生，也拿到了很多大公司的 offer，所以觉得自己很了不起。他认为自己迟早要创造一家了不起的互联网大公司，而自己将是最出色的 CEO。

他对自己的行为从来都不收敛，总是要在同事面前炫耀自己在学校里所得到的荣誉。而且在进行团队协作时，他经常要擅自加进去一些自己的创意，虽然这些创意有的确实不错，但这会给团队协作带来了很大问题。

另外，他没事时还喜欢跟老板吹牛，说什么样的大公司应该需要什么样的条件，公司现在应该考虑转型什么的，还天花乱坠地讲一些不切实际的东西。他总觉得自己的这些理论是天才的理论，就是没有地方施展而已。

没多久，小李在公司里就被孤立了，团队不喜欢他，老板也躲着他，而公司里重要的任务也不会交给他做，小李最后每天做的都是公司里非常底层的编程之类的活。他屡次找老板讲理，老板也只是拿年轻人需要锻炼为由推挡他，没多久，小李就被辞退了。

小李喜欢显摆自己，还把孤傲的个性带到工作中来，这是非常危险的。这为团队协作带来了很大问题，让很多工作很难继续下去，难怪小李在公司里被孤立甚至最后被辞退。年轻人谦虚一点是好事，多跟长辈们学习一下才能够得到进步。处处显示自己无所不能，也就没有人愿意教你了。

（8）保持和谐

一个成功的团队，必然要在一个和谐的工作环境里奋斗。与领导保持和谐，与同事保持和谐，这些都是支持一个人晋升的必要条件。而如何妥善处理职场中的各种关系，往往取决于一个人职场情商的高低。有时一个想法的转变，就能让你在职场中找到应付自如的感觉。

# 3.4　知识准备

职场中，有两种类型的大学毕业生最受用人单位青睐。第一种是"通才"，即熟悉、掌握数个专业知识的人才，这样的大学生可以适应数个岗位的工作；第二种是"专才"，即精通某一专业领域的人才，这样的大学生可以培养成为业务骨干。不管是"通才"还是"专才"，他们都有较丰富和较高深的知识。可见对于就业前的大学生来说，做必要的知识准备是非常重要的。

大学生就业的知识准备包括专业知识的准备和非专业知识的准备，专业知识准备主要是专业技能的储备，非专业知识的准备主要是指可迁移技能的储备。

## 1．专业知识的准备

大学生的专业知识是大学生求职择业的最大资本，知识是用人单位选拔人才的重要因素。一般来说，专业知识优秀的毕业生较容易找到理想的工作。但是在个别学生中流传着"毕业等于失业"的消极论调，用人单位也发现部分大学生实际工作能力越来越差。部分大学生产生"大学里的专业知识并不重要"的错觉，认为这些知识工作以后都用不上，所谓"60 分万岁，多一分浪费"正是这种心理的真实体现。实际上，大学毕业生的就业竞争一年比一年激烈，重视专业知识的学习显得尤为重要。这是因为，专业素养是大学生在就业时拥有的最重要的资本之一，"专才"之所以专，就因为他们的专业知识有相当的深度，而钻研高深的专业知识必须有良好的专业基础，所以大学生应该从进校起就努力学习好基础知识。只有具备了扎实的专业基础知识，才能根据自己的兴趣不断充实自己、开阔眼界。

## 2．非专业知识的准备

非专业知识是对所学专业知识以外的其他知识的统称。非专业知识是构成大学生知识体系不可或缺的一部分，包括公共知识、生活常识、待人接物的礼仪、求职面试的技巧等。非专业知识也是用人单位选拔人才的重要依据。非专业知识涵盖面很广，大学生要在日常生活中多注意积累，加强自身修养，做好非专业知识的储备。

## 3．知识的梳理与积淀

知识是技能的基础，技能是知识的拓展，因此知识与技能是相辅相成的辩证关系。只有专业知识扎实，专业技能才会更加突出。

（1）人文知识

这一方面的知识主要应用于一些文秘方面或者文字工作方面的岗位。

（2）法律知识

法律基础知识是所有大学生都应该掌握的。法制社会，依法管理，新时代的建设者绝对不能是法盲。作为大学生，应该了解法律基础知识。

（3）社交与沟通知识

大学校园毕竟比较单纯，社会却是多元化的。因此，一个成熟的大学生应该具有谦虚谨慎、善于聆听的社交沟通能力，并且掌握一定的公共场合的公关礼仪，做到彬彬有礼。

（4）专业学术知识

应聘和专业相关的工作岗位时，良好的专业学术知识的储备是必需的。只有在学生时代，大学生才有专心学习的环境和机会，大学生要心无旁骛地学习专业知识，加强专业知识的积累。

（5）企业运营、组织管理、营销宣传、企业文化建设等理论知识

大学生参加一些就业培训课程和活动时，会发现这些理论已经渗透到日常工作中。好的员工必定会融入到企业文化当中去。

（6）网络知识、办公软件（Office、Photoshop 等图像处理软件）、公文处理、礼仪常识等

互联网的发展令大学生不得不要求自己熟悉网络知识、办公软件的应用。一个不懂计算机的大学生势必会被时代抛弃。

（7）与应聘企业相关的专业理论与技术知识（即企业背景学习）

知己知彼，百战不殆。要了解应聘企业相关的专业理论和技术知识，让用人单位了解你的真诚、你的付出。

（8）英语等外语知识

目前基本上本科生英语都能达到四级以上水平，越来越国际化的经济发展形势，要求大学生必须掌握一门以上外语，并且能以流利的口语进行交流，这将会对你的求职有莫大的帮助。

# 3.5　能力准备

能力是直接影响工作效率、使工作顺利完成的个性心理特征。大学生需要具备多方面的能力，如图 3-2 所示，其中与就业直接相关的有以下 11 个方面。

图 3-2　大学生应具备的能力

## 1. 表达能力

表达能力包括语言表达能力和文字表达能力，这是大学生应该具备的基本能力。作为人与人之间最主要的交流工具，在日常学习、工作和生活中，语言和文字所起的作用无可替代。不论今后从事管理工作还是技术工作，不论在政府机关还是民营企业，不论是用言语还是用文字，清楚、准确地表述是十分必要的。用人单位对大学生表达能力的基本要求是：能用准确、流畅的语言讲述事实，表达观点；能够撰写计划、总结、调查报告、公函等文书。大学生可以通过日常训练、参加专门的培训等方式来提高自己的表达能力。

语言表达能力在面试时显得尤为重要。因此，大学生在平时要多加锻炼，多与人沟通，多参加各种活动，提高语言表达能力。

### 2．逻辑思维能力

应聘单位常会考查应聘者的逻辑思维能力。这种考查不是考核逻辑专业知识，而是考核应聘者对各种信息的理解、判断、分析、综合、推理等日常工作和生活逻辑思维能力。即使有些大学生不具备相关的专业知识，但仍然可以有较强的日常逻辑思维能力和运用能力。如果大学生具备一定的逻辑专业知识，就能够解答生活和工作中更复杂的问题，会更受用人单位的青睐。

### 3．沟通能力

沟通是指信息的传递和理解。沟通的形式多种多样，最主要的方式是语言沟通，包括口头和书面、本地语言和外语以及其他语言符号（如网络语言符号）等。除此之外，包括衣着、表情、神态、姿态、动作、距离在内的非语言方式沟通也是沟通的重要组成部分，一般情况下，非语言沟通也常被称为身体语言沟通。

在人际交往过程中，语言沟通和非语言沟通是并存的，并相互补充、相互印证。一般情况下，两者是一致的。但是，当两者相互矛盾时，人们大多愿意相信非语言沟通传递的信息。比如，某应聘者自称专业知识精深，却在被问及专业知识时抓耳挠腮、支支吾吾，这个时候，招聘人员更愿意相信应聘者说的不是真实情况。

**【重要提示】**

能够准确、高效地将信息传递给信息的接收方，并能正确理解对方传递的信息，这是对大学生就业必备沟通能力的要求。

### 4．决策能力

人的一生往往会碰到各种需要自己当机立断、痛下决心来决断的事情，决策能力就是指对未来行为目标的决断和选择的能力。良好的决策能力可以实现对目标及实现手段的最佳选择，可以让人少走弯路、少犯错误，以较小的代价取得进步与成功。对于即将毕业的大学生来说，走向社会是人生的一大转折点，显然也是对自己决策能力的一次检验。在未来的工作中，各种问题以及它们的变化进展都需要自己迅速做出反应、及时予以处理，因此训练和培养自己的决策能力是十分重要的。培养决策能力要从日常小事做起，不要事事请别人为自己拿主意，要养成多谋善断的习惯，这样日积月累，以后遇到重大事情时就可以从容应对。

**【阅读材料】**

## 常用的决策方法

第一，排列组合法。将工作任务分解成数个阶段完成，每一个阶段设计数种解决方案，然后将每个阶段和阶段解决方案进行排列组合，从中选择最优方案加以实施。此方法比较适合一些可以分阶段完成的任务，但是比较繁琐。

第二，方面排除法。排除一些不合理的选项，逐步减少方案，最后在剩余的少数方案中选择。如在选择用人单位时，大学生可以从地域、行业、职业、薪酬等方面将不适合、不理想的用人单位排除，从而确定准备进一步联系的用人单位。此方法适合于具有平行性、多属性的任务，方法简单，而且最后结果的满意度较高。

第三，角色互换法。站在另一个角度（尤其是对立方立场）进行思考。这种方法是对正常决策思维的补充，而且在有对立方（反对者）时能够起到一定的协调作用。比如应聘者站在用人单位的角度审视自己。

第四，"决策树"法。适用于风险型决策。主要是通过概率估算，对各个方案的后果进行预测，进而选择行动方案。此方法对决策者的决策能力有较高的要求。

资料来源：钱建国.《大学生职业规划与就业指导》. 北京：人民出版社，2009.

### 5. 适应社会能力

大学生刚从校园跨入社会，应该拥有一个正确的、良好的心态。不要畏惧，不要自卑。要适应社会的发展与变化，较快地融入到社会这个大家庭中去。

### 6. 人际交往能力

在社会中生存，需要具有一定的人际交往能力，而一些事情的促成，往往离不开良好的人际交往能力。

### 7. 组织管理能力

在大学生活中，一些组织管理能力强的同学会成为学生会干部、班干部等。大学生要努力提高自己的组织管理能力，既能独立行事，又能管理团队，这样的人才才是不可多得的。

### 8. 调查研究能力

大学生要想在科研方面发展，就要具有一定的调查研究能力。大学假期的社会实践一定要下工夫，不要敷衍了事，多实践才是硬道理。

### 9. 实践能力

纸上谈兵是刚毕业的大学生的大忌。不要夸大自己的实际动手能力，比如明明只会简单地使用办公软件，却吹嘘会编程，结果一实践就原形毕露。

大学生的实践能力直接影响到工作能否顺利完成，因此，用人单位一般对大学生的实践能力有较高的要求，那些眼高手低、只有理论没有实践经验的应聘者是不受用人单位欢迎的。大学生应该创造并珍惜每一次实践机会，多看、多听、多练、多思考，培养自己的实践能力。

### 10. 应变能力

在个人遇到外界环境突然发生改变时，要做出应急反应。这是大学生适应社会生活的第一步。

应变能力也可以理解为处理突发事件的能力。紧急情况下，如果事态得不到迅速控制，后果往往不堪设想。这就要求大学生具有一定的应变能力，要临危不乱并快速决断。一般来说，可以采用如下方法应对突发事件。

（1）迅速控制事态源头

事件的突发性意味着没有过多的时间进行事前准备。要快速介入，稳住事态，防止事态向不好的方向继续发展，尽量将其影响控制在源头处。

（2）打破常规，积极应对

对于按常规操作难以解决的问题，可以尝试打破常规思维，采取非常规方法进行应对，这样往往能够起到立竿见影的效果。但是，这样做也要承担一定的风险，应对者应该权衡利弊，快速决断。

（3）处理好善后

及时总结经验教训，平时多进行一些预防性的准备，对提高应变能力也有所帮助。

### 11. 开拓创新能力

具有较强的知识基础、敢闯敢干、具有开拓创新能力的新一代大学生将会是行业的佼佼者。

创新是人类社会进步的根源，也是与时俱进的要求，新时代的大学生应该具备一定的创新能力。从某种意义上来说，具备良好的创新能力，就意味着大学生具有较高的潜在价值和发展空间。

除了表达能力、逻辑思维能力、沟通能力、决策能力、实践能力、应变能力和创新能力以外，大学生就业时还应该具备一定的领导能力、组织协调能力、创造并把握机会的能力。面临就业的大学生在进行能力准备时，要注意各方面能力的平衡发展，也要注重个人优势能力的培养。因为用人单位出于节约成本和保持员工稳定性等因素的考虑，不一定会录用各方面都最优秀的人，而会选用最合适的人，所以，大学生们可以有针对性地在某些方面重点准备。

# 3.6　就业信息准备

信息在毕业生择业的过程中发挥着至关重要的作用，"知己知彼，百战不殆"，这句名言反映了信息的重要性。信息对于每一位面临就业的大学生来说都十分重要，掌握了相关信息，就能够在职场上掌握主动，始终立于不败之地。

## 3.6.1　收集信息

高质量的就业信息存在于大量而广泛的信息当中，收集有效的就业信息是大学生求职择业前一项重要的基础性任务。岗位需求信息不只是指岗位需求数量、岗位性质，还包括岗位对人的整体素质的要求以及单位的隶属关系、单位性质（指全民所有制单位、集体所有制单位、私营、合资或外资企业、政府机关等）、人才结构、发展现状及前景等。

**1. 求职信息的主要内容**

大学生在做求职准备时，一定不能忽略求职信息的收集与整理。在应聘时，对用人单位的情况了如指掌，回答问题时必然就胸有成竹，用人单位当然需要这样一个自信、勤奋的你了。求职信息主要包括下面五方面的内容。

① 近两年国家和各地方、各部门以及学校的就业政策、规定。

② 相关的行业信息。

③ 理想的企业信息。

④ 各类招聘信息。

⑤ 本校、本专业毕业生在社会上的需求状况及其受欢迎程度。

**2. 求职信息的主要收集方法**

（1）全方位收集法

只要是和大学生求职稍微相关的信息，都应该成为收集的对象。这种信息收集法有利有弊：利在于收集面广，不容易遗漏；弊在于太耗费精力，也比较浪费时间。在时间充足的情况下选择全方位收集信息法还是可行的，特别是一些大众化专业，可选择行业较多，岗位缺乏唯一性，利用这种方法收集信息，可以最大限度地避免遗漏，抓住机会。

【案例】

令维笑一直很苦恼的是她所学的专业是行政管理，当年考大学的时候，因为成绩不太理想，所以她报考了一个三流学校的三流专业。三年学下来，她感觉自己学到的东西大多太抽象、不具体。自己又没什么家庭背景，父母和亲戚都是普通老百姓，就业只能靠自己了。偏偏自己所学的专业不具有排他性，所以她只能全面撒网，希望能有所收获。多数时候她所投递的求职信都石沉大海，不过她每天坚持做着同样的事：收集资料—筛选资料—投递简历—期盼回音。功夫不负苦心人，还真有两家单位让她去面试，她最终和一家达成了协议。她在同学中算是比较早找到工作的，大家都有些诧异，毕竟维笑一直是个不算优秀且不受关注的女孩子。

勤能补拙这句话一点儿不假。全方位信息收集法其实是非常考验人的一种信息收集法，收集来的信息有的可能完全没有用，看似比较浪费时间，但是，对于像维笑这样不占优势的学生来说，这种方法还是比较实用的，毕竟这样收集来的信息更全面。

（2）定向性收集法

定向性收集法主要是指大学生根据自己制定的职业方向，有的放矢地收集资料。定向性信息收集受地域环境的限制。有的专业专业性比较强，就业面比较狭窄但也专一，如石油勘探这样的专业，学生只能在和此专业相关的用人单位招聘信息中收集。

【案例】

陈宏是某矿业大学煤矿开采专业的毕业生，他所学的专业全国只有两个大学有，每年毕业生也不过 400 人，因此算是紧俏专业，陈宏倒不愁就业，关键是他仍然想选择自己中意的岗位。为此，他专门收集煤矿开采行业的企业信息，特别是储煤大省的。他想找一家煤矿开采行业中的科技领军企业，不单单是国营大矿这么简单，他还希望能用己之长，今后能够搞一些科研，为中国的煤矿事业贡献一份力量。他先后和三家大型煤矿、十几家中型煤矿进行了洽谈沟通，最后选择了一家中型煤矿。他看中这家煤矿是因为其是能源环保型的企业，他相信这样的企业才是未来的领军企业。

俗话说：术业有专攻。有的行业属于地域性行业，并不是全国哪个城市或地区都能有的，就业面的狭窄也说明了专业的唯一性。收集与自己专业相关的招聘信息，明确自己的就业方向，这样才能最大化地利用信息资料。

（3）区域性收集法

主要是指大学生收集信息时把注意力集中在既定区域的报刊、杂志上，当然，其他方面的信息也可以利用，这和大学生就业目标有关。因家庭、恋爱或者其他一些原因，有些毕业生必须留在某地工作，因此可以集中在既定区域收集招聘信息。

【案例】

李学民和任思思是大三的时候确定恋爱关系的，李学民是河北人，任思思是天津人。双方家长对俩孩子恋爱倒没什么意见，就是对俩人将来在哪工作犯了愁，现在都是独生子女，两家都希望孩子在自己所在城市里工作。最后统一意见，让俩孩子在北京工作，北京位于河北和天津中间，往哪边车程都差不多。因此，为了避免浪费时间，他俩非常适合使用区域性收集法来收集招聘信息。

当你的就业目标和目的地明确时，可以使用区域性收集法，这样可以节约很多的时间用来进行其他准备。当然，如果在该既定区域里没有适合自己的职位，也不要在一棵树上吊死，要知道"条条大路通罗马"，"树挪死，人挪活。"

**3. 求职信息的主要收集途径**

随着大学生就业模式的改变、就业市场的形成与完善，以及就业中介机构、计算机网络的快速发展，新兴的就业信息源、就业信息传播渠道不断涌现，可供利用的渠道、手段日益增多。一般情况下，大学生选择的主要途径有以下几种：

（1）通过政府就业部门或其他国家机关获得信息。

（2）通过学校的就业指导中心获得信息。

（3）通过学校、单位及人才市场的招聘会，以及各种供需见面会获得信息。

（4）通过大众传媒与互联网获得信息。

（5）通过各类社会关系获得信息。

（6）通过社会实践或实习获得信息。

（7）通过信件或电话拜访获得信息。

事实上，每个人收集求职信息的途径是不完全相同的，如何理解上述罗列的求职信息收集途径呢？下面选取几个做详细介绍。

### 1. 校内就业主管部门

当前，就业形势日趋严峻，各高校都专门设立了专职负责毕业生就业工作的机构。例如，毕业生就业指导中心、就业工作处或办公室，这些机构既同毕业生就业所涉及的上级主管部门、人才交流机构保持着密切联系，又是用人单位选择毕业生时所依赖的窗口。这些部门所提供的信息，就政策方面而言，无论是全国性的、地方性的或是行业性的，一般都来自政府部门；就岗位信息而言，主要是由用人单位根据高校学科专业设置，向上级人事部门申报的用人计划，其中还包括一些国家下达的指令性就业指标计划等。其准确性、权威性、可信度非一般就业渠道可比，而且通过这个渠道获取的信息，专业对口性强、成功率高，是毕业生最主要的信息源。

### 2. 各级毕业生就业管理机构

各级毕业生就业管理机构是从总体上规划学生就业去向，进行全国性和区域性信息交流和人才配置的政府机构，它们既是就业政策的制定者，又是就业政策的执行者，具有很高的权威性。同时它们也为毕业生提供各种服务，尤其是政策咨询服务。

### 3. 毕业生就业市场

从目前来看，毕业生就业市场还是一种临时性的人才交流市场，有部门办的、地方办的，也有高校或校际联办的。一般来说，毕业生就业市场的需求信息是经过严格审核的，它拥有的信息量大，专业对口性也比较强，同时毕业生在就业市场还可以与用人单位直接洽谈，相互了解。现在有不少毕业生是通过这种渠道落实工作单位的。

### 4. 新闻传播媒体

当今的社会已经进入了"信息时代"，电视、电信业得到了快速发展，广播电台、电视台、报刊、杂志等媒体因其具有速度快、涉及面广、信息及时等特点，逐步成为大学生获取就业信息的重要渠道。各用人单位和组织也都希望通过媒体来介绍企业现状、发展前景及人才需求信息，新闻媒体因而成为巨大的信息源。反映我国大学生就业的新闻传播媒体主要包括报纸、杂志、广播电台开办的人才专栏，如《中国大学生就业》杂志、《就业时报》、《中国教育报》的"招生考试就业"专版等。有些高校利用校报或专门印制《就业指导报》等发布有关就业信息。另外，新闻媒体发布的一些工程项目信息也隐含着大量职业供给信息。

### 5. 亲朋好友、家人及其他社会关系

个人的接触面总是有限的，拓宽社交范围可以得到许多有价值的信息。亲朋好友、家人及其他社会关系是一个人最直接的社交范围。他们分布在社会的各个领域、各条战线，通过他们了解和收集社会需求信息针对性更强，信息的可信度和有效度都会比较高。

### 6. 社会实习、实践活动

大学生寒暑期的社会实践活动单位、毕业实习单位等一般都是专业对口单位，在过去交往的过程中，毕业生不仅能使自己所学的知识直接用于管理、生产或其他社会服务，而且还

可以更为直接地了解服务单位的用工情况，同时，用人单位对自己也会有一定的了解。假如单位有意招人而你又积极主动，那么成功择业的可能性就很大了。

### 7. 计算机网络

通过互联网获得就业信息是毕业生在信息时代搜集信息的一种高效、快捷、便利的途径，而且随着人才市场化、信息化运作的进程不断加快，网络的普及程度不断提高，网上求职、网上招聘已经成为一种时尚。目前，几乎所有的省、市和高校都建立起了毕业生就业信息网站，毕业生可以从中查询到职业需求信息，也可以将个人求职材料诸如专业、特长、个人情况、在校的学习成绩与毕业成绩等输入网络系统，供用人单位在招聘时参考选择。

### 8. 登求职广告

大学毕业生也可以通过在媒体上刊登求职广告、在网络上发布个人主页等方式，充分、系统地介绍自己的能力和专业特长，全方位地展示自我，以便于用人单位与自己联系。

## 3.6.2  使用信息

毕业生手中通常掌握大量的招聘信息，由于就业信息的来源和获取的渠道不同，内容必然虚实兼有，有的甚至互有矛盾或不真实。因此，对收集到的信息进行去粗取精、去伪存真地整理、筛选，理应成为使用信息的必要前提。

### 1. 就业信息的筛选

对于收集到的信息，应根据个人的情况，有针对性地进行排列、整理和分析，以保证就业信息的准确性、科学性和有效性。

（1）要进行科学地分析和取舍

对所获得的一切就业信息要进行分析鉴别，科学取舍。分析就业信息包括 3 层含义：① 要鉴别真伪，做可信度分析，谨防就业中的虚假信息与就业陷阱。一般来讲，学校毕业生就业主管部门提供的信息可信度比较高，通过其他渠道收集到的信息，因为受时效性或地域性影响，还需要进一步核实，才能判断其可信程度。② 要进行有效度分析，即对信息的可用性进行鉴别，看这条信息是否与自己的兴趣、特长、专业、爱好甚至收入、工作环境、地域等的预期相符，更要注意单位对生源地、性别、学习成绩、个人素质的要求，以及当地户籍政策等。③ 信息的内涵分析，包括用人单位的性质、要求以及限定条件等。通过分析，对就业信息进行去粗取精，剔除过时、无用的信息，保留与自己的兴趣或专长契合的部分。

（2）要分清主次

在对就业信息进行取舍的同时，还要按信息与自己相关的程度把信息进行排序，重点信息要选出、标明，并注意保存，一般信息可供参考。如果主次不分，就会在很多并不重要的信息上浪费过多的时间和精力，也许会因此错过择业的良好时机。只有把握重点、赢得时间，才可能抢占先机。

（3）要进行深入地了解

对于重要信息，要寻根究底，搜集相关资料，仔细了解信息的具体内容，如某一职业岗位的历史、现状、前景、要求条件等。对待遇、进修培训、晋级晋升等信息要通过合适的方式侧面了解。了解得越深，分析得越透，就越能准确找到适合自己的目标。

总之，大学生应结合自己的实际情况，对于自己辛苦搜集到的需求信息进行筛选过滤，去芜存菁，有针对性地选用。只有这样，才能使获得的信息具有准确性、全面性和有效性，更好地为自己的求职提供服务与帮助。

对于求职信息的筛选，除了掌握上述重要原则外，还必须重视如下方法：

（1）掌握重点信息

一般来说，学校发布的一些就业信息是相对来说比较有针对性的，可以作为重点信息分类保存。国家和政府对于本专业的毕业指导性意见及相关政策也是要重点收集的资料。首先，尽量筛选和本专业有关的用人单位的信息，一般来说，你的专业就是你的优势。其次，筛选与个人特长相关的招聘信息，兴趣是成功的源头，特长源自于兴趣，因此，与自己特长有关的岗位也是要重点留意的。

（2）善于对比同类信息

天上不会掉馅饼。大学生求职者在看到一些招聘广告对应聘者年龄、学历、工作经验等各项条件都要求过低，但是工资薪金却比较高时；或者一个小公司却招聘工种、职位繁多的工作人员；或者招聘内容过于简单，只留下电话要求应聘者直接去面试的，就要留意是不是广告陷阱。因此，一定要善于对比同类信息，学会换位思考：如果你是老板，你会招聘什么样的员工、发什么样的薪水。与实际差别太大的信息，很有可能是不实信息。

（3）虚心向他人询问了解

大学生毕竟刚走向社会，没有太多经验和阅历，招聘广告中有一些不实或夸大的地方，大学生往往不容易分辨，只有向有经验的师长或朋友请教，才能多一些分辨是非的能力。有的招聘单位玩的是文字游戏，在一些达不到的条件上，用比较绕弯的文字，让你往好的方向做出判断，一旦签约，后悔莫及。俗话说"三个臭皮匠，顶个诸葛亮"，对信息的真实性拿不准时，多找几个人询问参详，肯定有益无弊。

（4）避免盲目从众心理

每个人的特长、专业有差别，即使同样的专业，学习情况也因人而异。因此，在求职时千万不要有随大流的想法。寻找什么样的工作岗位，一定要结合自己的特长和兴趣爱好——有兴趣去做一件事，会更容易成功；凭技能去做事，最多只是个匠才。比如一些大学生听说现在教师工资待遇提高了，就纷纷放弃自己的专业，也不管自己有没有教师资格证、普通话证等，就一窝蜂地去各学校应聘。所以，求职时不要有盲目从众心理，如果只是听别人说这个岗位好，你就盲目签约，结果很可能工作不久就想毁约，也可能在工作中产生消极心理，造成工作效率下降，严重的还会导致失业。

（5）留下适合自己的信息

大学生用各种各样的方法，从各种各样的途径收集来的信息，当然不可能全部都留存，要经过筛选、比较，然后按照自己拟定的求职方向及计划，留下适合自己的信息。然后把这些信息分类整理，分门别类，理清应聘顺序和应聘重点，然后个个击破，相信会有一个理想的工作岗位在等待着你。

**2. 就业信息的整理**

（1）建立求职者个人信息管理库（附样表）

| 姓名 | 文化程度 | 专业 | 个人获奖情况 | 所在地或网址 | 联系人 | 联系方式 | 备注 |
|------|----------|------|--------------|--------------|--------|----------|------|
|      |          |      |              |              |        |          |      |
|      |          |      |              |              |        |          |      |
|      |          |      |              |              |        |          |      |

（2）建立用人单位信息管理库（附样表）

| 用人单位名称 | 所有制性质 | 所在地 | 经营状况 | 总体概括 | 经营范围 | 福利待遇 | 发展前景 | 招聘岗位 | 联系方式 |
|---|---|---|---|---|---|---|---|---|---|
|  |  |  |  |  |  |  |  |  |  |
|  |  |  |  |  |  |  |  |  |  |
|  |  |  |  |  |  |  |  |  |  |

（3）建立招聘会数据管理库（附样表）

| 举办时间 | 招聘会名称 | 主办单位 | 举办地点 | 联系人 | 联系方式 | 备注 |
|---|---|---|---|---|---|---|
|  |  |  |  |  |  |  |

**3. 就业信息的运用**

这是收集信息、分析筛选信息的目的所在。对就业信息的运用包括自己使用和分享给别人使用两个方面。

（1）自己使用信息

对信息筛选的主要依据是适合自己，无论信息的准确性、时效性、有效性多么高，只要不适合自己，那么它对自己来说就失去了价值。大学毕业生在择业时，要将自己的情况与就业信息进行认真地对比衡量，而不能好高骛远、人云亦云、迷失自我，更不能图虚荣、爱面子，而要量力而行、量能择业、量才定位。一旦自己决定使用某条就业信息，就应该及时地调整自己的知识结构，尽量弥补自己的不足，以适应所选岗位的要求。

（2）相互交流信息

有些信息对自己不一定有用，但对他人可能十分有用，遇到这种情况，千万不要抓住不放、封锁信息，而应主动输出，这对他人不仅是种帮助，同时也能获得与他人交流信息的机会。从这种真诚的交流中，你也许会从别人手中获得对自己有益的信息。

# 3.7 自荐准备

大学毕业生通过与用人单位"双向选择"来确定就业去向，这实际上就是毕业生和用人单位相互认识、相互了解、相互认可、相互选择的过程。对毕业生来讲，就是在了解、认识对方的同时，让用人单位认识自己、了解自己、选择自己，从而实现自身的就业愿望。为了达到这一目的，就需要利用各种途径和方法正确地宣传自己、展示自己、推销自己，自我推荐（自荐）或推荐（他荐）无疑是"双向选择"的基础。

## 3.7.1 自荐材料的准备

自荐在很大程度上决定自己是否能够获得进一步面试的机会，这就要求大学毕业生在选择求职信息、决定应聘之前，一定要做好必要的资料准备。

自荐材料也称求职材料，是指求职者为了获得所需职位或面试机会而制作的包括个人简历、自荐信（求职信）、成绩单、外语等级证书、技术等级证书和职业资格证书、各级荣誉证书在内的系列材料。一般求职材料包括：毕业生推荐表（学校准备）、学生学习成绩单

（学校准备）、各种等级证书、获奖证书、参加社会实践或者实习的鉴定材料、发表的相关论文或有关的科研成果、自荐信及个人简历等。

**1. 准备求职材料一般应遵循的原则**

准备求职材料的直接目的就是为了引起用人单位对自己的兴趣，并最终录用自己。用人单位出于节约人力和时间的考虑，大多数情况下不采用直接面试的形式，而是通过某种方式收集求职材料。在对这些材料进行初步的比较、筛选后，再通知部分求职者参加面试。由于用人单位最初是通过求职材料来了解求职者的，因此，求职材料的质量对用人单位决定是否与求职者进一步接触起着至关重要的作用。

毕业生就生推荐表、简历、自荐信都需要认真地准备，一般要遵循以下几个原则。

（1）内容翔实，格式规范

求职材料是对大学生活的一个全面总结，既要全面反映自身的基本情况，又要反映自己的特长、爱好；不仅要突出自己的优点、成绩，也要说明自身存在的问题和缺点；不仅要说明自己对目标岗位感兴趣的原因，还要表达自己努力工作的决心。内容应全面，应力求言简意赅，突出重点。切忌长篇累牍、废话连篇。尤其要注意的是内容要翔实，切忌为了赢得用人单位的好感而弄虚作假，那样只会弄巧成拙。

（2）富有个性，针对性强

由于不同的用人单位对求职者要求不尽相同，求职材料的准备也要根据不同的单位有所差异。如果你想去应聘"三资"企事业的职位，那么最好要准备中英文对照的双份材料；如果想去少数民族地区择业，能用民族文字撰写求职材料效果则会更佳；如果你是去应聘广告设计类职位，那么你的求职材料最好能体现出你的个性和创意。

（3）设计美观，杜绝错误

准备求职推荐材料的目的之一就是要吸引招聘单位，引起对方的兴趣。因此，整份材料无论是手写还是电脑打印都要注重大方、整洁和美观。要使用优质纸张，统一进行设计排版，让人看上去觉得舒服。但最重要的一点是要杜绝错误，无论是语法错误、错别字、标点符号错误或是印刷错误，都应尽量避免。因为任何一个小小的错误都会给人以不认真、不负责的印象。

**2. 就业推荐表的准备**

就业推荐表是学校为毕业生统一设计、印制的求职材料，一般由三部分组成：毕业生本人的情况介绍（附学校教务部门提供的学习成绩）；毕业生所在院系的推荐意见；毕业生所在学校就业主管部门的推荐意见。

用人单位往往对该表比较重视，在发给学生录用通知或正式签约前，一般要先见到该表的原件。该表一般要求手写，毕业生在填写该表时要认真仔细，字迹端正，内容翔实。切不可马虎潦草，更不能弄虚作假。

**3. 简历的编写和制作**

简历是一份资料，是个人生活、学习、工作、经历、成绩的概括集锦。简历的格式相对固定，信息量全面而且集中，是用人单位分析、比较、筛选和录用应聘者的主要依据。通过简历，用人单位会对毕业生的经历、受教育程度、兴趣、特长和爱好等情况留下一个初步印象。个人简历的真正目的就是让用人单位全面了解自己，从而为自己创造面试的机会。个人简历一般很少单独寄出，它总是和自荐信以及其他材料一起呈送给用人单位。

（1）撰写个人简历的基本原则

个人简历的撰写要遵循以下几个要点：语言要做到精准到位，不冗长，不夸大其辞；使用第三人称，在字里行间透露出一份自信；让简历内容丰满些，切勿空洞。如果想展示出自己的与众不同，最好列举一些事实来佐证自己的优势。好马配好鞍，简历的完美内容也需要配上完美的形成：选择优质的白纸，打印字迹清晰的打印机，最好搭配粗体字，选择能吸引眼球的文字版式。这样制作出的个人简历就是无敌的！

（2）个人简历的主要内容

个人简历的第一部分应列出自己的姓名、性别、年龄、学校、院系及专业、获得何种学位及概括介绍自己的愿望和工作目的等。第二部分可简述自己的学习、工作经历，包括所学主要课程及学习成绩、在学校和班级所担任的职务、在校期间所获得的各种奖励和荣誉、业余爱好和特长、适宜从事的工作、联系方式（地址、邮编、电话等）。这样，个人简历的主要内容就基本齐备了。

（3）写作格式

简历一般常用的格式有两种。一种是按年月顺序列出自己的学习、工作经历，另一种是根据需要有选择地列出自己的学习、工作经历，充分表达自己的技能、品德。但对于刚从大学毕业生的求职者来说，采用第一种格式较好。

简历写作格式有两种，一种是按时间顺序来写，列举自己学习、工作或者参加培训的经历。另一种是倒序法，把自己最近的工作经历写在最前面，让招聘方一目了然，这样的写作方法颇受人力资源管理者的青睐。

（4）写作技巧

互联网日益发达的今天，招聘单位在对简历进行筛选的过程中，通常会因为简历数量过多、没法人工浏览，而选用一些技术性手段来进行筛选。多数情况下，招聘单位会以简历的第一页内容为基础进行计算机搜索，因此，大学生首先要使个人的重要信息出现在简历的第一页，其次把一些关键性的语句放在简历的顶部，基本以"技术方面能力——行为能力——相关个人能力"的顺序来排列比较合适。

当然，非常精确的工作经验描述也将得到招聘者的青睐。比如说你从事过秘书工作，不要只是简单地采用"从事过秘书工作"这样过于简单、含糊的表述，而应该表述为："在某单位从事过秘书工作，熟练使用 Word、WPS 等办公软件，有一定的文字组织能力，主持过某某会议等。"这样具体的表述更能让招聘者清晰地看到你的工作能力。

（5）个人简历写作的其他技巧

个人简历也就是自己学习、生活的简短集锦，它是用来证明你适合担当所申请的那份工作的，因此，应尽量用简历来表现自己的长处。个人简历有一二页即可，不要太长。表达应适度，要富有个性。简历的格式应便于阅读，有吸引力，并使人对自己和自己的目标有良好印象。如果自己感到有些字眼需要特别引起人们的注意，可在这些字上加着重号、下划线或加粗字体以示提醒。当然，简历的用语也要得体，书写也要工整清楚，也可用效果良好的复印件。通常来说，求职者将照片贴在简历的右上角，可以为用人单位提供更为直观的印象。

以下是某高校一名工程管理专业毕业生的中文简历，简历以表格的形式呈现，非常清晰，使用人单位一目了然。

| 姓名 | ×××| 性别 | 男 | 出生年月 | 1992.02 | |
|---|---|---|---|---|---|---|
| 籍贯 | ×××| 民族 | 汉 | 政治面貌 | 中共党员 | 照片 |
| 主修 | 工程管理 | | 辅修 | 计算机及其应用 | | |
| 专长 | 社会交际、组织管理；文案策划、文学创作 | | | | | |
| 教育 | 1997—2000 ××第一中学<br>2001—2005 ××大学工程管理专业（本科） | | | | | |
| 主要<br>社会<br>工作 | 2001. 09 – 2002. 07　班长、管理学院社团部部长<br>2002. 09 – 2004. 11　《团讯》责任编辑、校学生社团联合会主席<br>2004. 11 至今　　　　《大学生就业指导报》主编 | | | | | |
| 社会<br>实践<br>经历 | 2002.07.14—07.22 青岛"7元钱生存7天"异地生存体验，中央电视台2套曾予以报道；<br>2003.07.07—07.17 曾参与组织并带队赴新疆喀什做"党员大学生三个代表社会实践服务团"实践服务活动；<br>2004.07.05—07.13 大学生"沂蒙情协会"暑期社会实践；<br>2004.07.15—09.05 ××集团化工工地实践（从事施工日常管理）；<br>在校期间，先后策划组织了我校首届、第二届、第三届学生社团文化节。 | | | | | |
| 获奖<br>情况 | 2002年11月　××大学××集团奖学金，省级社会实践优秀学生奖；<br>2003年10月　××大学一等奖学金，三好学生、优秀团员，省级优秀社团干部；<br>2004年11月　××大学二等奖学金　三好学生、优秀团员等荣誉称号；<br>连续四年获得校"优秀社团干部标兵"称号。 | | | | | |
| 外语及计<br>算机<br>能力 | 大学英语国家四级；<br>能熟练进行英语听、说、读、写，初步掌握一定的翻译能力；<br>计算机国家二级；<br>能熟练应用 Office 办公软件，具备初步的编程能力。 | | | | | |

**4. 自荐信的撰写和制作**

自荐信实质上就是简短的自我介绍信，它是求职材料的一部分。

（1）写作基本原则

在撰写自荐信时一般遵循五个原则，即雇主需要原则、目标需要原则、优点优势原则、职位挂钩原则、知己知彼原则。

（2）自荐信的内容

自荐信的主要内容应包括自己具有用人单位所需要的条件、才能、对工作的态度。具体来讲，大致有以下几个方面：① 简单地进行自我介绍，包括姓名、性别、出生年月、政治面貌、学历、毕业院校、所学专业、特长爱好、主要优缺点等；② 简述自己对该单位感兴趣的原因；③ 说明自己期望能在该单位供职。

（3）自荐信的格式

自荐信的格式和一般书信大致相同，即称呼、正文、结尾、落款。开头要写明用人单位人事部门领导，如"××单位负责同志：您好！"等字样；结尾写上"祝工作顺利"等祝愿的话，并表示热切希望有一个面试的机会；最后写明自己的通讯地址、联系方式、姓名和时间。

（4）写作具体格式和方法

① 标题。

标题是自荐信的眉目，应居中写明"自荐信"。

② 称谓。

写给用人单位的人事部门或直接写给单位负责人，注意称谓要做到礼貌、得体。对用人单位明确的，可直接写明单位名称，如 "尊敬的 ××公司人事部"、"尊敬的××公司王经理"；在用人单位不确定的情况下，称谓可写 "尊敬的公司人事部领导"、 "尊敬的总经理先生" 等。

③ 开头语。

先写问候语 "您好"，表示礼貌、尊敬。然后用适当的话语介绍消息来源，这样就能很正常地过渡到后面的话题上来。如果没有介绍消息的来源，直接切入正题，会让招聘方感觉很突兀、不适应。接着再写求职人的自我简介，如 "我叫×××，是××大学××系××专业的应届毕业生"。

开头语表述应简洁明确、干脆利落，不宜过多、过长。

④ 正文。

这是自荐信的核心部分。

首先，求职自荐信是推销自己的，那么肯定要在自荐信中表明自己的求职意愿。

然后，详细介绍自己的专业优势，即学习的主要专业课程、参加的专业实践活动及在各类专业竞赛中的获奖情况等。要充分展示自己在专业方面的突出成绩，使自己在众多应聘者中显得出类拔萃。

接着，介绍自己的工作能力及爱好特长，包括自己在校期间担任学生会、班级的主要干部职务，在各类活动中的组织能力、人际交往能力、口才表达能力等。个人的兴趣、爱好及特长也是竞争的优势。

再者，现在岗位竞争激烈，虽然某单位需要新人来补充人手，但是并不是这项工作就非你莫属，所以个人简历的介绍也很重要。要向用人单位介绍自己的简历，以期对方重视。

最后，如果用人单位明确，则可以谈谈自己对企业的认识、了解，表达迫切要求工作的愿望及被录用后的打算，如 "贵厂作为某行业内的领军企业，贵厂 '用人以才，用人以专' 的管理机制令我心动，希望我能成为这个优秀团队里的一分子，施展我的智慧与才华"。 撰写这部分内容时要力求简明，注意扬长避短，突出自己的优势与长处。

另外，再丰富的工作经验及成绩都只属于过去，躺在功劳簿上的人注定没有更好的发展，更何况是刚进入社会的大学生。所以要向用人单位表明心迹，表示自己在将来的岗位上将如何去努力、如何去取得成绩。这一定是招聘单位最想看到的内容。

⑤ 结尾。

无论能否得到这个职位，你向用人单位投递求职信，对用人单位本身都是一种工作量的增加，为了显示出你的素质和能力，大学生应该向对方表示感谢。这时候，可以再次表达求职的愿望，希望获得机遇，以起到吸引和打动对方的作用，如 "希望给予面试的机会" "热切地盼望着贵公司给予答复" 等，也可写礼貌用语 "此致" "敬礼"。

如果招聘方同意了你的求职要求，你必然要请对方和自己联系，以便自己及时做好准备，到用人单位应聘或报到。为准确起见，请求答复、联系时，你还应当提供你的通讯地址、邮政编码、电话号码、电子信箱等。

⑥ 署名、日期。

自荐信是一种自我宣传的方式，是为了让用人单位在简短的言语中全方面地了解自己，为了更好地与用人单位进行沟通，在自荐信中务必要写清自己的名字、日期以及自己应聘的岗位，这样可以方便用人单位对信息进行筛选、归类，尽快做出选择。

⑦ 附件。

这也是自荐信的重要组成部分，它是自荐信以外的其他材料，如学历证书、成绩单、获奖证书、技能证书、论文等的复印件。如果材料较多，应依次标上序号。这些材料是个人专业优势和能力、特长的证明，对用人单位来说是反映应聘者才能、知识的重要证据。

（5）如何写好自荐信

成功的自荐信应该首先突出自己善于团结协作，透露出谦逊、刻苦和努力，措辞要得当，表达要清晰，要自信而不要自大。其次，着眼现实，有针对性，动笔之前最好对所应聘单位的情况有所了解，以免脱离实际说外行话。第三，实事求是，言之有物，自己的优点要突出，缺点也不要隐瞒，万不可夸夸其谈，弄虚作假。当然，对缺点的陈述要适度，点到为止，关键是认识上要深刻，改正的愿望要强烈。第四，富有个性，不落俗套。如果能谈一谈行业前景展望、市场分析或建设性意见都会收到更好的效果。在这方面没有什么成规，需要自己动脑筋发挥。第五，言简意赅，字迹工整。废话连篇的自荐信会浪费对方的时间，引起反感。写出草稿后要反复推敲，看意思表达是否清楚，用语是否得当，文法及标点是否准确无误。为了保证简明扼要，字数应有所限制。草稿拟定后，应抄写工整、清楚。若有条件，则应该将自荐信打印出来，效果会更好些。

以下是××大学管理学院工程管理专业一名毕业生的中文自荐信。

## 自荐信

尊敬的×××先生：

您好！感谢您能在百忙之中阅读这份自荐材料。

我叫×××，××大学工程管理专业 2005 届本科毕业生，怀着对××集团公司的美好向往和对自己未来的无限憧憬，呈上此信。

大学生涯中，本人一直注重学习专业知识、广泛接受新事物、不断提高自身综合素质和自身竞争力；自主性强，善于处理工作与学习的关系，一直担任学生干部。由于表现积极、成绩突出，多次获得省级、校级各种奖励，并于 2005 年 1 月加入中国共产党。

一、有较强的团队精神和集体荣誉感

在大学期间先后担任班长、管理学院社团部部长、校社团联合会主席等多个职务，工作认真负责，始终把集体荣誉放在首位；激情工作、冷静思索，愿意和同事们真诚交流、精诚合作。

二、有一定的策划组织和协调管理经验

致力于校大学生社团工作四年，勇于实践、开拓创新，策划组织了我校首届、第二届、第三届学生社团文化节；多次策划并积极主动参加各类志愿者服务、环境保护等社会公益活动；连续多年协调 50 多个校级社团开展各类文艺体育活动；积累了一定的组织管理经验。2004 年 12 月，被评为省级优秀社团干部。

三、有扎实的文字功底和文字工作能力

我在《团讯》（校团委机关报）经过两年的成长，从一名记者做到责任编辑，参与出版报纸 40 余期；2003 年 11 月担任《大学生就业指导报》（校就业工作机关报）主编至今，主持出版报纸 25 期，积累了丰富的文字工作经验。喜欢文学和创作，所写的文章多次在校内外刊物发表。几年来，起草了大量应用文件，积淀了 20 余万字小说集一部、散文数篇，曾荣获首届驻济高校文学社团征文特等奖。

四、有丰富的学生社会实践经历

积极参与开辟学生社会实践基地，多次策划组织暑期社会实践。2002 年暑假，在青岛市参加了受中央电视台、《齐鲁晚报》等十几家省级媒体关注的"七元钱生存七天"异地生存体验，所写实践报告获得省级奖励；2003 年暑假，担任党员大学生"三个代表"赴××暑期社会实践服务团带队，被评为"团中央重点团队"。

当然，本人更有缺点和不足，需要您的指正和培养。坚信您的选择是我成功的开始！

祝您工作顺利，愿××集团永远发达！

自荐人：×××<br>二○○五年三月

（6）写作误区

有不少大学生因为担心自己给用人单位留下骄傲自满的不良印象，往往表现得过于谦虚，反而失去了自信。但也不要过于自信，在提到自己优点时应该有相应的事实支持。其实，企业招聘时更看重员工的自信，因此，在求职信中最好不要涉及自己的弱点。

以下是一封刚毕业的汉语言文学专业大学生自荐信。

尊敬的××报社人事经理：

您好！感谢您利用宝贵时间关注我的求职信！

今日阅读报纸，获悉贵报社招聘游记编辑人员。我自信符合应聘要求，特拟此自荐信应聘游记编辑工作。

我叫张蕾，四川人，今年 22 岁，身高 1.63 米，于××年××月毕业于××大学，为人忠诚老实、可靠；会计算机日常操作，在学生时多次获奖，并积极参加院校组织的各项活动，在大学里担任过文学社的副社长，有着良好的生活作风和高度的组织纪律性，思想觉悟较高，能够很好地贯彻执行命令，团队意识强，工作作风硬，不怕吃苦，敢于争先。工作责任心强，乐于助人，对上级赋予的任务积极性高，对属于自己的工作能吃苦耐劳，有一定的基层管理经验。

我学的专业是汉语语言文学，但我并不拘泥于专业所限，对各行各业都充满了信心和热爱，课余也曾在几家出版单位担任过兼职工作。本人在课余兼职经历如下：

2010 年 7 月～2010 年 9 月，我在《C 报》工作，主要工作：采访、撰写稿件。

2011 年 1 月～2011 年 2 月，在×××出版社担任编辑工作，主要工作：负责组稿、编辑等工作项目。

2011 年 7 月至今，在《YY 杂志》广告部担任经理助理，主要工作：协助经理负责广告业务。

当然，过去的经验不能说明一切问题。在工作之余，我最喜欢做的，就是看书和体育锻炼了。我喜欢看一些励志类的书籍，喜欢闲暇之余进行篮球、足球等球类活动！我认为，工作没有好的身体条件做后盾不行，没有灵活的头脑更是不可以！

我不愿意找一个压力过大且需要经常出差的工作，希望谋求一份较稳定的工作。

良禽择木而栖，士为知己者容。一个合作的机会，对我是一次良好的开端，对您是一个明智的抉择。我就是一匹千里马，正在追寻着像您这样一位重才识才的伯乐。真诚期盼贵公司给我一个发挥才能，实现人生价值，为社会发展效力的机会。语言只能打动人心一时，能力却能证明一世。相信在贵公司的平台下，我一定会让贵公司再上一台阶。我的信条是：机遇只偏爱那些有充分准备的人。

谨祝您的事业蒸蒸日上，桃李满天下！

恭候您的佳音！

此致

敬礼！

自荐人：张蕾<br>年 月 日

以上求职信有多处瑕疵。

① 太过自信，用词欠妥。求职信开篇就谈自己有自信绝对胜任工作，虽然展示了自信，但没有什么事实依据，显得过于张扬。在文末小张写道："相信在贵社的平台下，我一定会让贵社再上一台阶。"其使用了很主观的词汇，表面上是自信的展现，事实上从他提供的工作经验来说，没有任何强有力的事实依据能说明他能够胜任这份工作。

② 暴露弱点。从以往工作经验来看，小张两年之内换了三个单位，跳槽过于频繁，这就说明小张是一个很不稳定的员工。再者，他最后一份工作的离职原因是"对目前的工作感觉业绩压力过大，而且需要经常出差"，一来会让人感觉他是个不愿意挑战自我的人，二来报社招聘的岗位是"游记专栏的编辑"，这个岗位显然也是需要经常出差的，自然对他来说也不合适。

**5. 其他获奖证书的准备**

除了自荐信和个人简历之外，为了加深用人单位对自己的印象，有时需要进一步提供其他材料，主要包括本人在大学期间所获得的各类荣誉证书以及成果证明材料等。这一方面的资料和复印件，大学生要理清顺序，按重要性标上序号，并最好附上清单，这样可以让用人单位一目了然。传统的做法是将各类证书复印装订，但现在来看，将所有的证书清晰地缩印在一张纸上，效果会更好。

其他材料的使用方法，要根据自荐的方式而有所不同。如参加面试或亲自上门去推荐自己，材料可以准备得充分一些，凡能反映自己各方面能力的材料尽可能准备齐全，而且最好带原件。若采取寄送求职材料的方式，则应该选最具有代表性的材料，而且要根据各单位的不同情况有针对性地取舍；最好寄复印件，以防邮寄时不慎丢失造成损失。

# 3.7.2 自荐方式与技巧

**1. 自荐的种类**

自荐的方式有很多种，综合来讲有口头自荐、书面自荐、广告自荐、电话自荐、网络自荐等。

（1）口头自荐

这种自荐方式，要求求职者必须亲临用人单位或招聘现场。其优点是直接面对招聘人员，便于展示自己的风度和才华，容易给用人单位留下深刻印象，如果表现出色，可能会被用人单位现场录用。其缺点是涉及面有限，尤其对路途遥远的单位来说更难实现。对个人来讲，如果自己谈吐自如、反应敏捷，此种自荐方式更能发挥自己的优势。对用人单位来说，新闻、外贸、外事、旅游、教育等部门也更青睐此种考查方式。

（2）书面自荐

书面自荐即通过求职材料的形式向用人单位推销自己。求职材料可以通过邮局寄送，也可当面呈递。在校期间学习成绩优秀、又有较好文笔和漂亮书法的毕业生多采取此种方式。这种方式覆盖面较宽，可以自主扩大自荐范围，不受限制。科研、出版、金融单位和工矿企业等注重实际能力的用人单位也乐于接受此类自荐方式。此种自荐方式有助于展示自己严谨、认真的工作态度。

（3）广告自荐

这是近年来出现的一种新的借助于报刊、电视等新闻传播媒介进行自我推销的自荐形式。这种自荐方式覆盖面宽，可以扩大自荐范围，研究生和一些有特殊专长的毕业生往往乐于采用此种自荐方式。

（4）电话自荐

电话自荐是指通过电话这种方便、快捷的通讯工具来实现自荐的一种求职方式。这种求职方式一般适用于看到用人单位发布的招聘广告之后，根据其提供的联系电话和联系人，咨询人才招聘事宜。另外，也有的求职者根据自己的判断，确定应聘目标单位，然后通过电话了解该单位人才需求情况，从而实现自荐目的。电话求职遵循的原则是"正确、简洁、恭敬"。具体要求有以下几点。

① 尊称和礼貌用语要贯穿通话过程的始终。

② 电话自荐的时机应建立在对目标单位较为了解的基础上。

③ 打电话的时间应尽量选在上午九十点为好，忌在刚上班或下午四点以后打电话。

④ 坚持语音略高、语速略快的原则，但要确保吐字清晰、平稳，确保对方听得清楚。

⑤ 要言简意赅，通话时间不宜过长。

⑥ 通话之前要做到对通话内容了然于胸。

（5）网络自荐

在信息社会里，网络给人们的工作、生活带来了全新的变革。随着网络技术的不断完善和就业形势的日趋严峻，网上求职、网上招聘已经成为一项基础工作，大学生在网上进行自荐已经成为一种时尚。各大高校的就业工作部门也都有了一项新的任务：建设就业工作网站，实现毕业生就业工作的信息化运作。网络自荐方便快捷，成本低，同时还可以更直观地向用人单位展示自己的计算机操作技术，比其他求职者又多了一种竞争手段和就业渠道。

**2. 掌握自荐技巧**

（1）选择恰当的自荐方式

选择恰当的自荐方式在求职择业过程中无疑是十分重要的。就每一个求职择业的大学生而言，究竟采用哪种自荐方式为宜，应当从实际情况出发来考虑。例如，善于语言表达且有一口流利标准普通话的求职者，采用口头自荐似乎更能打动人心；倘若能写一笔隽秀的字或漂亮的文章，则选择书面自荐更能显示出求职者的魅力。当然，选择哪种自荐方式主要还要看用人单位的需要，如对招聘播音员、节目主持人的用人单位来说，口头自荐显然更受重视；招聘文秘职员的用人单位，则可能会让求职者先呈递书面的求职材料；而对于那些应聘远程、跨省、跨国公司职位的求职者，采用网络求职则更明智。此外，求职材料的递送方式也应当注意。在就业竞争激烈的情况下，邮寄的求职材料可能不易引起用人单位的注意和重视。求职者亲自登门拜访用人单位或在招聘现场当面呈递求职材料，易于加深用人单位对自己的印象，从而增强求职者成功的可能性。

（2）灵活掌握自我介绍的方法和技巧

自荐离不开向应聘单位进行必要自我介绍，灵活掌握自我介绍的一些基本技巧，显然有助于顺利打开求职的大门。做自我介绍时，应遵循以下几个原则。

① 积极主动原则。自荐是求职者的主动行为，任何消极等待都是不可取的。自荐信、个人简历等求职材料的呈交、寄送要及时。在了解到需求信息时，更不能迟疑，否则就可能坐失良机。为使用人单位更全面地了解自己的情况，事先应做好各种求职材料的准备，不等对方索要就主动呈交，不等对方提问就要主动向对方介绍，不消极等待回音而要主动询问。这样往往会给人一种"态度积极、求职心切、愿望强烈、胸有成竹、志在必得"的感觉。

② 重点突出原则。在介绍自己时，应重点突出自己的能力和知识，本人基本情况和家庭情况简单介绍即可，对于自己的专长、经验、能力、兴趣等则要详细介绍。为了取得对方的信任，有时还应举例说明。比如，展示大学期间发表过的论文，获得的奖励，承担的社会工作或某些工作经验、社会阅历等。要突出自己的优势和闪光点，因为与众不同的东西可能就是你的魅力所在。平铺直叙、过分谦虚都有碍于用人单位对你进行客观全面的了解和正确评价，容易将你埋没在庞大的求职大军之中。

③ 真实全面原则。闪光点是要突出，但介绍自己各方面的情况时一定要实事求是，优势不羞谈，缺点不掩饰，是一说一，是二说二，客观全面，不能吹嘘或夸大。尤其是在介绍自己以往学习、工作上所取得的成果时，一定要恰如其分，否则将适得其反。同时，自我介绍材料要全面、完整，切忌丢三落四，个人基本情况、社会关系、工作简历、学习成绩、业务特长及爱好，缺少其中任何一项都会给人一种不全面的感觉。自荐信、推荐表、个人简历、证明材料一应俱全，才能给人以系统、全面的整体印象。

④ 有的放矢原则。即针对用人单位的具体要求，强调自己的社会经验和专业所长，这样才能使用人单位相信你就是最理想的应聘者。比如用人单位招聘文秘人员，你介绍自己如何具有公关能力，就不如介绍自己的文、史、哲知识及写作才能；用人单位招聘科研人员，你如果展示自己的语言才能，就不如展现学业成绩和科研成果来得实在；用人单位招聘管理人员，你的学生干部经历及组织管理才能可能会更受重视。强调针对性的同时，也不能抹杀相关知识才能的作用。专业特长加上广泛的知识面和兴趣爱好，往往会使你更受用人单位的青睐。

## 3.7.3　推荐方式及内容

推荐的方式主要有学校推荐、老师推荐、亲朋好友推荐 3 种。实际上，这 3 种推荐方式所用的基本情况等支撑材料都来自毕业生本人提供的内容；用人单位初步确定人选后，面试阶段也是毕业生本人参加，所以都是间接的自荐方式。

### 1. 学校推荐

多年来，学校在向社会输送毕业生的过程中，与用人单位建立起了密切合作、相互信任的工作关系，再加上学校对毕业生的全面情况比较了解，而且以组织负责的形式向用人单位推荐，其提供的信息对用人单位来说具有较大的可靠性和权威性，所以较容易得到用人单位的认可。

### 2. 老师推荐

大学教师因掌握着较为前沿的科学文化知识，因此与社会各个阶层有着科研、教学等种种关联，他们当中的一些骨干教师与对口单位的领导或业务骨干有着较为密切的联系，或已在某个行业中具有较高的学术威望，因此他们的推荐容易引起用人单位的重视和信任。

**3．亲朋好友推荐**

随着社会的发展，人与人之间的交往日渐增多，通过父母、亲戚、朋友、师兄师姐等关系联系用人单位，可以有效地扩大求职范围，提高就业命中率。

上面介绍的几种自荐或推荐方式并不是孤立存在的，在现实的求职活动中，往往要综合应用多种方式才能达到自我推荐的目的。一般来说，适当的口头自荐再加上书面自荐和学校老师的推荐，效果会好一些。

**【阅读材料】**

### 用人单位挑选简历 6 大标准

求职过程中，简历就好比为企业和个人牵线搭桥的红娘，求职者能否顺利地找到自己心仪的工作，那就得看这个红娘的能力有几分了。通过对一些长期从事人力资源招聘工作者工作情况的总结，我们归纳出用人单位挑选简历的 6 大标准，具体如下。

1．过长的简历毫无作用

招聘者平均在每份简历上花费 1.4 分钟。一般会阅读一页半材料。过长的简历毫无作用，而且不容易突出重点。在简历后附上一大堆证明材料的做法并不会增加录用机会，但也不会产生负面的影响。按照招聘方的一贯招聘经验，首先看的是工作经验这一项，其次看个人评价和所获培训等，因此在简历的后面附上一沓毕业证书等复印件根本不必要，这些一般在初试通过后才要求提供。

2．传统的信件投递方式效果会更佳

通过 E-mail 和网站递交的电子版简历，得到的关注比通过纸质邮件要少，被阅读的时间，前者平均会减少 23 秒左右。此外，有约 5% 的电子简历会由于网络或其他问题没有被招聘者看到。因此，建议仍然通过传统的邮寄方式，除非雇主明确表示出喜好电子邮件的偏向性。

3．硬性指标要过硬

约有 20% 的雇主承认他们会使用一些级别较低的助理人员来处理简历，这些人员会有一些硬性的选择标准。另有 45% 的雇主认为他们进行初选时，也基本只看这些硬性指标。

以雇主使用的频繁程度为标准，常见的考量指标使用由多到少排序为：①六级英语证书；②户口；③专业背景；④学校名声；⑤在校成绩。值得注意的是：这些标准不一定会在招聘要求中注明，但应聘者自己心里一定要有数，相关的信息一定要全。

4．外企重视英语和学校名声

中国企业和外资企业的关注点有一定区别。总的来讲，外企更重视英语和学校名声，中国企业更看重专业和户口。越是热门的公司，其往往对在校成绩越关注。建议大学生制作不同的简历以突出不同的优点。

5．总体印象重要，所学课程次要

只有 23% 的人能在半小时后大体描述他所看过的简历上学生从事的具体活动和担任过的职位。他们只有一个对学生性格的总体印象。所以，是学生会副主席还是部长并不重要，关键是你不要给人留下一个书呆子的印象。当然如果在这方面说谎，也容易出局。

很多应聘者的简历上会列出自己的学习课程，只有 4% 的公司会仔细阅读。专家建议：

你可以列出一些课程，但所列课程必须是重要的，而且不要超过一行。

6．简历表达好，能增加录取机会

符合要求的表达往往非常重要。一个人的简历，经过专家修改后往往可以增加 43%的录取机会。简历的常见问题是：表达不简洁，用词带过多感情色彩，英语表达不规范，过长、无中心，格式不规范等。

资料来源：吴毅斐. 天津日报网 http://past.tianjindaily.com.cn

**【课堂练习】**

**一、自己动手做一份简历**

如何制作简历？在简历中你应该列示什么项目？哪些项目无需出现在简历上？你如何找到自己经历中的亮点来美化你的简历？如何选取自己的相关经历来证明你所具备的核心优势？请按照下面的指导，做一份简历。

1．选择简历项目

你准备在简历中写哪些内容？请在选中的项目后面画"〇"（见表 3-1），并思考为什么要选择这些项目，然后比较你和其他同学的选择，讨论为什么会有不同。

表 3-1　　　　　　　　　　　　　简历项目

| 简历项目 | 是否选择 | 简历项目 | 是否选择 |
|---|---|---|---|
| 性别 | | 实习公司名称 | |
| 籍贯 | | 实习职位 | |
| 身高 | | 具体的工作内容 | |
| 体重 | | 取得的成果 | |
| 民族 | | 在公司获得的奖励 | |
| 政治面貌 | | 获得工作的原因 | |
| 固定电话 | | 介绍实习公司 | |
| 手机 | | 社团名称 | |
| 电子邮件 | | 社团工作头衔 | |
| 住址 | | 社团工作内容 | |
| 邮政编码 | | 社团工作成果 | |
| 照片 | | 发表的论文 | |
| 求职目标 | | 参与的项目 | |
| 自我评价 | | 参加的学术会议 | |
| 毕业学校 | | 出版的著作 | |
| 专业 | | 英语四、六级 | |
| 班级排名 | | 外语口语 | |
| 学分 | | 计算机等级考试 | |
| 入学成绩 | | TOFEL、GRE、ITIS | |
| 奖学金 | | 兴趣爱好 | |

2．突出核心优势

在所有经历中，选择两个核心优势：

核心优势一：_____

核心优势二：_____

跟身边的同学交流，询问他们对你的优势的看法，看他们的意见是否与你自己的选择相同；如果有不同，讨论差异产生的原因。

3. 组织优势的证据

确定需要表现的核心优势之后，组织可以向公司证明这些优势的证据，证据可以是自己的实习经历、在工作中承担的责任、取得的成果、公开发表的文章、获得的奖励等。

证明优势一的证据：

① _____

② _____

③ _____

证明优势二的证据：

① _____

② _____

③ _____

4. 为简历选择一个漂亮的格式

| ××大学 |
|---|
| 姓　　名： |
| 籍　　贯： |
| 出生年月： |
| 电　　话： |
| 电子邮件： |
| 通信地址： |
| 邮　　编： |
| **教育背景**<br>20××年 9 月 ~ 20××年 7 月　 ××大学××学院××××专业<br>　　　学分××，专业排名第×，<br>　　　20××年　　　获得××××奖励<br>　　　20××年　　　获得××××奖励<br>　　　20××年　　　获得××××奖励 |
| **社会实践**<br>　　20××年×月　　　××××公司××××职位<br>　　20××年×月　　　××××公司××××职位 |
| **社团活动**<br>　　20××年×月　　　××××协会×××职位<br>　　20××年×月　　　××××协会×××职位 |
| **专业研究**<br>　　20××年×月　　　　　　　参加《××××》<br>　　20××年×月　　　　　　　发表《××××》 |

## 二、你选择 offer 的指标是什么？

每个人选择 offer 的时候都有自己的不同标准，如何做出选择，必须遵照每个人自己心底深处的声音来判断，所谓"没有最好的选择，只有最适合的选择"也正是这个道理。那么你选择 offer 的指标是什么？

每个人选择 offer 时都会有自己的考虑，你的考虑是什么？请在你认为重要的指标后画"○"（见表 3-2），你也可以根据自己的情况重新设定指标。

表 3-2

| 选择 offer 的指标 | | 你的选择 |
|---|---|---|
| 工作本身 | 所在行业的未来发展 | |
| | 公司的经营状况 | |
| | 企业类型 | |
| | 未来的职业发展 | |
| | 薪酬福利 | |
| | 工作地点 | |
| | 工作内容 | |
| | 人际关系复杂度 | |
| | 公司形象 | |
| 自己的因素 | 对公司产品的好恶 | |
| | 身边人对公司的评价 | |
| | 与亲人的距离 | |
| 其他因素 | 是否解决户口、档案问题 | |
| | 录取的人数 | |

选择之后，为每个指标确定权重。权重的意思就是这个指标相对其他指标的重要程度，所有指标的权重总和为 100，如果只选择了三个指标，权重可能是 30:30:40 或者 10:30:60 等。

在表 3-3 中，为你选中的指标分配权重，当需要对一个 offer 进行抉择时，可以对每个指标进行打分（总分为 10），所得到的分数乘以权重就是这个指标的分数，汇总所有指标的分数就是你对这个 offer 的评价。

表 3-3　　　　　　　　　　　　　权重分配

| 你所选择的指标 | 为指标分配的权重 | 给指标的评分 | 指标的得分 |
|---|---|---|---|
| 指标 1 | 10 | 8 | 80 |
| 指标 2 | 15 | 6 | 90 |
| 指标 3 | 8 | 9 | 72 |
| 指标 4 | 30 | 3 | 90 |
| 指标 5 | 20 | 5 | 100 |
| 指标 6 | 7 | 8 | 56 |
| 指标 7 | 10 | 10 | 100 |
| 对这个 offer 的总体评价 | | | 588 |

事先设定一个可以接受的评价值，如果评价结果高于设定的值，那么这个 offer 就是可以接受的。面临多个 offer 时，得分最高的就是自己最想要的。

# 3.8　求职计划

对于很多毕业生而言，与其说是就业困难，不如说是就业迷茫，即不知道自己到底应该从事什么样的工作。有的同学在刚上大学时，就抱着"大一大二先放松，大三大四再努力"的想法，殊不知，这种对自己未来缺乏科学规划的行为，在面对日后的就业压力时就会感到手足无措。

### 1. 正确进行自我职业规划

首先，最主要的就是树立正确的职业理想，根据职业目标，规划自己日后的学习和实践内容。其次，能客观地进行自我剖析和职业剖析，对自己的特长、性格、兴趣进行一个全方位的分析，正确认识自己的优势和劣势。再次，根据职业和社会发展的需要，正确构建合理的知识结构。最后，培养职业需要的实践技能。做到以上这些，才能在未来的职业生涯中立于不败之地。

### 2. 培养适应社会的能力

优胜劣败，适者生存，这是大自然生存的法则。毕业生要积极主动地适应社会和环境，而不是消极等待和退却。在不影响专业知识学习的基础上，能大胆地走向社会、融入社会，才能在正式工作前缩短自己的适应期，在以后的职业生涯中以最短的时间进入角色。

### 3. 保持择业的正确心态

能够积极主动寻求就业，而不是被动等待。大学生需要破除传统的就业观念，实现就业多元化。比方说，很多大学生将"铁饭碗"——公务员职业作为首要选择，也有很多大学生倾向世界 500 强企业的高薪待遇。能正确地认识自己，摆正位置不盲目攀比，不好高骛远。树立"人职匹配"的大众化就业观，保持平常心，才可能实现阳光就业。

【例文】

## 求职计划书

一、目前的求职计划

1. 通过××网站先向××公司发布自己的简历及自荐信。

2. 注明自己的××专业、应聘的岗位及薪资期望。

3. 通过该公司的联系电话了解该公司用人条件的具体情况，咨询是否有可能被录用。

4. 加强自己的语言沟通能力以及口语表达能力，锻炼自己的求职技巧，强化求职心理素质，相信自己一定会取得成功。

二、近期的求职计划（1~2 年）

1. 树立正确的就业观，先就业后择业，不好高骛远，脚踏实地。

2. 通过网络、媒体等各种信息传播途径收集就业信息，加大简历的投递量。

3. 通过学校的双选会，尽量寻找一份和本专业有关的工作，为自己的未来做长远打算。

三、长期的求职计划（3~5 年）

1. 继续通过各种渠道寻找合适的工作，要注意锻炼身体和意志，经得起磨难。

2. 巩固专业知识，拓宽知识结构，让知识改变命运；多学习其他方面的知识，"不在一棵树上吊死"。

3. 扩大自己的人际交往范围，从实际经验来看，人际交往面宽的人机遇也多。

4. 树立长期目标，从实际出发，坚信有志者事竟成。

**【例文】**

### 自荐信

尊敬的领导：

您好！

非常感谢您在百忙之中阅读我的自荐材料。

我的名字叫 YJW，来自河南开封。在大学三年里，我努力培养自己的兴趣爱好，从而使自己变得更加成熟。在学校期间，我交了很多朋友，从交朋友中我懂得沟通与倾听的魅力，也让自己了解了很多以前不知道的东西。有时候朋友之间难免会斗嘴生气，但这就像客户与销售人员之间的关系——只有认真对待才能成为朋友，才能建立良好的关系。

在校期间我也经常阅读课外读物，以增长知识，还学到了很多做人的道理，我知道只有诚实努力才能成功。我也阅读了很多关于销售的书籍，积累了一些知识，只是还没有验证的机会，希望领导给予我一个展示自己的舞台。

三载匆匆，现在的我深深懂得：昨天的成绩已成为历史，未来的辉煌要用今天脚踏实地、坚持不懈的努力去实现。在我离校的时候，我携带着学到的知识和年轻人满腔的热情与梦想，真诚而又衷心地向贵单位自荐。

尽管在众多的应聘者中，我不一定是最优秀的，但我仍很自信，我相信我有能力在贵单位干得出色。给我一次机会，我会尽职尽责，让您满意。在此，我期待您的慧眼垂青，静候佳音。相信您的信任与我的实力将为我们带来共同的成功！

我非常喜欢汽车销售这个工作，我会用我全部的知识和热情来完成这个工作。

尊敬的领导，希望您能给我一个向您展示我的能力的机会。在此衷心地希望贵公司业绩不断创新高。再一次感谢领导抽时间阅读我的自荐材料。

　　此致

敬礼！

自荐人：YJW

××年×月×日

一封完整的自荐信不但要有称谓，而且最后落款时要注明姓名、时间。用人单位很有可能因为一个小小的细节就决定你的去留。自荐信中务必要写清自己所在的院校，以便使用人单位对你有一个大概的认知。

**【案例点评】**

### 《大学生求职计划书》例文一

【姓名】张三

【大学及主修专业】东北某职业技术学院市场营销专业

【求职目标用人单位】华北某汾酒有限责任公司

【求职目标岗位】促销策划

【对目标单位的了解情况】华北某汾酒集团有限责任公司为国有独资公司，以生产经营中国名酒——汾酒、竹叶青酒为主营业务，年产名优白酒 5 万吨，是全国最大的名优白酒生产基地之一。

2011 年年末该公司资产总额 66.44 亿元。集团公司下设 22 个子（分）公司，员工 8000 人，占地面积 230 万平方米，建筑面积 76 万平方米。核心企业——汾酒厂股份有限公司为公司最大子公司，1993 年在上海证券交易所挂牌上市，为中国白酒第一股、山西第一股。公司拥有"杏花村""竹叶青"两个著名商标，据 2006 年《中国 500 最具价值品牌排行榜》公布数据，"杏花村"品牌价值已达 47.76 亿元。公司主导产品有汾酒、竹叶青酒、玫瑰汾酒、白玉汾酒以及葡萄酒、啤酒等六大系列。汾酒是我国清香型白酒的典型代表，素以入口绵、落口甜、饮后余香、回味悠长而著称，在国内外享有较高的知名度、美誉度和品牌忠诚度。主要品种有国藏汾酒、青花瓷汾酒、老白汾酒等。竹叶青酒是国家卫生部认定的中国唯一保健名酒。

汾酒文化源远流长，是晋商文化的重要一支，与黄河文化一脉相承。汾酒在历史上有过四次成名契机。早在 1500 年前的南北朝时期，汾酒就作为宫廷御酒受到北齐武成帝的推崇而一举成名，并被载入正史；晚唐大诗人杜牧的千古绝唱"借问酒家何处有？牧童遥指杏花村"使汾酒再度成名；1915 年，汾酒在巴拿马万国博览会上一举荣获甲等金质大奖章，成为酒品至尊；2007 年，汾酒蝉联国家名酒荣誉。

【求职岗位描述】根据公司的业务战略，制定具体的战略实施计划、业务推广计划。具体内容包括指导和监督市场调研以及评论，创建相应的销售工具，促进业务收入的增长，以及与相关社会公共部门建立联系，寻求可能的商业发展。

【自我分析】

（一）优势分析

①乐于收集大量资讯，善于分门别类管理，以得到符合逻辑的结论；②学习能力强，特别是对于深奥的观念和学问有融会贯通的能力；③善于学习、理解能力强；④可以独立处理很多问题，做事井井有条，表达能力强，在自己的专业内，乐于提供咨询、答疑解惑；⑤有创造力，能提出独到而有价值的新观念；⑥有比较广的人脉，英语成绩较优异，能用流利的英语交流。

（二）劣势分析

不是很擅长与下属沟通，没有较高的管理能力。

（三）改进方法

有时间会主动参加相关的培训，阅读相关书籍，提高自己的管理能力及沟通能力。

【求职策略】

（一）所需准备的材料列表：

①《大学毕业证书》；

②《大学英语 A 级等级证书》《大学英语四级等级证书》《大学英语六级等级证书》；

③《高级营销师证书》；

④个人简历；

⑤求职申请书。

（二）预见性问题分析及解决方案

①问题：大学专科学历可能会成为求职的障碍。

解决方案：学历只是敲门砖，不能说明一切。销售行业更看重的应该是各方面的能力，比如交际能力、应变能力。我想这些能力不是只有高学历人才才具备的；相反，有许多干得非常出色的人很可能没有高学历，他们同样可以担任公司经理，一点儿也不逊色于高学历者的。再者，正因为自己只有专科学历，所以自己在大学期间更注重自己实际能力的提高，希望能在其他方面更突出。例如：在假期打工期间，自己从事有关销售的工作，而且注重学习这方面的经验，提高了自己的交际能力和应变能力。所以，我想学历不应该是求职的障碍。

　　② 问题：对公司产品不是很了解，面试官可能以此为难自己。

　　解决方案：自己大学主修的毕竟不是酒饮料专业，所以对酒饮料行业信息不熟也是情理之中的事。但是既然选择了贵公司，自己会在以后的工作、生活当中注意学习公司的相关知识，也会向公司其他人请教，相信很快会对公司产品更加熟悉。一句话，只要是工作需要，自己会很乐意学习的。

　　点评：

　　（1）主次不清，思想不明

　　一份水平上乘的求职计划书，一定是思路突出、目标明确的。它能为求职者指明求职思路。再看上面这份计划书，内容错综复杂，恨不得将自己所知道的一次性全倒出来，像这种"倾诉式"的计划书只能将求职者引向误区。

　　（2）自我认识过于乐观

　　求职计划书里的自我优势与劣势分析中，求职者列举了大量自己的优点，而缺点几乎是一笔带过，不够全面。计划书过于高估自己，容易让求职者在未来求职过程中遭遇意外情况。

　　（3）对自我要求过低

　　计划书中提到了"对公司产品知之不多，希望通过工作后的学习来提高"，很显然这是一种惰性思维。若对产品了解不够，完全可以通过查找资料来丰富自己的知识，不能一味地等着将来上岗才开始学习。假如在这种思想支配下去求职，就难以突出你的学习和自成提高的能力。

### 《大学生求职计划书》例文二

　　光阴似箭，转眼间大学生活即将结束。由于国内的就业形势比较严峻，职业重要，选择固然也很重要，所以选择职业对于即将毕业的学生来讲具有举足轻重的影响。因此要依据自己的性格，选择适合自己的职业，去锻炼自己、发展自己。

　　一、自我评价

　　性格：比较内向、执著、谨慎

　　兴趣：听音乐、看书、逛街

　　技能：取得计算机一级证书、会计从业资格证书

　　学历目标：取得中级会计师、注册会计师资格

　　二、会计专业就业方向及形势分析

　　在我国现阶段，全国数百所高校中几乎每个学校都设有财经专业，尤其是会计专业。每年都有成千上万会计专业的应届毕业生涌入人才市场。虽说会计是热门职业，但在这种现状下普通和初级财务人员明显供过于求，但高端财务人才却千金难觅。财务会计工作的专业技术性很强，对个人素质要求相对较高，且是企事业单位最重要的经济信息系统和控制系统的组成部分，因此越来越多的企业开始对其从业人员有了新的期望和要求。目前，具有几年会

计工作实践经验，并且取得会计职称（如注册会计师、ACCA、AIA 等）的中高级会计人才是市场上的抢手人才。那么，为什么财会类专业的毕业生会就业难呢？

首先，不少企业不愿意接收应届毕业生，这一点在财会类专业的招聘中表现得更为明显，很多单位的招聘底线都是初级会计师，就算用人单位用了你，也需要进一步学习，接受企业观察，并不能一开始就成为一名会计师。很多人都是从最初的出纳做起的，起点低，工资也很低。其次，就业难是大学扩招的必然结果。据有关调查显示，像计算机、文秘、财会类等专业都是供需两旺专业，即便如此，在人才市场上依然是供过于求，所以，除个别专业外，就业难现在是绝大多数毕业生面临的共同问题，而并非是某个专业独有。最后，财务部门在我国企业中的地位并不是很高，除了一些大型企业有完备的财务机构以外，一些小规模企业的财务部门只需一两个出纳、会计，一些小公司甚至没有专职的财会人员，出现一种行政人员兼财会人员的现象。这主要是因为很多企业并没有意识到财会部门在公司运作方面的重要性，认为财务人员的工作只是收钱、管钱而已。观念上的落后也给财会类毕业生的就业带来一定的影响。

在这样环境中如何让自己脱颖而出？

现在很多大学生待在家里，不是找不到工作，而是找不到自己认为合适的工作。比如很多财会专业的大学生都想毕业后在高薪企业内从事财务工作，让他们去做一个小小的出纳，他们会觉得有点儿屈才，而且薪水太低。我们要根据自身的情况，把握时机，适当地变换自己的工作环境，找到一份适合自己的工作。与此同时，在变动后要尽快适应工作，在接触更多环境的同时，不断地提高自己的财会实践能力，真正做到学以致用。

另外，我们还要严格要求自己。第一，要想在职场上获得好的前程，考取各种财会资格证书是十分必要的。对于在校大学生来说，根据自己的实际情况和职业目标，考取各种财会资格证书无疑会在求职中增加一些成功的筹码，比如初级会计师资格证和注册会计师资格证。当然，并不是有了这些证书就可以高枕无忧了，如果你的工作能力无法达到要求，还是一样会被辞退。第二，拓展自己的专业视野。在精通本专业知识的同时，多涉猎一些和财会工作有关的知识，这不仅能让你在以后的工作中如鱼得水，更能在应聘时让招聘单位对你刮目相看。第三，提高学习能力和适应能力。财会专业是一门实践性很强的专业，对财务人员的实际操作能力要求很高，而大学生在学校学的大多是理论知识，所以要把所学的知识和实践相结合，让所学的知识真正发挥用处。

三、求职计划

未来我们的工作就是跟数字、钱打交道，工作环境当然不是最好的，但我很喜欢这个专业。我会在工作中充分发挥自己的优势和才能，定期参加技能培训，避免知识的老化和落后。

大学毕业生职业生涯规划的侧重点在职业准备、职业选择、职业适应三个阶段。大学生应该对职业进行物质、心理、知识、技能等各方面的准备。对即将开始的职业活动要有一定合理的心理预期，尽快适应工作方式、时间、同事关系以及上下级关系，迅速成为一个成功的职员。

四、结语

我是一名即将出去实习的会计与审计专业的学生，在大学生活结束之前，我制定了职业计划，这可以说是我经过深思熟虑所做出的选择。成功的路并不平坦，我只有勇敢地向前走。我相信在经历挫折、失败、困难之后，未来终究会掌握在我的手中，我要在自己的生活中谱写一曲激昂澎湃、振奋人心的歌曲，去迎接属于我的未来。

**点评：**

（1）华而不实

整个求职书看上去没什么大问题，但是总体看下来，给人一种华而不实的感觉。这是撰写求职计划书的大忌。这样的计划书空话、套话一大堆，根本没明确自己的求职目标。须知求职计划书不是演讲稿。

（2）忽略细节

该计划书看似全面，实际上忽略了诸多细节问题。例如缺乏对预期薪酬的表述。薪酬问题最好提前考虑，不可持有"工资多少都行"的想法。理想薪酬也是招聘单位对应聘者能力的一种判断依据。假如应聘者不考虑薪酬问题，很容易导致招聘单位对应聘者的工作能力产生怀疑。

**【素质拓展】**

求职模拟训练。

步骤一：将班级学生按 4～6 人分成小组。

步骤二：小组成员分为 3 种角色，两人做面试官，一人充当应聘者，剩下的小组成员担任评委。

步骤三：两名面试官可根据具体情况，向应聘者提问各种求职相关问题，而应聘者需快速、自然地应答面试官的提问，其余小组成员对于应聘者的每一个回答进行打分。

步骤四：按照以上方法，小组成员之间可轮流调换自己的角色。

步骤五：组长将每名小组成员的得分情况进行统计，评出小组中表现最出色的求职者。

训练目的：锻炼学生的临场发挥能力，加深对求职技能的理解。

# 第4章

# 笔试与面试

笔试和面试是人才供求过程中两个重要阶段，随着社会的进步和发展，人才招聘的方法、程序和步骤越来越规范，笔试和面试的内容将会更加丰富，形式将会更加多样，在人才供求过程中的作用将会得到进一步发挥和体现。

## 4.1 笔试

在招聘的过程中，笔试也是很重要的一个环节。笔试主要适用于应试人数较多、需要考核的知识面较广或需要重点考核文字能力的情况。大企业、大单位大批量用人，国家机关选聘公务员，往往采用此种考核形式。

### 4.1.1 笔试准备

了解笔试的相关知识和技巧，可以帮助应聘者从容应对笔试，取得好成绩。笔试的准备主要包括身心准备和知识准备两部分。

**1. 身心准备**

一般来讲，进行笔试的身心准备时应注意以下几方面。

（1）平时认真学习，扩大知识面

良好的笔试成绩来自于平时的努力学习。大学生在学校期间应努力学习，掌握专业知识和技能，不能指望临时抱佛脚，靠猜题押宝取胜。大学的学习不仅仅是专业课的学习，更多的在于四年如一日的各方面知识的学习与积累，并注意多方面了解社会信息。课堂学习只占大学学习的一部分，大学期间还要学会如何学习。有了平时的知识积累，笔试时无论用人单位从哪方面进行知识考查，应试者都会信心十足，应对自如。

（2）笔试前进行必要的复习

复习已学过的知识是准备笔试的重要方式。有些已学过的知识可能已经淡忘，经过简单的复习，有助于恢复记忆。从考试的准备角度讲，知识可以分为靠记忆掌握的知识和靠不断应用来掌握的知识，用人单位比较重视考核应试者对所学知识的应用能力。一般说来，笔试都有个大体的范围，可围绕这个范围翻阅一些相关的图书资料，并注意运用知识解决实际的问题。

（3）保持良好的身心状态

参加笔试需要良好的心理素质。求职时的笔试虽然不同于高考，但却是用人单位挑选招聘人选的重要参考。临考前，一要正确评价自己，树立自信心，调整好心理状态；二要保持充足的睡眠，可以参加一些文体活动，从而使高度紧张的大脑得到放松休息，以充沛的精力去参加考试。

**2. 知识准备**

进行笔试的知识准备时应注意以下几个方面。

（1）学以致用，理论联系实际

求职笔试多是考查学生综合运用所学知识解决实际问题的能力。因此，应试者平时应注意培养运用所学的知识分析、解决问题的能力和实际动手能力。

（2）提纲挈领，系统掌握

把与招聘职位相关的各方面知识进行认真梳理，以便全面把握。注意提纲挈领，掌握重点，提高效率。

（3）多读多练，提高阅读能力

复习时广泛阅读相关知识，扩大知识面，提高阅读能力，以备应试时能从容自如地回答各类问题。

（4）敏锐思考，提高快速答题能力

笔试不仅考查知识的储备，更要求答题的速度。招聘考试中的题量较大，应试者还应该培养自己快速阅读、快速思维、快速答题的能力。

总之，在笔试前，大学生要针对考试类型做一定的复习，同时要放松心态，正确面对。既不要如临大敌、过分紧张，也不可毫不在意、丝毫不做准备，这两种心态都容易导致考试时发挥失常。当然，笔试需要平时认真学习，扩大知识面，万不可临时抱佛脚。

**【案例】**

某化妆品公司招聘营销策划人员，广告策划专业毕业的小陈志在必得。他觉得自己专业对口，而且有一定的大公司实习经验，并且在实习时成功推出过某款睫毛膏的广告。他深信，只要进入面试环节，他的思路一定能得到该公司的认可。但是，该公司的招聘要经过三关，其中笔试必不可少。要想进入面试，笔试必须取得好成绩。为此，他研究了该公司的相关产品，了解了哪些产品占据市场优势、哪些产品需要加强广告效果，并且在临睡前，躺在床上用 MP3 听了一些著名营销案例。第二天早晨，他参加笔试时胸有成竹，当看到命题写作是一项如何策划该公司一新款面霜的作文时，心里长舒了一口气，刚好头天晚上他听的一个案例可以借鉴使用。他这一仗打得相当出色，一气呵成，取得了笔试第一名，接下来他顺利地获得了这一职位。

不打无准备之仗，这不仅是说行军打仗，做其他事也可借鉴。一些大学生总认为笔试是检验专业知识的，事到临头，再补是没什么用的，还不如听之任之。其实，人的记忆是有时间性的，虽然有的知识只能记忆很短的时间，过后如不加强记忆便会忘却。但是，临时的强记在短暂的一两天内印象会特别深刻。因此，在考试前进行适当的复习和强记，会有锦上添花的功效。

## 4.1.2　笔试种类

笔试是目前用人单位常用的考核办法，目的在于考核应聘者的专业知识水平、文字组织能力以及综合思考能力，常用于一些对专业技术要求较强或者知识面要求很广的部门或岗位的人员考核。

根据考核的方向和内容不同，笔试可以分为专业考试、心理测试、技能测验、命题写作、综合能力测试及国家公务员考试等类型。

### 1．专业考试

这种考试主要是为了检验应试者专业知识水平和相关的实际能力。一般的用人单位看毕业生的成绩单就可以大致了解其知识水平，但有一些专业性要求比较高的用人单位，需要通过笔试的方式对求职的毕业生的专业水平进行考核，这种考核方式已被愈来愈多的用人单位所采用。例如，外贸外资企业招聘职员要考外语水平，金融单位要考金融专业知识，公检法机关录用干部要考法律常识等。

### 2．心理测试

心理测试一般是要求应试者完成事先编制好的标准化问卷，根据完成质量来判定其心理水平或个性差异的方法。一些用人单位常常以此来测试应试者的态度、兴趣、动机、智力、个性等心理素质，有些用人单位还用以考查应试者的观察能力、综合分析能力、思维反应能力等。

### 3．技能测验

技能测验实际上考查的是毕业生的动手能力和实践能力，包括毕业生熟练操作和使用计算机、英语会话和阅读能力，以及在财会、法律、驾驶等方面的能力。

### 4．命题写作

用人单位通过论文或公文写作考查应试者文字表达能力及分析归纳能力。比如限时写出一份会议通知、请示报告或某项工作总结，也可能提出一个论点，让应试者予以论证或辨析等。

### 5．国家公务员考试（笔试）

公务员的录用考试一般分两步进行。第一步是全国或全省统一的资格考试，考试的内容综合性较强，包括申论和行政职业能力测验等，题量很大，非常考验毕业生的反应能力。公务员的统一考试就如一张入场券，是成为某一个机关一名公务员的必备资格。第二步是达到了规定分数线的毕业生，可参加用人单位的面试，一般由单位组织相关人员与毕业生进行面谈。

## 4.1.3　笔试方法和技巧

笔试的主要内容首先是基础知识和专业知识，其次是与招聘单位相关的某些知识。参加笔试时主要应注意以下几点。

### 1．考前准备

笔试题目的类型，一般分为技术类笔试和非技术类笔试。技术类笔试，一般考查的是专业知识。而非技术类笔试，则主要是考查大学生的逻辑分析能力、语言能力。

在面对技术类笔试时，复习专业知识不必采取地毯式的复习策略。笔试一般都有大体的考试范围。因此，大学生只需要围绕考试范围翻阅一些图书资料，并且巩固所学过的课程内容，温故知新，做到心中有数即可。而非技术类笔试，则需要大学生注意平时生活中积累历史人文知识以及一些时政新闻，大学生还要去相关网站搜索此类问题，做一些相关方面的汇总，这样都有助于提升成绩。

一些招聘企业的笔试，题目往往在一定程度上会和往年有一些联系或类似，这就需要大学生主动去搜集应聘企业往年笔试题目，而网络信息搜索、向师兄师姐请教成功经验、利用亲朋好友的渠道等都是大学生非常好的选择。这虽说有"投机取巧"之嫌，但从另一个方面考虑，它也能在一定程度上体现你对目标企业是否感兴趣、有多大的兴趣。而用人单位也希望你能够了解它、重视它，这都是相互的。

拥有丰富的知识还要学会灵活运用。站在对方的角度去思考，一直是成功的不二法宝。有的学校一直重视培养学生的主人翁意识，比如开展一些"今天我是老师"、"今天我是主审官"、"如果我是病人"这样的主题活动，进行换位思考，大大增强学生的实践能力。大学生在参加笔试时，不妨试试自己给自己出题，或许你也会押中面试题。

还有一点，就是大学生应该做好应试的硬件准备工作，如学习用具、必备证件等。这些都是细枝末节，但又是非常重要的。

### 2. 增强自信心

缺乏自信心往往会导致笔试怯场。客观冷静地对自己进行正确评估，就能克服自卑心理，增强自信心。就业应聘笔试与高考不同，高考是一锤定音，而参加就业应聘笔试则可以有多次机会，因此没有必要过分紧张，而要适当放松心情，调整好精神状态去应试。

大学生初入社会经验不足，再加上对职位的渴求心理，都容易导致笔试失常。因此，在考前要克服自己的自卑和怯懦心理，把笔试当成一次平常的小测验，在考前要有充足的睡眠，适当听一些歌曲或者进行少量体育锻炼，保持清醒的头脑，使自己发挥出应有的水平。

【案例】

2012年高考的时候，某省的作文题《忧与爱》引发了一段笑话：某粗心的学生把作文题目错看成了《性与爱》，结果被这大胆的题目难住，不知道从何下手。结果，考完和同学一交流，原来题目是《忧与爱》，欲哭无泪。

某医学院临床医学系的毕业生张某，在求职笔试时也犯过这样的错误。因为太过紧张，在笔试时误把输尿管看成输精管，结果答非所问，还被传成笑话，差点影响了自己就业。

用人单位的笔试对于大学生来说相当重要，紧张也在所难免，大学生在笔试前，不妨将其看成一个小测试，取得了好成绩，说明之前准备得很充分，考砸了，也权当是场体验，下次吸取教训就可以了。

### 3. 做好针对性准备

就业应聘笔试内容具有不确定性的特点，因此没有办法进行深入复习，但考试前可以训练一下自己的答题速度，还可以站在用人单位的角度来思考可能涉及的考核内容。如有条件，还可以提前熟悉一下考场环境，有利于消除应试时的紧张心理。同时还应了解考场注意事项，尽量按要求做。除要携带必备的证件外，一些考试必备的证件和文具（钢笔、橡皮等）也要准备齐全。

### 4. 要掌握科学的答卷方法

拿到试卷后，首先应通览一遍，了解题目的多少和难易程度，以便掌握答题的进度，合理安排答题时间；然后按照先易后难的原则安排答题顺序，审题要认真；不要被难题所困而耽误时间，最后要尽可能留出时间对易错的地方进行复查，尤其注意不要漏题；答题时行距和字号不要太小，卷面字迹要力求认真、清晰。因为笔试不同于其他专业考试，有时招聘单位并不仅仅在意应试者考分的高低，认真的态度、细致的作风、新颖的观点也会大大增加被录用的可能性。

## 4.1.4　国家公务员录用考试

国家机关公务员录用考试包括笔试和面试两部分。其中笔试部分要求如下。

### 1. 公共科目笔试内容

中央机关及其直属机构 2015 年度考试录用公务员公共科目笔试分为行政职业能力测验和申论两科，全部采用闭卷考试的方式。

行政职业能力测验为客观性试题，考试时限 120 分钟，满分 100 分。

申论为主观性试题，考试时限 180 分钟，满分 100 分。

### 2. 作答要求

（1）行政职业能力测验

报考者务必携带的考试文具包括黑色字迹的钢笔或签字笔、2B 铅笔和橡皮。报考者必须用 2B 铅笔在指定位置上填涂准考证号，并在答题卡上作答。在试题本或其他位置作答一律无效。

（2）申论

报考者务必携带的考试文具包括黑色字迹的钢笔或签字笔、2B 铅笔和橡皮。报考者必须用 2B 铅笔在指定位置上填涂准考证号，用钢笔或签字笔在答题卡指定位置上作答。在非指定位置作答或用铅笔作答一律无效。

### 3. 行政职业能力测验介绍

（1）测试内容

行政职业能力测验主要测查与公务员职业密切相关的、适合通过客观化纸笔测验方式进行考查的基本素质和能力要素，包括言语理解与表达、数量关系、判断推理、资料分析和常识判断等部分。

言语理解与表达主要测查报考者运用语言文字进行思考和交流、迅速准确地理解和把握文字材料内涵的能力，包括根据材料查找主要信息及重要细节；正确理解阅读材料中指定词语、语句的含义；概括归纳阅读材料的中心、主旨；判断新组成的语句与阅读材料原意是否一致；根据上下文内容合理推断阅读材料中的隐含信息；判断作者的态度、意图、倾向、目的；准确、得体地遣词用字等。常见的题型有：阅读理解、逻辑填空、语句表达等。

数量关系主要测查报考者理解、把握事物间量化关系和解决数量关系问题的能力，主要涉及数据关系的分析、推理、判断、运算等。常见的题型有：数字推理、数学运算等。

判断推理主要测查报考者对各种事物关系的分析推理能力，涉及对图形、语词概念、事物关系和文字材料的理解、比较、组合、演绎和归纳等。常见的题型有：图形推理、定义判断、类比推理、逻辑判断等。

资料分析主要测查报考者对各种形式的文字、图表等资料的综合理解与分析加工能力，这部分内容通常由统计性的图表、数字及文字材料构成。

常识判断主要测查报考者应知应会的基本知识以及运用这些知识分析判断的基本能力，重点测查对国情社情的了解程度、综合管理基本素质等，涉及政治、经济、法律、历史、文化、地理、环境、自然、科技等方面。

（2）题型介绍

行政职业能力测验涉及多种题目类型，试题将根据考试目的、报考群体情况，在题型、数量、难度等方面进行组合。以下是部分常用题型介绍。

① 言语理解与表达

每道题给出一段语言文字，要求报考者根据对这段文字的理解或运用一定的语言文字知识，选出最符合要求的答案。

例题 1：在古代，每遇战乱，手艺人都会成为战争双方争夺的对象，这是因为手艺人掌握着传统社会中最重要的技术，他们代表着当时最先进的社会生产力。如今，尽管现代科学技术取代了手工技能，成为当今时代最强大的生产力，但传统工艺完全可以借助现代科技而提升，继续服务于大众。

这段文字意在说明：

A. 与现代科技联姻是传统工艺发展的有效途径

B. 任何时代，社会发展的第一要素是社会生产力

C. 现代科技的进步对传统手工艺产生的深远影响

D. 现代科技可以解决制约着生产的传统工艺难题

（答案：A。从文中最后一句中，"传统工艺"借助"现代科技"得到"提升"，可以看出，与现代科技联姻可以使传统工艺得到发展。因此，A 选项符合题意。）

例题 2：说话不仅是一种生理功能，更是一种能力。会说话的人，纵然＿＿＿，滔滔不绝，听者也不以为苦；纵然＿＿＿，一字千金，也能绕梁三日。成功人士大多是成功的说话者，毫不夸张地说，其成功至少有一半是用舌头＿＿＿的。

依次填入划横线部分最恰当的一项是：

A. 能言善辩 讷口少言 实现

B. 绘声绘色 不露声色 完成

C. 口若悬河 片言只语 创造

D. 侃侃而谈 缄口不言 获取

（答案：C。从上下文的意思，及词语本身的含义，可知选项 C 更为贴切。）

② 数量关系

第一种题型：数字推理。每道题给出一个数列，但其中缺少一项，要求报考者仔细观察这个数列各数字之间的关系，找出其中的排列规律，然后从四个供选择的答案中选出最合适、最合理的一个来填补空缺项，使之符合原数列的排列规律。

例题：1 2 4 8 16 （ ）

A. 16　　B. 24　　C. 32　　D. 36

（答案：C。原数列是一个等比数列，后一项是前一项的 2 倍，故正确答案为 C。）

第二种题型：数学运算。每道题给出一个算术式子或者表达数量关系的一段文字，要求报考者熟练运用加、减、乘、除等基本运算法则，并利用其他基本数学知识，准确迅速地计算或推出结果。

例题：某地劳动部门租用甲、乙两个教室开展农村实用人才培训。两教室均有 5 排座位，甲教室每排可坐 10 人，乙教室每排可坐 9 人。两教室当月共举办该培训 27 次，每次培训均座无虚席，当月共培训 1290 人次。

问甲教室当月共举办了多少次这项培训？

A. 8            B. 10

C. 12           D. 15

（答案：D。根据题意可知，甲教室每次培训可坐 50 人，而乙教室每次培训可坐 45 人。由此可计算出甲教室举办的培训次数为 15 次。）

③ 判断推理

第一种题型：图形推理。每道题给出一套或两套图形，要求报考者通过观察分析找出图形排列的规律，选出符合规律的一项。

第二种题型：定义判断。每道题先给出一个概念的定义，然后分别列出四种情况，要求报考者严格依据定义选出一个最符合或最不符合该定义的答案。

例题：职业枯竭是指人们在自己长期从事的工作重压之下，产生身心能量被工作耗尽的感觉。

根据上述定义，下列属于职业枯竭状态的是：

A. 老周不能胜任自己现有的工作，每天都会忙得焦头烂额

B. 刚参加工作的小李觉得这份工作太累，产生了跳槽的念头

C. 刘经理每天工作繁忙，缺乏充足的休息，情绪也越来越糟糕

D. 在从事过许多不同的职业之后，老王觉得所有工作都索然无味

（答案：C。根据题干所给定义，正确答案为 C。）

第三种题型：类比推理。给出一组相关的词，要求通过观察分析，在备选答案中找出一组与之在逻辑关系上最为贴近或相似的词。

例题：螺丝：螺帽

A. 水杯：暖瓶          B. 线：纽扣

C. 插座：插头          D. 筷：碗

（答案：C。螺丝和螺帽是一组必须配套使用的东西，选项 C 中插头与插座的关系与螺丝与螺帽的关系一样。）

第四种题型：逻辑判断。每道题给出一段陈述，这段陈述被假设是正确的，不容置疑的。要求报考者根据这段陈述，运用一定的逻辑推论，选择一个最恰当的答案。

例题：在一次考古发掘中，考古人员在一座唐代古墓中发现多片先秦时期的夔（音 kuí）文陶片。对此，专家解释说，由于雨水冲刷等原因，这些先秦时期的陶片后来被冲至唐代的墓穴中。

以下哪项如果为真，最能质疑上述专家的观点？

A. 在这座唐代古墓中还发现多件西汉时期的文物

B. 这座唐代古墓保存完好，没有漏水、毁塌迹象

C. 并非只有先秦时期才使用夔文，唐代文人以书写夔文为能事

D. 唐代的墓葬风俗是将墓主生前喜爱的物品随同墓主一同下葬

（答案：B。该选项中"古墓保存完好，没有漏水、毁塌迹象"从根本上排除了"雨水冲刷"的可能性，最能质疑专家的观点。）

④ 资料分析

针对一段资料一般有 1～5 个问题，报考者需要根据资料所提供的信息进行分析、比较、推测和计算，从四个备选答案中选出符合题意的答案。

例题：根据以下资料回答问题：

表　　　　　　　　2010 年三大经济圈产业结构及增长速度（%）

| | 长三角 | | 珠三角 | | 京津冀 | | 全国 | |
|---|---|---|---|---|---|---|---|---|
| | 占地区生产总值比重 | 增长速度 | 占地区生产总值比重 | 增长速度 | 占地区生产总值比重 | 增长速度 | 占国内生产总值比重 | 增长速度 |
| 第一产业产值 | 4.7 | 3.6 | 5.0 | 4.4 | 6.6 | 3.3 | 10.2 | 4.3 |
| 第二产业产值 | 50.6 | 13.4 | 50.4 | 14.5 | 43.8 | 15.2 | 46.8 | 12.2 |
| 第三产业产值 | 44.7 | 10.7 | 44.6 | 10.1 | 49.6 | 11.4 | 43.0 | 9.5 |

三大经济圈中，2010 年三次产业增长速度均超过全国平均水平的有几个？

A. 0　　　　　　B. 1

C. 2　　　　　　D. 3

（答案：B。通过比较表格提供的数字，可以看出，三次产业增长速度均超过全国平均水平的只有珠三角，故正确答案为 B。）

⑤ 常识判断

常识判断主要测查报考者对有关国情社情的了解程度、综合管理的基本素质等，涉及政治、经济、法律、历史、文化、地理、环境、自然、科技等方面的基本知识及其运用，要求报考者通过分析、判断和推理，选出最符合要求的一项。

例题：匾额是中国古建筑的重要组成部分，显示建筑物的性质。下列匾额与建筑物对应正确的一组是：

A. 明镜高悬—贡院

B. 万世师表—关帝庙

C. 还我河山—武侯祠

D. 正大光明—乾清宫

（答案：D。仔细考察四个选项，你可以依据有关历史常识，判断出 A、B、C 三个选项的对应关系都不准确，只有 D 选项中的匾额与建筑物能够对应，故正确答案为 D。）

4. 申论介绍

申论是测查从事机关工作应当具备的基本能力的考试科目。申论试卷由注意事项、给定资料和作答要求三部分组成。申论考试按照省级以上（含副省级）综合管理类、市（地）以下综合管理类和行政执法类职位的不同要求，设置两类试卷。

省级以上（含副省级）综合管理类职位申论考试主要测查报考者的阅读理解能力、综合分析能力、提出和解决问题能力、文字表达能力。

阅读理解能力：要求全面把握给定资料的内容，准确理解给定资料的含义，准确提炼事实所包含的观点，并揭示所反映的本质问题。

综合分析能力：要求对给定资料的全部或部分的内容、观点或问题进行分析和归纳，多角度地思考资料内容，作出合理的推断或评价。

提出和解决问题能力：要求借助自身的实践经验或生活体验，在对给定资料理解分析的基础上，发现和界定问题，作出评估或权衡，提出解决问题的方案或措施。

文字表达能力：要求熟练使用指定的语种，运用说明、陈述、议论等方式，准确规范、简明畅达地表述思想观点。

市（地）以下综合管理类和行政执法类职位申论考试主要测查报考者的阅读理解能力、贯彻执行能力、解决问题能力和文字表达能力。

阅读理解能力：要求能够理解给定资料的主要内容，把握给定资料各部分之间的关系，对给定资料所涉及的观点、事实作出恰当的解释。

贯彻执行能力：要求能够准确理解工作目标和组织意图，遵循依法行政的原则，根据客观实际情况，及时有效地完成任务。

解决问题能力：要求运用自身已有的知识经验，对具体问题作出正确的分析判断，提出切实可行的措施或办法。

文字表达能力：要求熟练使用指定的语种，对事件、观点进行准确合理的说明、陈述或阐释。

（资料来源：2015 年中央机关及其直属机构考录公务员公共科目考试大纲 http://www.hbgwy.org/2014/1014/19858.html）

# 4.2　面试

面试是一种经过招聘单位设计的，以谈话为主、观察为辅，了解应聘者素质和相关信息为目的的测试方法。面试不仅考核一个人的业务水平，而且可以面对面地了解求职者的口才和应变能力等多方面的素质，所以多数用人单位对这种方式很感兴趣。

## 4.2.1　面试概述

面试不同于日常的观察、考查，也不同于一般的口试和面谈。求职者在面试前要做好充分的准备工作，知己知彼才能百战不殆。

### 1. 面试的含义

面试是毕业生在找工作时所要面临的一个重要环节，是用人单位在规定的时间和空间内通过当面交流来考核应试者的一种招聘测试。通过面试，用人单位不仅可以直接了解应试者的面貌和举止，而且可以了解应试者的总体素质和各方面的才能。同样，对于毕业生来讲，面试是一种综合性极强，集多种知识、能力于一体的多方面考核方式，是对自己多年的学习、实践成果的一次检验。面试时的表现往往影响到应试者和用人单位能否成功建立聘用关系。然而，在高校毕业生求职面试的实践中，往往有一些素质不错的毕业生，由于缺乏面试技巧和必要的准备，过不了面试关。因此，学习和掌握面试技巧，做好充分准备，对于应对面试这一难关是非常重要的。

### 2. 面试的特点

（1）面试以谈话和交流为主要手段

谈话是面试过程中的一项非常重要的手段。在面试过程中，主考官精心设计谈话题目，应试者应当恰当、顺畅地回答主考官提出的问题。在面试过程中，主考官会运用自己的感官，特别是视觉和听觉，观察应试者的非语言行为，进而通过人的表象层面推断其深层次素质。

（2）面试交流具有直接互动性

面试过程中，主考官和应试者面对面交流，双方的接触、观察直接互动，信息交流和反馈也相互作用，因此，应试者的语言及行为表现与主考官的评判直接相连。面试的这种直接互动性提高了主考官与应试者之间相互沟通的效果与面试的真实性。

（3）面试内容具有灵活性

面试的内容具有灵活性，一方面，由于不同的职位对应聘者有不同的要求，面试方可以根据职位特点灵活地采用不同方式去考查应试者。另一方面，面试内容应根据应试者表现灵活把握。虽然面试内容需经面试官事先拟定，以便有的放矢，但在面试过程中又要因具体情况而异，灵活调整；既能让应试者充分展示自己的才华，又要实现用人单位自己的意图。

（4）面试是一个双向沟通的过程

面试是面试官和应试者之间的一个双向沟通的过程，如图 4-1 所示。在面试过程中，应试者不是一个完全被动的角色。面试官可以通过谈话和观察来评价应试者，应试者也应通过面试官的行为来判断其价值判断标准、态度偏好、对自己表现的满意度等，来调节自己在面试行为中的表现。同时，应试者也可以借此机会了解自己想要知道的信息，以此决定是否可以接受这一工作。

图 4-1 面试沟通

## 4.2.2 面试的种类和形式

### 1. 面试的种类

面试是用人单位最重要的考核办法之一。用人单位通过面试与求职者沟通信息，经过精心设计的对话与细节，观察其个人素质和职业素养的高低。由于面试比较直观，可以使用人单位面对面地了解求职者的业务水平、口才能力及应变能力，更加全面地了解求职者，所以，用人单位往往对这种考核办法更感兴趣。

面试又分为模式化面试、情景式面试、群体式面试、交谈式面试、压力式面试和综合式面试 6 种类型。

### 2. 面试的形式

无论是国企面试还是在外企面试，面试所采取的形式一般是如表 4-1 所示的一种或几种形式的组合。

表 4-1　　　　　　　　　　　　面试的形式

| 面试形式 | | 企业类型 | | | |
|---|---|---|---|---|---|
| 面试进程 | 面试形式 | 国有企业 | 外资企业 | 公务员 | 民营企业 |
| 第一轮面试（淘汰性面试，一般由初级 HR 担任面试官，主要是确认应聘者简历的内容，选择合适的应聘者推荐给上级） | 一对一 | | √ | | √ |
| | 一对多 | √ | √ | √ | √ |
| | 小组讨论 | √ | √ | | |
| | 辩论赛 | | √ | | |
| | 口头演讲 | | √ | √ | |
| | 团队游戏 | | √ | | |
| | 群面 | √ | √ | | |

续表

| 面试形式 | | 企业类型 | | | |
|---|---|---|---|---|---|
| 面试进程 | 面试形式 | 国有企业 | 外资企业 | 公务员 | 民营企业 |
| 第二轮面试（选拔性面试，由 HR 主管或用人部门主管担任面试官，考查应聘者的能力，看其是否符合工作需要，初步做出录用与否的决定，供上级做最后的判断） | 一对一 | √ | √ | | √ |
| | 一对多 | √ | | √ | √ |
| | 小组讨论 | √ | √ | | |
| | 辩论赛 | | √ | | |
| | 口头演讲 | | √ | | |
| | 团队游戏 | √ | √ | | |
| | 共进晚餐 | | √ | | |
| 第三轮面试（决定性面试，由最高层领导担任面试官，考查应聘者个性和价值取向，正式做出是否录取的决定） | 一对一 | √ | 外企一般只进行两轮面试，即淘汰性一面和为期一天的评估中心（Assessment Center）面试 | √ | √ |
| | 一对多 | | | √ | |
| | 小组讨论 | √ | | | |
| | 共进晚餐 | √ | | | |

　　这个表只是给大家一个概括性的印象，使大家大体知道不同类型企业面试的形式。可以看得出来，国有企业面试环节比较多，一般在三次或三次以上，但也有例外的情况，比如中国人寿保险公司就只有一次一对多的面试；外资企业的面试程序相对规范，面试的类型比较多，难度也更高；公务员面试形式比较固定，多数为一对多或者多对一的面试，通常面试一至两次，其中多对一的面试如图 4-2 所示；民营企业由于申请人数不像前 3 种那么多，面试多采取一对一或一对多的形式，比较简单。

图 4-2　多对一面试

## 4.2.3　面试前的准备

　　俗话说：不打无准备之仗。面试前的准备相当必要，大致有以下几个方面。

### 1. 深入了解用人单位的信息

　　古人说：知己知彼，百战不殆。面试和打仗有着同样的道理，因此，在面试前了解用人单位的情况非常重要。一般来说，毕业生可通过用人单位的内部资料、宣传资料、公司网站、报纸、杂志、广告宣传手册和新闻媒体及其他相关宣传载体，了解、掌握用人单位的性质、规模、特色、运作方式、主打产品、组织机构、金融状况、财务状况、发展前景、企业信誉等信息，了解用人单位对员工的工作要求、职责定位以及给予员工的报酬、培训等情况，了解用人单位招聘职位的性质、工作内容、所需知识和技能等。若事先对这些情况一无所知或知之甚少，在面试时就容易处于被动境地，也容易给用人单位负责招聘工作的人员留下你对该单位情况漠不关心的不良印象，从而影响面试成绩。

【案例】

叶枫在参加洽谈会时看中了一家民营企业，这家企业做生物科技，虽然目前规模不大，但他预感到前景不错，如果入职他可以做本专业方面的研究工作。叶枫明白像他这样的本科生如果进入大公司就职，那里专家无数，他可能在数年之内都只是一个收集材料的下手，自己能动手做项目的可能性微乎其微。而在这种中小型公司里，锻炼机会多，很多项目都可以自己动手去做，对于他这样的科研型专业是非常有益的。为此，他在收到笔试通知后，大量浏览了该公司的资料，掌握了其研究方向与领域。在面试的时候，他有点有据的论述为他赢得了面试主考官的青睐，为他以后进入公司奠定了基础。

了解自己的需求，朝着既定的目标努力，这是每一个应聘者需要思考并努力去做的事情。只要多方面着手收集资料，分析形势，有的放矢，一定会取得理想的结果。而且，大学生的得失心不必太重，应该把每一次经历都当成成长的过程，在过程中成长，迎接成功的到来。

### 2. 充分准备相关材料

参加面试时要带好个人简历、自荐信、成绩单以及相关奖励证书等材料。例如，各类获奖证书，外语、计算机、职业技能等级证书。如果应聘外资企业，最好将自荐信、个人简历等材料准备为中英文对照格式。到日韩公司应聘，如果能准备相应语种的资料，会给用人单位留下良好的印象。当然，这些资料得是自己熟悉的语种和内容，以免因不熟悉而闹出笑话。即使曾经已经在网上投递过或发过求职信和个人简历，在面试时也应该再带上一份纸质材料，以备用人单位查看。

【案例】

刚过完春节，市里就召开了大学生招聘会，杨雯到夏天就该毕业了，她也为自己的就业焦急。听说这场招聘会上有不少南方的企业来招聘，杨雯和同学们都想把握住这次机会，以便去经济发达的南方发展。参加招聘会，准备自荐材料是必不可少的。杨雯和同班的郑燕都看中了南方一家信托公司的助理职位，她们是好友又是竞争对手，相互鼓励无论谁能进这家公司都值得庆祝。可惜，杨雯没能把握住后面的面试机会，后来，最终获得这个职位的郑燕跟招聘部门的人打听了一下才知道，杨雯虽然在自荐材料中写了获得过某作文竞赛二等奖以及其他奖项，但因为粗心，她没有把奖状的复印件附上，因此，直接被该企业负责招聘的领导淘汰掉了。杨雯这才意识到自己的疏忽，真是后悔莫及。

就是因为没有把奖状的复印件附上，杨雯失去了一个非常好的工作机会，实在很可惜。如果不是郑燕告诉杨雯，恐怕她还不知道自己到底是哪个环节出了问题。大学毕业生在应聘时一定要注意此类问题，一定要准备好相关资料。

### 3. 面试技巧的训练

刚毕业的大学生缺乏求职面试经验，在面试前有必要进行一些面试技巧训练，面试技巧的训练包括学习聆听、敏捷反应、沉着应对、说话条理性、得体的举止、面试礼仪等。大学生可以通过平时的就业指导课、学习讲座的学习，一些就业指导书籍的阅读，以及同学之间进行模拟面试的训练来提高自己面试时的反应力、听力、表达能力、举止、礼仪等。

为了获得理想的工作，大学生应该充分做好求职面试的准备，做到有备而来。在求职面试中，要适度地表现自己，要善于展示自己的专业知识素养和能力、性格等方面的优势，给招聘者留下良好的印象。

【案例】

冯娟娟平时在班级中就是炙手可热的"校宝"级人物，有着宽广的知识面、幽默的谈吐、健康向上的心态。她在讲述自己的应聘面试故事时，笑着说当时把严肃的主考官老师逗乐了，所以面试也就 OK 了。她应聘的是某电视台的综艺节目主持人，凭着机智与才气、幽默与大气，令主考官笑逐颜开，一路绿灯，很快便加盟该节目组，成为小有名气的美女主持人。

风光的背后是辛勤的努力和付出，冯娟娟的室友知道她下过多少工夫。为了学好表演，她每天对着镜子练表情，每天要求自己记住一则小笑话，每天给宿舍的室友讲一个故事，让大家要么笑得花枝乱颤，要么感动得落泪。好多个夜晚，室友们就在她的"冰火两重天"里进入梦乡。毕业时，室友云云抱着娟娟痛哭流涕，说以后没有娟娟的故事，晚上睡觉都是个事儿了。这个说法虽然夸张，但可见，长期的坚持与不懈的努力，才是取得优秀成绩的最好支撑。

为了面试，做好充分准备，训练自己的面试技巧，这是娟娟最后获得理想工作的关键所在。说什么有时并不重要，重要的是要怎么去说，怎么去打动面试官，给面试官留下好印象。有些大学毕业生在面试时不注意技巧，千篇一律地运用一样的说辞，这样就无法在众多竞争者中脱颖而出。

### 4．面试状态的调整

（1）调整心情

面试时一定要精神饱满，在参加面试前要适当放松，要提前洗澡、理发，搞好个人卫生，调节自己的生活规律，保证充分的休息时间，以饱满的精神状态面对面试官。

保持正常的心态，对应聘者来说非常重要。紧张的心态是面试大忌，会影响思维能力，原本熟悉的问题可能都回答不上来或者回答不全面。

如果以一种放松的心情去面试答题，就会稳定思绪，充分表现语言表达水平，可以完整、准确地回答面试官提出的问题，甚至可以发挥出超常水平。因此，在面试前要对自己进行正确评估，知道自己的优缺点，保持正常的择业心态，勇敢地去尝试，为自己创造机会。

当然，放松的意思也不是散漫，甚至傲慢。一些毕业生认为自己的学历很高，学校名气大，成绩很棒，就摆出一副无所不知或者很自以为是的样子。这也是不可取的。充分地做好准备，谦虚谨慎地对待，才可能有好的结果。

【案例】

于涛就读的学校是所重点大学，所学的专业也是比较热门的通信工程专业。他自信满满地参加就业洽谈会，结果却令他有点失望。他看中的两家大公司并没有向他伸出橄榄枝，后来他非常诚恳地询问面试官为什么没有选择自己，答案竟然惊人地相似。因为于涛太过平静的表情，以及过于冷静和无所谓的求职态度，使面试官认为于涛的求职诚意不足，仗着专业吃香、学校好、选择余地大，态度很不积极。于涛真的感觉很冤，他没想到自己的表现会给对方这样的误解，他很想再进行一番解释，可惜木已成舟。他认真总结了经验教训，决心在下一次就业洽谈会上一定不能再表现出如此消极的求职态度了。他一定要积极主动地面对，努力推销自己，表现出自己对用人单位非常感兴趣的态度，不至于再一次使对方认为自己在"耍大牌"。

通常来说，面试时间比较短暂，面试官获取应聘者信息的渠道也非常有限，如果应聘者像于涛一样，没有调整好心态，没有让自己变得积极起来，那么很有可能表现出与于涛一样的这种"耍大牌"的态度，这会给面试官留下不好的印象。

（2）准备好面试服装和物品

准备好面试的服装、公文包、皮鞋及笔、记事本，甚至准备好面试当天的早餐等。

（3）独自前往

在各类面试及咨询中，一定不要让自己的父母或亲戚朋友陪同，要独自前往。这样可以避免用人单位怀疑你个人的独立能力和自信心。

（4）遵守约定的时间

参加面试，最好比约定时间提前到达面试地点（一般提前 10 分钟到达），以稳定自己的情绪和做好面试准备。到达用人单位后要礼貌对待前台接待人员，在规定的地方等候，不可随意走动。如果有意外情况，最好能够在面试前通知用人单位，告之自己不能准时到达面试地点。

（5）对可能谈到的问题的准备

面试中，一般情况下，面试官会以应聘者的简历为话题展开问答，这个问题看似简单，但实际上却并不是所有应聘者都能应付自如的。因此，面试前要准备好对与自身相关问题的回答，一定要熟练，并且流利作答，否则主考官会认为你的简历有造假的嫌疑。最好是提前打好腹稿，浓缩简历中的精华和特色部分，以便在最短时间内完整并流利地向面试官介绍自己。

【案例】

现在从事文秘工作的应届毕业生刘喆深有体会，当初面试时，面试官问及他的一个获奖证书是哪一年获得的，要不是他记错了时间，和简历上的有出入，那么，他今天一定是在某大公司的培训部门工作了。因为忽略了这个细节，让主考官误以为他的证书可能不真实，因此将他淘汰掉，原本他是颇有希望获得那份工作的。世上没有后悔药卖，没能进入那家公司，刘喆选择了一家中小型企业做了文秘工作。经过上次的教训之后，他重视细节，努力让工作不留瑕疵，得到公司上下的一致认可。

要认真做简历，而且要对其中的内容了如指掌。吞吞吐吐、支支吾吾可能是因为紧张，但很多面试官则会误以为其中的内容有造假成分，就像刘喆那次失败的面试一样。但刘喆马上就意识到了自己的问题，最后获得了一份文秘工作。所以大学生在面试前也应该做好相关的准备，尤其是对自己感到自信的问题，一定要准确而肯定地回答对方。

【阅读材料】
## 面试前要做 10 件事

要得到任何一个职位，必须经过面试这一关，短短几十分钟的面试也许就决定着你的职业生涯、当你接到企业的面试通知电话，应该做什么呢？

1. 接到面试通知电话时一定要问清楚对方公司的名称、职位、面试地点（包括乘车或开车的路线）、时间等基本信息，最好顺便问一下公司的网址、通知人的姓名和面试官的职位等信息。最后，别忘了道谢。这里提醒大家，尽量按对方要求的时间去面试，因为很多企业都是统一面试，如果错过这个时间可能就错失机会了。

2．了解公司背景，包括企业所属行业、产品、项目、发展沿革、组织结构、企业文化、薪酬水平、员工稳定性、发生的关键事件等，了解越全面、深入，面试的成功率就越高，同时，也有助于应聘者对企业做出判断（人才和企业是双向选择的关系）。

3．应聘职位情况包括应聘职位的职位名称、工作内容和任职要求等，这一点非常重要，同一个职位名称，各家企业的要求是不尽相同的，了解越多，面试的针对性就越强。

4．在亲友和人脉圈（包括猎头）当中搜索一下有没有熟悉、了解这家企业的人，他们的感受或提供的信息无疑具有非常重要的参考价值。

5．这里要说明的是，去招聘会或网上投简历时，最好有个记录，包括自己投简历应聘的企业和职位，哪些企业是在招聘会上对自己做过简单面试的，面试官是谁，面试内容是什么自己提过多少待遇要求等。在接到面试通知时，马上查看一下。

6．如果是应聘高管职位，最好能了解一下老板的相关背景和个性风格等（一般情况下，老板肯定是面试高管的最后一关）。

7．学习一些实用的面试技巧。关键要在 3～5 分钟内做自我介绍、尽可能展现自己的优势和实力，给面试官一个选择你的理由。对一些常见的面试问题要有应对的准备。最好能做个模拟面试演练，在亲友中找个在企业做经理或 HR 的人为你做个现场评判，提提建议，以便你发现问题，及时调整。

8．每家企业有不同的企业文化和对人才的软性倾向，有强调沟通协调力的，有强调执行力的，也有强调团队协作或职业感的等。虽然每个人的个性和做事风格已经基本定型，但面试时不妨适当做有针对性的调整。

9．估算一下路途时间，一定要留出富裕时间，绝对不要迟到，也不要太早到达，最好是提前 5～10 分钟到达。如因堵车等原因不能准时到达，也要电话说明情况，请求谅解。

10．一定要充满自信，记住：自信不一定成功，但不自信一定失败。心态上要平和一些，积极一些，成熟一些，不要紧张（只有放松才能把自己的优势发挥出来），让人感到你既有才干又敬业厚道就行，毕竟谁也不会喜欢虽然有才但却不让人放心的人。

资料来源：《资深猎头：面试前要做十四件事》. 新华网 http://news.xinhuanet.com

## 4.2.4　面试礼仪

在招聘过程中，应聘者是否给面试官留下良好的印象非常关键，这不仅仅取决于应聘者的相貌和身材，穿着打扮和行为举止也很重要，能显示出一个人是否拥有良好的修养。在面试中，恰到好处的表情与举止，会给面试官留下较好的印象，更有助于应聘者过关斩将。

穿着打扮和行为举止可反映出一个人的修养和生活风格，仪表往往能决定面试官对应聘者的第一印象。

### 4.2.4.1　面试仪表

面试是比较正式的接触，求职者应该懂得仪表的重要性，这直接影响面试官对求职者印象的好坏，进而决定是否录用。

**1．服装服饰**

服饰能够反映出一个人的文化水平、修养和气质，它是一种重要的体态语言。从某种程度上来讲，外表装束更能反映一个人的心态。

面试是个正式的场合，一般来说，应聘者的服装服饰会给面试官留下第一印象。总的来说，参加面试时的着装应该和职业相符合，不要显得突兀，服饰要得体，仪表需整洁，搭配要协调，穿一身黑西装搭配一双白休闲鞋，肯定会令人感觉头重脚轻很不协调。过于舞台化的礼服或者非常休闲的服饰都不适合面试时穿。

应聘者参加面试时应做到着装整洁、大方、符合职业形象。要做到服饰得体，仪表整洁。服饰搭配协调，比较适合大学毕业生的面试需要。在应聘不同岗位时，着装应与之搭配。根据所应聘的工作性质和类型，确定自己的着装，这是一个较稳妥的做法。不同的职业对人的要求是有差异的，而这种差异同样体现在着装上。尽管没有成文的规定来划定某种职业的着装标准，但人们的心理上确实存在着各种各样的模式化的思维。观察一下就可发现，从事不同职业的人一般有着不同的着装特点。因此，求职者的着装最好是与所应聘工作的性质和环境相一致。例如，应聘车间里搞安装之类的具体操作岗位，着装应朴素一点；去广告公司应聘，则不应穿古板落俗的衣服；若从事比较活泼的行业，如营销等，则上衣与搭配的裙子或长裤未必要同色，也可以有些图案。

应聘者的着装要注意以下几个方面。

（1）女同学忌讳上衣与裙子都花花绿绿的，应避开大红、橙色或粉红、深紫等颜色。

（2）男同学穿深色西装，领带、衬衣袖口要注意清洁。

（3）尽量少佩戴首饰。

【案例】

刘嘉因为外出宣传做兼职，接到某文化公司的面试通知比较晚。他外出穿的西装原本需要清洗，因时间仓促，只好拿出箱子里的一套西装来穿，但西装因为压在箱底有些褶皱，鞋子只是简单地擦去了上面的灰尘，连澡也没来得及洗。可以想象这次面试很糟糕，主考官老师认为刘嘉对此次面试并不重视，猜测他可能不太在意这份工作，再加上刘嘉不够整洁和不修边幅的形象，印象分几乎为零。虽然他的谈吐为他加了点分，但是最终还是被评定不合格。

刘嘉在服装服饰上的粗心大意导致了面试官给予他不合格的评定，这是非常令人惋惜的，尤其是现在工作机会少、竞争激烈的情况下。着穿等都是小细节，注重这些问题，可能并不能带来多少加分，但是如果不注意，却会大大地减分。

**2. 化妆与发型**

化妆与发型也很重要。大学生在面试前首先要整理仪容、发型，将头发清洗干净，梳理整齐，头发不要染夸张、怪异的颜色。男生不要留长发（特殊性质工作、艺术类除外），男同学不要留小胡子，胡子要刮干净，不要味道太重的香水。女生不要浓妆艳抹，不要用气味浓烈的香水，头发不要染鲜艳的颜色，可适当化淡妆，妆容以清新自然为主，这样容易博得面试官的好感。

有些大学生在学校崇尚行为艺术，发型、妆容特立独行、标新立异，与社会大众有些格格不入。在进行面试的时候，一定要注意调整这种外表上的个性与特立独行，不然很容易给面试官留下不踏实、不能胜任工作的印象。

【案例】

李薇在应聘某公司资料员时，因穿的小上衣未遮盖住她腰部的刺青，再加上头发挑染了五种颜色，虽然她的专业与简历显示她可以胜任这份工作，但最终面试官选择了一位能力不如她，但妆容得体的同学。因为她过于时尚的发型令面试官担心她太过追求工作以外的东西，不能静下心来工作。

可能李薇并不是一个浮躁的人，但却因为化妆和发型给面试官留下这样的印象。所以广大的毕业生求职者在面试前也要给自己打好预防针，可请其他同学来对自己的装扮发表评论，这样可以更客观一点，才能避免出现和李薇一样的遭遇。

#### 4.2.4.2 面试行为举止

举止是无声的语言，主要通过人的表情、姿势、动作等表现出来，它是一个人是否具有修养的表现。

面试时，进门前要敲门，得到答复或允许后方可推门进入。进门后应先打招呼，向在座的面试考官问好。认真聆听主考官老师提出的问题，注意力要集中，在回答问题时要按部就班，力求留下诚恳、认真、稳重的印象。要以微笑示人，适当做记录，即使感觉到前面回答的问题不太好，可能不会通过面试，也不要显示出不耐烦，不要频频看时间。要知道，不到最后，谁也不知道是否会被录用。如果你提前放弃了，只能是自己给别人让出了机会。面试结束后要将自己坐的椅子放回原处，道谢后再离开。

特别提醒：大家听说过招聘单位在应聘场所放一把倒着的扫帚来考验应聘者素质故事吧，这个故事告诉我们不要让自己输在一些细节行为上。

面试时应注意以下几方面。

**1. 敲门进入面试室**

轮到你面试时，应在面试室外轻轻敲门（面试室的门一般是关着的），得到许可后方可进入面试室。注意敲门不可用力太大，也不可先将头伸进去张望一下再进门，更不可大大咧咧地直接推门而入。进门后，应轻轻地转过身去关上门。

**2. 主动与面试官打招呼**

可点头微笑，也可问候（如"上午好""下午好"、"各位领导好"等），要有礼貌地告诉面试官自己是谁，做到举止大方，谈吐高雅，态度热情。需要注意的是，面试时不要与面试人员握手，除非面试人员主动伸手与你握手。

**3. 回答问题时精神要集中**

面试时回答问题要集中精神，力求给对方以诚恳、沉稳自信的印象。老老实实讲出自己能做什么，不能做什么，切忌含糊其辞。根据听者的反应适时调整自己的语言表达方式，冷静地保持不卑不亢的风度。

在语言方面，毕业生谈话的内容和说话的方式同等重要。只要讲话条理清楚，并通过表情、语调、声音等诸方面的配合，传达出自己真诚、乐观、热情、大方的态度，就会收到良好的效果。

**4. 善于交流与沟通**

在面试时一定要讲普通话，避免因讲方言造成对方理解的困难，否则面试官可能听不明白你的回答。语速要适度，不要过快。回答问题时，不要有太多手势和口头禅，否则容易引起对方的反感。如果对方是外资单位，要做好用英语或其他语种回答问题的准备。这些都是交流与沟通的基础。

面试时，如果讲错的话无关大局，就可以忽略，不必耿耿于怀，以免影响下一个问题的回答。但如果说错的话比较重要，不妨及时致歉显示诚意，并表达出你要讲的真实意思。自己的坦诚和知错就改或许能为自己在面试官心中留下意外的好感。在遇到听不懂的问题或者自己确实不会回答的问题时，不要不懂装懂，信口开河，而要实事求是地告诉对方这方面的知识你没有接触过，今后将加强这方面的学习。相信多数面试官喜欢的是真诚、实在，善于交流和沟通的应聘者。

**【案例】**

柳萌到一家外资公司面试时，对方让她介绍某个国家首都的文化风情。因为紧张，她没有听清国名究竟是 Australia（澳大利亚）还是 Austria（奥地利）。澳大利亚的首都是堪培拉，而奥地利的首都是维也纳，显然差距大。她没有听清问题，又不好意思再问，在那里支支吾吾地把时间都浪费了，自己还急得满脸通红，而面试官还以为她不会回答。因此，这一题没能得分，影响了她的面试成绩。其实，如果她坦诚地告知面试官自己没有听清题目，请对方再说一遍，相信对方并不会拒绝她的要求。

柳萌在这时候应该积极一点儿，直截了当地去问面试官，请求面试官重复一遍，这样也就不会造成对方对她的误解了。

其实面试最主要考查的就是一个人的交流沟通能力，面试官也许已经在简历上知道你的年龄多大，你在哪里长大，有过什么经历，但依然要问你一些类似问题。因此答案并不重要，重要的是你是怎么把这些信息传递给面试官、你的思维能力和应变能力如何。

**5. 微笑待人**

微笑是一种无言的答案，它表示欣赏对方的盛情，表示领略，表示歉意，也表示赞同。微笑是自信的象征，是心理健康的表示或标志，微笑待人是礼貌之花，是友谊之桥。

初次见面，微微一笑可以解除精神和肉体的紧张，给人以亲切自然的感觉。

面对消极防御和排斥他人的面试官，微微一笑可以使他解除戒备心理，使双方的心理距离迅速缩短（如图4-3所示），所以，应聘时面带微笑会提高成功率。

图4-3　微笑待人

**6. 面试时的姿势**

站有站相，坐有坐姿，进入面试室落座后的姿势也非常重要。正确的坐姿是：全身放松，两腿自然并拢，手放在膝上，挺直腰板，身体微向前倾。既不可坐得太浅，也不能坐得太深。坐浅了容易使自己紧张，导致注意力不集中，坐深了斜倚在靠背上会给人以懒散感。正确的坐姿要让人看见后会感觉到应聘者精神振奋，朝气蓬勃。注意不要有小动作，如下意识地看手表（这个动作会让面试官觉得你对面试或提问有些不耐烦）；或坐着时双腿叉开，摇晃不停；或大腿跷二腿，不住地抖动；或讲话时摇头晃脑；或用手掩口；或用手不住地挠后脑勺；或不停地玩弄随身携带的小物件；等等。这些小动作会使面试官分神，并很有可能引起他们的反感。

**【重要提示】**

规范坐姿要求：上体正直，头部端正，双目平视；两肩齐平，下颌微收，双手自然搭放。女士、男士坐姿分别如图 4-4 和图 4-5 所示。

### 7. 认真地倾听并注意目光的交流

面试时与面试官保持视线的接触，是交流的需要，也是起码的礼貌，更是应聘者自信的一个表现。面试时若回避对方目光，会被面试官认为你或许太胆怯，心中无底；或许太傲气，不将面试官放在眼中。正常状态下，应聘者应将大部分时间望着向自己发问的那位面试官，但不要一直将目光盯着对方的眼睛，这会让人觉得你太咄咄逼人，会被认为向面试官挑战，正确的方法是把目光放在对方额头或鼻梁上方，保持目光的自然轻松、柔和，传达出你的真实思想，这样会让对方觉得你是在聚精会神地和他交流。

图 4-4　女士坐姿　　　　　　　　　图 4-5　男士坐姿

### 8. 微笑告辞

当面试官示意面试结束时，应微笑起立，感谢用人单位给予你面试的机会，然后道再见，没有必要握手（除非面试官主动伸出手来）。如果你进入面试室时有人接待或引导你，离开时也应一并向其致谢、告辞。

### 9. 面试的后续礼仪

面试结束一两天之内，根据需要可以向面试人员和其他人员写封感谢信（但不是必需的）。内容包括：简要重申你的优点和你对应聘职位的浓厚兴趣，你能为用人单位做出的具体贡献以及希望能早点得到用人单位的回音。感谢信最好在面试结束后 24 小时内发出。哪怕你预感可能落选了，寄一封短信说明你即使没有成功但也很高兴有面试机会。这样做不仅仅是出于礼貌，而且还能使面试官在其用人单位出现另一个置位空缺时想到你，为自己创造一个潜在的就业机会。

面试后的感谢信可以参照如下格式书写。

尊敬的××先生：

感谢您昨天为我的面试花费的时间和精力。我觉得和您的谈话很愉快，并且了解到很多关于贵公司的情况，包括公司的历史、管理形式以及公司宗旨。正像我已经谈到过的那样，我的专业知识、经验和成绩对公司是很有用的，尤其是我的刻苦钻研能力。我还在公司、您本人和我之间发现了思想方法和价值取向上的许多共同点。我对贵公司的前途十分有信心，希望有机会和你们一起为公司的发展努力工作。

再一次感谢您，并希望有机会与您再谈。

×××

××年×月×日

**【重要提示】**

求职礼仪并不仅仅指穿什么衣服、化什么样的妆，也不仅仅是会说几句客套话，而是要有发自内心的对他人的尊重和关注，并要使他人感受到受尊重和被关注。

### 10. 准确体会面试官的意图

面试过程中面试官每问一个问题，一定是有自己的意图的，不可能信手拈来。一般来讲，面试官问到的问题会如表 4-2 所示。

表 4-2　　　　　　　　　　面试问题分析

| 问题的类型 | 代表性问题 | 提问的意图 | 作答思路 |
| --- | --- | --- | --- |
| 成长经历 | 你能用两分钟做一个简单的自我介绍吗？ | 他概述和表达的能力怎么样？是不是事先准备好了背给我听的？ | 简洁，突出自己的核心优势 |
| | 你过去做得最成功的事情是什么？ | 他是个成功的学生吗？对成功的评价方法是不是和我们一致？ | 慎重选择，符合公司文化 |
| 自我评价 | 你为什么认为你对我们有价值呢？ | 他愿意脚踏实地地工作吗？ | 表示从基层做起的愿望，而不是做战略规划 |
| | 你最大的优点是什么？ | 他的能力和我们的岗位是不是匹配呢？ | 选择符合岗位需要的优点 |
| 处理矛盾能力 | 你通常如何处理别人的批评？ | 他善于排除人际关系的困扰吗？ | 坦诚接受并努力改正缺点 |
| | 你不愿意跟哪类人交往？ | 他是个合群的人吗？ | 争取跟所有人沟通，对事不对人 |
| 考查知识 | 营销的 4P 是哪些？ | 他的基本知识是不是扎实？ | 尽可能使用完整、标准的定义，适当举例 |
| | 为什么人民币坚持不贬值？ | 他关注热点问题吗？有没有自己的想法？ | 能够把握最新的动向，提出自己的想法 |
| 分析问题的思路 | 请谈谈大学的作用？ | 他能不能从宏观上把握问题？思维结构完整、系统吗？ | 思路清晰完整，从结构上入手，而不是细节 |
| | 全国每年卖多少支牙膏？ | 他能想出几个方法来？他的思路缜密吗？ | 想出两种以上的方法，方法不能有漏洞 |
| 未来的打算 | 你的职业生涯目标是什么？ | 他对未来有什么规划？符合我们公司的情况吗？ | 一步一个脚印在公司里慢慢成长 |
| | 有创业的打算吗？ | 他是不是富有开拓精神？他准备在我们公司干多久？ | 谈自己对创业的看法，表示暂时没有打算 |

**【案例】**

袁莉莉同学参加一家幼教中心的面试过程充满戏剧性。面试 9 点开始，她提前半小时到达了面试地点，刚找个地方坐下来等待，就听到一个小孩子的哭声。她循着哭声望去，一个脸哭花了的孩子在找妈妈。她看了四周，似乎没有看到年龄可以做孩子妈妈的人。当时已经来了十几位应聘者，和她一样打扮得干净得体。孩子继续哭着，她没法漠然地坐着。于是她背起包，走到孩子身边，询问孩子怎么跟妈妈走散的，可是孩子太小说不清楚，而且伸出一双脏兮兮小黑手要她抱。她从包里拿出面巾纸，给孩子擦干净脸和手，拍拍孩子身上的灰，把他抱了起来，带着她在附近找妈妈。眼看就 9 点了，看着大家都排好队准备参加面试，袁莉莉也有些心急，可是这么小的孩子，如果放在一边走丢了，孩子妈妈该多着急啊！她只能抱着孩子四处打探，可惜没有人知道孩子的妈妈在哪里。

9 点 3 分，从面试场所旁边的一栋楼里走出来一群人，当他们走到袁莉身边的时候，一起鼓起了掌。她怀里的孩子挣脱她下了地，跑进人群抱着其中一位气质高雅的美女的腿，大叫："妈妈，妈妈，彤彤表现得好吧？"原来，哭泣的彤彤就是这次面试的考题。幼教工作是一项爱心工作，袁莉莉的行为充分说明她是一个充满爱心的人，用人单位的面试团队都认可了她，于是，这唯一的名额非她莫属。

这样戏剧性的面试经历，可能并不是每个大学生都能碰到。但袁莉莉的行为举止也从一定程度反映出她具有怎么样的品德，是一个什么样的人。都说字如其人，其实行为也是一个人内心的真实写照。注意自己的行为举止，就也能够像袁莉莉一样，获得大家的一致认可。

## 4.2.5　面试应注意的问题及策略

即使参加面试前做了大量的准备工作，面试时也还会有可能出现一些意想不到的情况，若处理不好会直接影响面试的结果。这里介绍几种常见情况，以利于毕业生有针对性地加以准备。

### 1. 精神紧张及克服的办法

几乎 95%以上的毕业生在接受调查时都承认自己在面试时精神紧张，精神紧张已经成为大学毕业生面试时需要战胜的最大敌人。在陌生的环境，被陌生的人提问，表现如何事关自己今后一段时间的发展前途，这种情况下产生紧张的情绪是正常的。适度的紧张可以促使应聘者更加集中注意力投入面试，但紧张过度则对面试极为有害，不仅使应聘者注意力不集中，甚至可能将事先准备的内容忘得干干净净，头脑一片空白。以下两种方法可以帮助面试者克服紧张情绪。

（1）做好准备，从容镇定

预计到自己临场可能会紧张，应事先请有关教师或同学充当面试官，举办模拟面试，找出可能存在的问题与不足，增强自信心。

不要将一次面试的得失看得太重要，要知道，你自己紧张，你的竞争对手也不轻松，甚至可能还不如你。同等条件下，谁克服了紧张情绪，大方、镇定、从容地回答每一个提问，谁就会取得胜利。

（2）不要急着回答问题

面试官问完问题后，应聘者可以考虑 5~10 分钟后再做回答。对某些一时难以回答的问题，可用比较委婉的语气避开，这也是一种诚实机智的表现。

回答问题时语速不可太快，否则容易使思维与表达脱节，也容易表达不清。这些情况会增加紧张情绪，导致面试难以取得应有的效果。面试时应切记讲话要不紧不慢、逻辑严密、条理清楚。

### 2. 遇到不懂的问题及解决办法

如果应聘时不知如何回答面试官提出的问题，可以婉转地问面试官是否指向某一方面，且不可胡乱猜测，信口开河。如果确实对所提问题一窍不通，就应实事求是地告诉面试官这个方面的知识自己未接触过。作为面试官，他可以理解你的回答，因为世界上没有人什么都懂。

### 3. 讲错了话及改正的办法

人在紧张时很容易说错话。若讲错的话无关大局、无伤大雅，就不要太在意，继续专心准备下一个提问，而不必耿耿于怀、提心吊胆，不能因一个小错误而影响了大局。若感觉说错的话比较重要，则应该及时道歉，并表达出你本来要表达的意思。对面试官而言，他可能更欣赏你坦诚的态度，或许你会因此而博得他的好感。

### 4. 几位面试官同时提问的情况及应对办法

遇到几位面试官同时提问，一些经验不足的应试者会胡乱地选择其中之一或部分问题加以回答，结果自然不能让所有面试官都满意。在这种情况下，既要逐一回答，又要显得有礼貌。你可以说："对不起，请让我回答甲领导的提问，然后再谈乙领导的问题，可以吗？"至于先后顺序，一般应先回答主考官的问题。当然，你也可以按发问的先后次序回答。回答问题时，应聘者的目光主要和发问的面试官进行交流，但也要适当顾及其他面试官，让他们觉得，你是和所有面试官在交流。同时，还应逐一观察提问者的反应和面试室内的气氛，以便随时调整谈话的策略和方式。

总之，面试时不论遇到什么情况，应聘者都应沉着冷静、镇定自若地加以处理，千万不能惊惶失措。只要认真对待，定能化险为夷。或许这就是你获得面试官欣赏的契机。

【阅读材料】

## 成功面试三法则

面试是踏入职场的第一步，面试成功与否决定你以后的发展道路。

法则一：你是找工作不是发传单

现在很多毕业生找工作时，总是抱怨复印简历需要花费大量的金钱，而且大多还是石沉大海。如果你只是想找个工作，或许可以把自己的简历像传单一样发给每个前来招聘的单位；如果是想找到好的工作，那么最好的建议是有选择地投简历。这样省钱也省精力。而且也容易以好的精神面貌出现在面试面前。

法则二：你是去面试不是去聚会

去面试时，你的仪表很重要。有的女孩子打扮得很漂亮，只是那种漂亮有些不合时宜。比如有些女性应聘者舌头上都打了好些的小洞洞；也有人化着浓妆，说话装腔作势，本来可以好好回答的问题，非要拿腔拿调。这些在面试时都是比较忌讳的。上班族的服饰应以不被人关注为最大的亮点。得体是一个公司职员起码应该做到的。

法则三：你是求发展而不是去乞讨

在当今这个竞争激烈的社会，工作大多时候的基础目的是为了生存，只有在生存的基础上才可以谈发展。当对方问你预期月薪时，千万别说够吃够喝够租房就行，这样的概念实在是很笼统；当然也不要头脑发热说个过高的数字。要说出你的真实想法。如果你的期望月薪在3000元左右，那么不妨说2500元到3500元之间，这可以让彼此都有一个选择的空间。

面试考查的是一个人的综合能力和素质，而不是某一方面的才能。面试时，不要以一个卑微的态度去乞求一份工作。

　　在结束面试离开时，要对主考官们说谢谢，要报以最真诚的微笑。

　　　　　　　　　　　　　　　　（资料来源：辽宁省就业网 http://www.jyw.gov.cn）

**【课堂练习】**

体验完整的面试流程

　　下面设计的求职体验是对前面内容的巩固，请对照表格，检验一下自己是否能够做到。在你做到的地方画一个"○"。

## 1. 面试前的准备

| 面试前的准备 | | 自我判断 |
|---|---|---|
| 大　类 | 具体的内容 | |
| 了解公司和行业 | 访问公司的网站，了解公司历史、文化、用人理念 | |
| | 在网络上搜集前辈的面试经验，了解面试的形式和内容 | |
| | 找到在公司或同行业工作的前辈 | |
| | 搜集行业发展报告等，了解行业发展趋势 | |
| 自己的准备 | 思考是否需要重新准备自我介绍 | |
| | 针对面试官可能提的问题准备好答案 | |
| | 准备好两个问面试官提的问题 | |
| | 一套干净、整洁的套装，皮鞋 | |
| | 面试前一天适量地运动 | |
| | 洗澡、理发，搞好个人卫生 | |
| | 陌生的地方提前一天踩点 | |
| | 准备面试物品：两份简历、笔记本、钢笔 | |

## 2. 面试中的细节

| 面试中的细节 | | 自我判断 |
|---|---|---|
| 大　类 | 具体的内容 | |
| 精神面貌 | 保持微笑 | |
| | 坚定有力地与面试官握手 | |
| | 抬头挺胸，坐姿沉稳 | |
| | 没有小动作 | |
| | 与同去面试的同学互相认识 | |
| 与面试官的沟通 | 保持与面试官的眼神沟通 | |
| | 引导面试官的思维 | |
| | 回答问题之前先揣摩面试官的意图 | |
| | 对每个问题都有自己完整的作答思路 | |
| | 能够化解面试官设置的问题陷阱 | |
| 争取加分的项目 | 面试官对你提出的问题很满意 | |
| | 拿到了面试官的名片 | |
| | 礼貌地对待公司的所有人员 | |

3. 面试后的善后

| 面试后的善后 | | 自 我 判 断 |
|---|---|---|
| 大　类 | 具体的内容 | |
| 感谢面试官 | 如果必要，给面试官发一封感谢信 | |
| | 继续保持与 HR 的联系 | |
| 总结经验教训 | 填写面试备忘录 | |
| | 针对面试中出现的问题寻找提高的办法 | |
| | 每天努力一点点，改正缺点 | |
| | 与同学沟通，交流面试的体验 | |
| | 及时调整心态，投入新的战斗 | |

## 4.2.6　就业洽谈及注意事项

大学毕业生应该如何选择就业岗位？怎样和招聘方进行就业洽谈？在应聘中有什么样的技巧？应聘时应该掌握哪些求职礼仪？这些都是大学毕业生需要注意并加强的地方。下面就大学毕业生应聘时需要注意的一些问题做一番介绍。

**1. 在就业洽谈前要准备好自荐材料**

大学生就业压力大、就业竞争日趋激烈是个不争的事实，因此在就业洽谈时，要准备好自己的个人资料，因为在和单位进行招聘洽谈前，用人单位首先要看一下应聘者的自荐材料，然后才能进行筛选。同时，在准备材料时，一定要多准备几份，以便投递给多个招聘单位，进行多向选择。自荐材料一定既要简明扼要、重点突出，又要在内容上扬长避短，能令招聘者耳目一新，达到事半功倍的效果。

【案例】

华玲玲在某学院主修英语，选修法语，精致的东方面孔，加上一口流利的法语，令不少企业动心。但是，华玲玲是个有思想的女孩子，她希望通过自己的努力为自己创造美好生活，因此，她放弃了一些推荐机会，自己参加洽谈会，自主择业。她看上了一家外商（法国）独资企业，该企业在全球 150 多个国家有连锁店。她通过网络向该企业投递了简历，收到通知后前去面试。

谁知面试那天，现场人山人海，华玲玲没想到这家公司把网上招聘与现场招聘的面试放在同一天进行，导致她提前精心设计的一些小细节不能发挥。同时，因为自己已经投递过简历，因此当天的面试她并没有再准备一份简历和自荐书。当面试官问及她的简历时，她只得尴尬地说在网上投过简历。面试官眼里闪过一丝不悦。试想对于这样一个全球知名的企业，应聘的人员当然不在少数，如果在邮件堆里找到她的简历，犹如大海捞针。结果不难猜测，华玲玲没有通过面试。

华玲玲条件这么好，最后却没有得到面试官的青睐，这是非常可惜的。如果她准备了纸质简历和自荐材料，那么最后的结果或许就会完全不同。在此要提醒广大毕业生，即使做过网上申请，在就业洽谈前，也一定要准备好这些材料，以备不时之需。

**2. 在就业洽谈前要了解有关信息**

大学生在进行就业洽谈前，首先要了解国家和地方有关毕业生就业的政策和规定。国家有关大学生就业的政策有着指导性的意义，不同类型的学院及专业的毕业生，就业范围是不相同的，因此，大学生要了解国家当前相关的政策及规定，充分利用好国家和地方的针对大学毕业生制定的有利政策。

其次是要了解现今就业市场的供需形势，尤其要了解自己所学专业的就业形势，以及用人单位对本专业毕业生的基本要求。

在应聘的过程中，大学生要了解参加洽谈会单位的情况，做到知己知彼，为自己争取主动。应了解的内容主要包括：①自己所学专业有哪些单位需要，有哪些具体要求；②用人单位的经济效益、工资待遇、员工福利如何以及招聘岗位有哪些；③用人单位在洽谈会上的具体位置及面试官的情况。

**【案例】**

张婷是机械专业的毕业生，外貌条件非常好，同时也多才多艺。别人都跟她讲：你不去当模特或明星，真是可惜了。于是她自己也对此自鸣得意。毕业后，她到处找工作，虽然有不少单位表示可以录用她，可她对待遇都不是很满意。大学时，她就做过兼职淘宝模特，收入还不错，而且工作无非就是拍拍照，也很轻松。她仔细考虑了一下，决定向这一行发展，目标是最后能进军娱乐圈。于是就在网上给一些广告模特经纪公司投递简历，因为她拍的一些艺术照很靓丽，很快就有很多广告模特经纪公司给她发来面试邀请。她很激动，就用心打扮了一下，带着资料去了。但到了面试时，她才发现完全不是自己所想的那么回事，当模特是需要模特卡的，这是做这一行的通行证，当对方向她要模特卡时，她只能说没有这个。对方很好奇：难道你不知道这行需要这些东西吗？此外，做这一行不是谁都可以，样貌好、身材好的非常多，但却未必谁都能吃得了这一行的苦。虽然可以接到酬劳不错的单子，但不是每个月都一定能够接到单子的。这一行不仅是吃青春饭，还需要有人提携才行。张婷在经过多次碰壁之后，无奈只好放弃了。而与此同时，一位当时跟她一起做淘宝模特的朋友则走了另一条发展道路，选择继续做淘宝模特，后来还开了家淘宝模特经纪公司。随着近年来淘宝电子商务的红火，人家的生意越做越大。

张婷想当然地以为自己样貌好、身材好就一定会成为一名出色的模特并顺利进入娱乐圈，把目标定得过高，并没有去充分地了解足够多的行业信息，导致定位错误。而她那位朋友，由于把目标定位在自己熟悉的淘宝模特上，从而取得了巨大的成功。

**3. 在就业洽谈时要积极主动地推销自己**

（1）要积极主动

大学生在就业洽谈时，一定要有自信，主动争取表现自我的机会，不要被动地等待招聘方的问询，要主动介绍自己。同时，还要适时询问对方一些情况，这样会给招聘方一种胸有成竹、求职诚意的感觉。

**【案例】**

李彬是某学院行政管理专业的学生，该专业近年来的就业前景比较不乐观，因为有许多其他专业的毕业生与他们竞争同样的岗位，且其他专业的学生如果特别优秀，就会比他们还多一个第二专业的优势，比如英语等。李彬在参加洽谈会前做了充分的准备。他首先了解到深圳某一大型合资企业将在此次洽谈会上招聘 5 名行政管理人员。他是一名本科生，和他竞争这个岗位的不乏研究生，甚至博士生，学历上他不占优势。他在招聘会刚一开始便来到该单位的招聘摊位前，发现该公司仅有两名工作人员，而准备报名的求职者却非常多，一会儿就把这个摊位围起来了，这两名工作人员显得有点忙不过来。于是，李彬挤过去帮助他们维持秩序，同时询问他们应该让求职者填什么表格、交什么材料。于是，李彬很快成了该单位负责招聘的工作人员的下手。一直帮忙到下午三点多，摊位前的求职者才逐渐散去。此时，那两名工作人员和李彬打招呼，感谢他的热心帮忙，李彬趁机表达自己也想应聘该公司的职位，同时递上自己的自荐材料。就这样，李彬顺利地成为这两名工作人员的同事。

虽然李彬的做法有投机的成分，但他超强的观察力以及成熟的处事能力，充分说明他将会是一名合格的管理者。既然机会对每一名应聘者来说是一样的，为什么不把机会优先给那些看起来更有把握的人呢？李彬正是因为积极主动地把握住了这次机会，才最终得到了这份工作。

（2）要实事求是

大学生在向招聘方自荐时，一定要实事求是，不要夸大其辞，或者吹嘘自己的工作经历。但也不要谦虚过度，这样反而会埋没自己：如果你自己都说自己不行，那么怎么让别人相信你能胜任工作呢？实际上，在就业洽谈时，实事求是地讲述自己的优点和特长，并且拿出相关的证书来证明自己，能给自己加分。

【案例】

李明伟从上大学之后就松懈了，天天忙着社交和网络游戏，成绩几乎垫底。不过他一点儿都没有注意。毕业之后开始找工作，他不得不紧张起来了。可是他的成绩差，连英语四级都没有过，要找到一份好工作是非常困难的。于是他动起了鬼点子，他先是在自己的简历上大吹特吹，说自己成绩优秀，并且担任校学生会主席，能力过硬，然后又伪造了成绩单和英语六级证书。他在网上投简历后，顺利地接到了面试通知，因此他自信满满的，觉得自己随便蒙几下就能够过关。事实上完全没有这么简单，面试官见到他之后，甚至都没有用中文，而直接跟他用英文交流，这下他才慌了，虽然能听懂几个简单的单词，但对方说的是什么意思，他完全不理解。他不停地请求对方重复，然后道歉，后来面试官发觉了这个问题，拿着他的简历跟他说："你成绩非常好，英语也过六级了，为什么你好像听不懂我说的东西，你的这些信息都是真实的吗？"这时李明伟支支吾吾地答不上来了。面试官没有拆穿他，只是委婉地告诉他，非常感谢他能前来面试，如果公司有意向，将会给他发邮件通知他，如果没有意向，也不会单独告知。自然，李明伟是不可能接到任何回复的。

其实用人单位最反感的就是大学生弄虚作假，即便能力有限，成绩不突出，也没有光彩照人的奖项，但只要实事求是地前来应聘，经过专业培训，也可能成为可造之材。相反，还没有进公司就欺上瞒下、耍鬼心眼，怎么可能给用人单位留下好印象呢？

（3）要谈吐得体

在就业洽谈时，掌握好说话的语速、轻重，会给对方留下比较好的印象。有的同学初次参加洽谈会，因为紧张会语速过快，或者不知道自己要说什么，尽管之前准备了不少，但到现场后脑子里一片空白，该回避的说得太多，该细说的又一带而过，造成用人单位的误解，甚至错失良机。在就业洽谈会上，准确表达自己的思想，会给人留下成熟、稳重、大方、值得依赖的印象。

【案例】

蒋芳是英语专业的毕业生，因为期待一份稳定的工作和较长的假期，她选择了一家初级中学的英语教师岗位。教师资格证她在毕业前已经拿到手。在应聘时，当用人单位问及她理想中的岗位是什么，她原本想表达她虽然羡慕同声翻译人员的潇洒自如，但更喜欢教师传道授业的幸福。可是因为一时的紧张，却表达成羡慕并期待成为同声翻译，让用人单位误以为她会不安于岗，只是寻求一个暂时的就业岗位，不是自己学校想要培养的长期人才，因此最终导致落选。

因为目前大学生就业形势日趋严峻，一部分大学生偏离专业而勉强就业的事情时有发生，他们往往只是为了找到一个工作而仓促就业，这样既会造成高层次人才的浪费，也会造成用人单位人员流动性大的问题，不利于用人单位的长期发展。因此，用人单位大多不愿招聘勉强工作的毕业生。这样看来，蒋芳的落选实属再正常不过的事了。

（4）要分清主次

大学毕业参加洽谈会的时候，很可能会发现同时有几个自己中意的单位，这时就可以根据用人单位的工资待遇、员工福利、工作环境等分出主次，选择自己最感兴趣的单位开始洽谈，在时间允许的情况下，再和其他单位洽谈，避免因小失大。

【案例】

张岭和寝室的其余 5 个人明天就要参加就业洽谈会了，寝室长姚谦建议大家不要采取广撒网策略，而要观察用人单位薪资待遇、工作环境和岗位要求，分清楚主次，再去投递简历。但张岭却不以为然，他认为，能抢到手才是最重要的，如果慢慢选、不果断下手，那么好职位就都被人抢跑了，自己根本没有机会。第二天，他果然不分主次地采取了广撒网的策略，一家挨一家地去面试，只要大体情况符合，他就坐下来跟别人谈。其中有一家用人单位，工作岗位和待遇都不怎么样，怎么也招不到人，而且张岭坐下来跟他们聊了很久，他们以为张岭对他们的职位非常感兴趣，后来一说岗位要求和待遇，张岭就犹豫了，但这已经花掉了他大半天的面试时间。在这个过程中，舍友给他打电话，他不理也不接。最后，他刚看到一个非常满意的单位时，人家已经招满人了，而且其中有两个职位正是被舍友拿到的。舍友跟他说：本来职位还没有招满，给你打电话，但你始终不接。张岭这才后悔莫及。

张岭不分主次，最后错失了绝佳的面试机会，这是非常可惜的。广撒网的策略本身没有什么问题，但对象不一样，策略也要有所改变，盲目使用广撒网策略是不合适的。像张岭这样，没有把对方情况搞清楚就跟对方大谈特谈，而在了解清楚具体情况之后才开始犹豫，这就浪费了不少时间。所以大学生在参加就业洽谈会时，一定要分清主次，看准适合自己的单位之后再果断下手。

**4.　要慎重、及时地签约**

在就业洽谈会上，由于时间紧迫，再加上人数众多，有的同学如果准备不充分，再加上对对方缺乏了解、主观臆断，会匆忙签约，签约后发现不如意，很快又反悔。所以，奉劝大学生要慎重对待签约，不要慌张，以免追悔莫及。

当然，大学生就业的期望值不要过高，要切合实际，选择适合自己的工作。一旦有机会，要紧紧抓住，不要东挑西拣，以免错失良机。遇到自己满意的工作岗位，更要抓住机会，及时签约。

一旦签约，就应停止与其他单位的洽谈，不要这山望着那山高。鱼与熊掌不可兼得，要学会放弃。

【案例】

卢延西主修日语，选修了英语和俄语。这三种语言，他都拿到相应的考级证书。毋庸置疑，像他这样的毕业生算是较为优秀的。在就业洽谈会上，令卢延西举棋不定的有两家单位：一家是某生物工程公司，需要一名精通多国语言的翻译；另一家是某石油公司驻海外办事处，需要一名工作人员。前者在国内，只是待遇没有后者好；后者虽然薪金待遇不低，但需要长年驻海外。当两家同时愿意接受他时，他陷入了两难之中，不知道做何选择。他询问了父母和老师，还有要好的同学，意见分成两派，支持两家的都有。他自己也没有主张，最后为了避免自己后悔当初的决定，他放弃了两家实力雄厚的公司，决定多做了解。而在此后不久的一次就业洽谈会上，一家语言培训机构对卢延西各方面的能力和素养表现出极大的关注，并以优厚的薪酬以及待遇招聘他。这一次，卢延西在慎重地了解了对方的状况后，再也没有迟疑，果断下手同用人单位签了合约。就这样，他得到了一个比之前更好的职位，全家人都为他高兴。

卢延西在无法权衡利弊的情况下，放弃了最初那两家用人单位，这在很多人看来是错过了很好的机会、很可惜。但是在卢延西看来，与其将来自己后悔毁约，还不如慎重考虑，机会还会再有。在接下来的一次机会中，卢延西对应聘的公司进行了充分的了解，并结合自身情况果断地做出了选择，这次他是真的没有错过。

### 5. 投简历时需要"广种薄收"

这里的"广种薄收"意思是广泛地投送简历，但这只限于必要的时候。比如自己的条件在竞争者之中并不是非常的抢眼，能力也并不是非常突出，这就需要广泛地去投简历，增加面试机会和就业机会。

**【案例】**

钱慧不是名牌大学的毕业生，成绩也很一般，因此她没有给自己定很高的要求，也没要求自己的第一份工作就进入什么名企。再说，就业形势也不是很乐观，她觉得自己只要能得到一个机会就好，在平凡的岗位上锻炼一下也不错。所以，她认真地制作了一份简历，也做了比较充分的准备，之后就在招聘网站上大范围地把简历撒出去，只要对方的职位和薪酬差不多，就在她的投递范围之内。她每天都坚持投递十几份，常常要投二三十份才会有一次面试机会，虽然面试的结果大多不尽如人意，但是比起同班同学，她已经有不少面试的机会了。面试次数多了，经验也越来越丰富，过了两个月左右，她终于找到了一家比较满意的单位，并且顺利通过面试，签订了劳动协议。这时候，她的很多同学还没有找到合适的工作，所以她觉得她采取的策略还是很有效的。

钱慧虽然没有什么专长，但是她在投简历上采取"广种薄收"的策略是正确的，最终帮助她找到了一份满意的工作。如果她不采取这种策略，恐怕也会跟这个机会失之交臂。当然，"广种薄收"策略并不适合所有人，并且在采取这种策略时，也要对面试单位进行充分了解，这样才会收到事半功倍的效果。

**【案例点评】**

面试是一门学问，牵涉很多沟通技巧。一个不懂得面试技巧的应聘者，很有可能句句都说不到点子上。下面这位叫萧雪晴的大学毕业生，在与面试官沟通的过程中，几乎每句回答都让面试官很不舒服。

面试官："萧雪晴，你的名字很好听呀！"

萧雪晴："是吗？谢谢！这个名字天生就符合我的性格。雪是温柔的，晴又是炽热奔放的。我从一出生就注定是一个双重性格的人。"

**点评**：回答的前半段还好，后半段很容易让面试官浑身起鸡皮疙瘩。面试官称赞名字，一是出自内心真诚的赞美，二是为接下来的交谈创造一个良好的气氛。而萧雪晴的回答，很容易让面试官主观上，认为她是一个爱说空话的人。试问：谁一出生就能被看出是什么性格呢？显然她的回答不够真诚。

一脸尴尬的面试官赶紧转移话题，问道："请问你来自哪里？"

萧雪晴："我来自唐山，你去过唐山吗？"

不凑巧，在场的面试官谁都没去过唐山，现场气氛极其尴尬。

点评：应聘者最忌讳的就是反问面试官，尤其是关于一些私人或是商业秘密的，更不是应聘者应该打听的问题。

面试官："你的简历我刚又大致翻了一遍，发现了几个错字，甚至连我们的公司名称都少写了一个字。你能解释一下吗？"

萧雪晴："哦，是吗？不好意思，由于当初通知面试时比较匆忙，时间有限，可能写的匆忙了一些。"

点评：错误百出的简历，说明应聘者并没有认真对待这次面试的机会，这是一种很不礼貌的行为。连公司名字都写错，更说明应聘者在此之前没有对该公司做深入的了解。

面试官："简历上写你以前做过很多兼职。请问，从兼职中你学会了什么？"

萧雪晴："我学会了与人沟通、具有团队精神以及一些组织和领导能力。"

点评：看似很规整的回答，却犯了两个严重的错误。

① 回答中没有重点。要知道面试组有可能每天都要面试很多的应聘者，对于萧雪晴给出的回答，他们可能会感叹道："这又来了一个有团队精神的领导。"

② 一句话带出自己的 4 个优点，既没有数据的支撑，又没有实际例子具体说明，很难让人信服，容易让人产生应聘者很自满的感觉。

面试官："好了，你的大致情况我们都了解了，你回去等通知吧，录取的话我们会通知你。"

萧雪晴："要是不录取，就不通知了，是吗？"

点评：这样的问题缺乏必要的礼貌，会破坏面试组对应聘者的好印象。

【素质拓展】

请你结合本章所学到的内容，分别对这两个案例做出分析解答。

案例 1

23 岁的王磊毕业之后，一直忙着找工作的事。一个月下来，大大小小的面试王磊参加了有十多场。这天，王磊在广州一家公司的面试过程中表现非常出色，面试官对王磊也非常满意。眼看其他问题都基本谈妥，面试官问王磊想要的工资待遇是多少。王磊心想："今年在竞争如此激烈的大环境下，能找个对口的工作已经很不容易了，哪还敢要求什么工资啊？"于是，王磊回答说："工资无所谓，都可以的。"王磊想自己的回答一定会让面试官高兴的。谁知，面试官听了王磊的回答，面色一沉，最后给王磊的答复是让他回去等候通知。结果可想而知，这家公司再也没有联系王磊。王磊始终想不明白：自己究竟错在哪了？

（1）王磊错在哪里？那位面试官不悦的原因主要是什么？

（2）假如你是一名公司老板，面对无工资要求的员工时，你会作何感想？

案例 2

三天前，王燕接到了一家知名公司的通知，让她三天后过去面试。王燕既兴奋又紧张。这家公司的名头她是早有耳闻，无论是薪资待遇，还是其他各方面的待遇都是相当优厚的。于是王燕赶紧和自己的父母商量面试的时候该怎么才能获得该公司的青睐，而王燕的父母也给她出了不少的主意。

面试这天，王燕精心地打扮了一番，来到了面试现场。面试是在一间不大的办公室里进行的。此次面试，除了王燕，还有几个男生参加。面试的前半部分非常顺利，因为王燕事先有所准备，所以对于面试官的各种问题都能应对自如。最后面试官对王燕说："根据你的性格特点，我们准备将你安排在外事部门。不过，你的户口问题我们可能没有办法解决。"王燕这时候突然来了一句："可是，我听说你们公司都能解决户口问题啊。"她说完这句话之后自己也有点后悔了，不过由于过于紧张，一时不知道该怎么解释。面试官也被她所说的话给噎住了，场面顿时很尴尬。之后面试官看了看王燕，跟她说："非常抱歉，户口问题可能无法解决，我们会再考虑一下你的情况，有消息会通知你，非常感谢。"但大家心里都清楚，王燕已经没有机会了。

（1）面试过程中王燕最大的问题是什么？

（2）假如你是面试官，在听到王燕关于户口事宜的回复之后，你还会录用她吗？为什么？

# 第 5 章

# 就业权益及保护

　　大学生在择业过程中如何正确行使自己的权利、合理有效地保护自己的利益，如何同用人单位签订就业协议、劳动合同，这些都是大学生极为关注的问题。本章主要介绍大学生在就业协议、劳动合同的签订过程中，如何通过学习相关的法律，切实维护自身在求职过程中的权益，确保就业的安全与稳定。

## 5.1　就业权益

　　大学生的就业权益主要体现在大学生与用人单位见面进行双向选择、签订就业协议、就业报到等环节中。

### 5.1.1　大学生就业权益的主要内容

　　根据目前大学生就业政策和有关法律、法规的规定，大学生在求职就业过程中主要享有以下几方面的权益。

#### 1. 接受就业指导权

　　学生有权从学校接受就业指导。《中华人民共和国高等教育法》第五十九条规定："高等学校应当为毕业生、结业生提供就业指导和服务国家鼓励高等学校毕业生到边远艰苦地区工作。"由此可以看出，接受就业指导和服务是大学生的一项重要权益。各高校应成立专门的大学生就业指导服务机构，配备专员对大学生进行就业指导与服务，包括向毕业生宣传国家关于毕业生就业的有关方针、政策；对毕业生进行求职技巧的指导；引导毕业生根据国家、社会需要，结合个人实际情况进行择业，使毕业生通过接受就

业指导，准确定位，合理择业。

**2. 被推荐权**

高等学校在就业工作中的一个重要职责就是向用人单位推荐毕业生。历年工作经验证明，学校的推荐往往在较大程度上影响到用人单位对毕业生的取舍。

被推荐权包括以下 3 个方面内容。

（1）如实推荐，即高校在对毕业生进行推荐时，应实事求是，根据毕业生本人的实际情况向用人单位进行介绍、推荐，不能故意贬低或随意抬高对毕业生在校表现的评价。

（2）公正推荐，学校对毕业生进行推荐应做到公平、公正，应给每一位毕业生以就业推荐的机会，不能厚此薄彼。公正推荐是学校的基本责任，也是毕业生享有的最基本的权益。

（3）择优推荐，学校根据毕业生的在校表现，在公正、公开的基础上，还应择优推荐，用人单位录用毕业生也应坚持择优标准。真正体现优生优分，学以致用、人尽其才。这样才能调动广大毕业生和在校生学生的积极性。

**3. 选择权**

根据国家有关规定，实行招生并轨改革后的高校毕业生，可以在国家就业方针、政策指导下自主择业，即毕业生只要符合国家的就业方针、政策，就可以结合自身情况自主与用人单位协商，要求学校予以推荐，直至签订就业协议，学校、其他单位和个人均不得干涉。任何将个人意志强加给毕业生，强令毕业生到某单位的行为都是侵犯毕业生选择权行为。

**4. 公平待遇权**

用人单位录用毕业生的过程中，也应公平、公正，一视同仁。但由于各项配套措施滞后，完全开放公平的就业市场尚未真正形成，用人单位录用毕业生还不同程度存在不公平、不公正的现象。如现阶段女生就业难仍然是困扰女毕业生就业的一大问题，招聘过程中其他不公正现象也时常出现。

**5. 违约及补偿权**

毕业生、用人单位、学校三方签订协议后，任何一方不得擅自毁约。如用人单位无故要求解约，毕业生有权要求对方严格履行就业协议；否则用人单位应对毕业生承担违约责任，支付违约金，毕业生有权要求用人单位进行补偿。

## 5.1.2 个人权益的自我保护

毕业生求职就业过程中要实现个人权益的自我保护应做到以下几点。

**1. 了解有关政策和法律规定，增强法律意识**

毕业生应了解目前国家关于毕业生就业的有关方针、政策和规范以及它们之间的关系，熟悉毕业生在就业过程中的权利和义务，这是毕业生权益自我保护的前提。如果在就业过程中因为所谓的公司规定或部门规定与国家政策法规有抵触，侵犯了自己的权益，则可以依据法规办事，维护自己的合法权益。

### 2. 自觉遵守就业规范

毕业生应自觉遵循有关就业规范，接受其制约，保证自己的就业行为不违反就业规范，不侵犯其他毕业生的合法权益。毕业生如有下列情形之一，由学校报地方主管毕业生调配部门批准，不再负责其就业。

（1）不顾国家需要，坚持个人无理要求，经多方教育仍拒不改正。

（2）自派遣之日起，无正当理由超过三个月不去就业单位报到的。

（3）报到后拒不服从安排或提出无理要求被用人单位退回的。

（4）其他违反毕业生就业规定的。

### 3. 预防侵害自身合法权益行为的发生

大学生在就业求职过程中应本着"诚实、信用、平等"的原则，以自身实力参与竞争。同时，要有风险意识，对于有些用人单位招聘人员时，使用夸大待遇条件等欺骗手段的做法要有提防戒备心理，预防侵害自身合法权益行为的发生。

### 4. 用法律手段维护自身合法权益

由于高校大学生就业市场尚不成熟，有关法律、法规和制度尚不健全，加之社会风气和人们旧观念、旧思想的影响，在就业过程中不可避免会出现一些不公平现象，侵害了大学生的正当权益。在自身权益受到侵害时，大学生有权向用人单位上级主管部门提出申诉，也可提交给当地的劳动争议仲裁机构进行调解和仲裁，或直接向人民法院提起诉讼。

# 5.2　求职中的侵权和违法行为

刚毕业的大学生多急于就业，一门心思地寻找各种工作，一旦觉得有希望就会奋勇而上，往往忽视了对工作职位所在单位的客观审视。很多用人单位恰恰是抓住了求职者的这种心态，在招聘过程中设下各种侵权和违法的陷阱。这种行为不仅会让初入社会的学生对社会产生恐惧感，还会给学生造成精神或者物质上的直接伤害或损失。

所以，大学毕业生切忌在求职过程中因为求职心切而掉以轻心，要谨慎对待，做到客观审视，以求在求职过程中维护自己的正当权益。下面列举一些大学生求职过程中常见的招聘方的侵权和违法行为。

### 1. 招聘单位宣传不实

某些用人单位为吸引人才，发布的招聘信息与实际情况脱离，比如夸大公司实力、虚设职位、虚构发展前景、虚拟高薪待遇等。这些单位为达到自己的目的，利用毕业生就业时期望"三高（高薪、高福利、高职位）"的求职心态，侵犯毕业生的知情权，有的甚至构成了严重的恶意欺骗。

【案例】

某高校毕业生王明一直想找个体面的职业，把就业底线定在了"三高"基准上。他给很多大公司投了简历，也在很多人才网站上上传了自己的简历，但符合这些"三高"条件的大公司从来没有给过他回音。偶尔接到一些房地产公司打来通知面试的电话，也都是要招聘从基层做起的业务人员，这离王明的理想岗位目标相差太远了。不久，他接到了一家外资保险公司的面试电话，他本来想直接挂掉，但听到对方说招聘"储备干部"时，立刻产生了兴趣。通过面谈得知，只要按他们的工作流程来，月薪可达万元，王明没多想，很快就入职这家外资保险公司。进了保险公司以后，王明才发现"储备干部"要做的事其实就是普通的寿险业务员要做的事：每天都要出去拉保险，每周都要打增员电话。所谓的工作流程，就是指按销售保险的流程来销售保险：培训—拜访熟人—跟进—促成；所谓的高薪也是建立在有业绩的前提下，没业绩就一分钱不会有；所谓的干部就是先得忽悠其他人进公司成为你的下线后，才能升格成为干部，而在忽悠到人之前，你只能是"储备干部"。这与之前的宣传是有较大偏差的。王明终于明白，要当个真正的"干部"是很不容易的。

### 2. 廉价试用期

每一个初入职场的大学生都会经历一段工作试用期。新《劳动法》规定：试用期最长不得超过 6 个月。一些用人单位会打着"试用期"的幌子，延长试用期时间，或者试用期满后以不合格为由克扣试用者的工资甚至无理由地解雇试用者，这都是违法行为。另有一些用人单位在试用期间向毕业生收取培训费用，这也是违法的行为。所以，广大毕业生在求职时一定要避免这些情况的发生，维护好自己在试用期的权利。

### 3. 不正当的合同签署

不正当的合同签署犹如设下的陷阱。其中常见的有以下几种。

（1）口头约定

【案例】

毕业生李华试用期满后，发现公司并没有照之前所说的给自己转正。考虑到自己工作期间未曾出现任何失误，更没有给公司带来损失，她鼓起勇气向领导一探究竟，哪知道领导竟然说"我们并未签订任何合同，所有的安排都是为了公司更合理的发展"。李华一时懵了，为了保护自己的合法权益，她找到了当地的劳动局。根据李华的具体情况，劳动部门很快给出了解决方案，帮李华申请到了合法的劳动权利。

在这里要提醒广大毕业生：劳动合同的签订是必须的，就算是就业协议也不能代替它，及时地签订劳动合同能更好地维护我们自身的权益。

（2）威胁性合同

带有威胁性质的合同，俗称"霸王合同"。这类合同一般是以某个条件为威胁，迫使就业者在违背自己真实意愿的情况下签订劳动合同。

【案例】

某毕业生毕业于一所高等技术学校，通过自己的勤奋，并借助在公司的短暂磨炼，很快成为了一名优秀的技术员。这时，该企业允许他介绍自己的亲戚朋友过来上班，并与该技术员的亲戚朋友先后签订了劳动合同。之后，公司便以不解雇其亲戚朋友为条件强迫该技术员与其签订不公正的劳动合同。

这位技术员遭遇的就是"霸王合同"，面对这种情况，要通过劳动保障部门来争取自己的权益。

（3）非自由合同

非自由合同相当于卖身合同，表现为一些用人单位在合同中要求就业者必须一切行动都服从公司的安排。此合同一旦生效，就业者就如同失去了自由身的奴隶一般，在工作中将要无条件地接受加班和其他一切指令，甚至工作之余的一切行为都要到严格的限制。这不仅剥夺了就业者的休息权、休假权，有的甚至还出现任意辱骂、殴打、拘禁就业者等严重问题。

事实表明，非自由合同的签订不仅剥夺了就业者的自由，还易误导他们的思想认识。

（4）泄露隐私

【案例】

张倩是一位刚走出校门的学生，她满腔热情地去迎接即将到来的新生活。就在这时，她在一家工厂门卫处看到这家工厂正在招聘办公室人员，通过与门卫的简单谈话，她留下了自己的电话号码。

第二天，她便接到了面试通知。当张倩按照约定的地点赶到面试现场后，却发现并不是自己之前看到的那家公司，眼前的这家公司以提供商务娱乐为主，并开出高薪条件询问张倩是否愿意在此做酒水推销人员。刚毕业的张倩一口回绝了，但令她百思不得其解的是：这里怎么会有自己的电话号码呢？

在这里要提醒我们广大毕业生，在求职时不要轻易将个人资料及联系方式等留给不可靠的单位。用人单位在招聘时，可以合法获得毕业生的档案资料，但有义务对其进行保密，否则将构成侵权。还有一些毕业生在通过网络求职时，会在网络上留下自己的信息资料，虽然这些信息属于个人隐私，不经本人同意不得公开，但网络的不稳定性，比如工作人员疏乎、网络软件不安全性、不法分子蓄意而为等，很可能让这些信息成为侵害当事人权益或谋求商业利益的一种工具。所以，在通过网络投放简历时，要选择安全级别高的可靠网站，同时注意设置保密选项。

另外，在现场面试过程中，用人单位如提出与工作无关的恶意问题，毕业生是有权利拒绝回答的。

（5）盗用知识产权

一些用人单位在招聘时，会以验证个人才华为由向毕业生索要个人作品、工作设计等，恶意盗取毕业生的智力成果。

【案例】

张勇毕业于计算机专业，择业时在报纸上看到某软件公司在招聘计算机研究生，便赶去面试。面试结束后，他接到了一份应聘者考卷，试卷内容为设计某个项目。张勇花费了很大的精力和时间完成了工作设计，并通过电子邮件发了过去。但之后，他的应聘结果却迟迟没有出来。不久，他发现该软件公司在未通知他本人的情况下，盗用了自己的设计成果。他感到愤怒，急忙赶往该公司与其理论，但该公司并不予理会。张勇只好拿出自己的邮件发送记录找到了当地劳动部门，在劳动部门的帮助下，张勇成功地拿回了自己的作品并获得了相应补偿。

广大毕业生在求职时，不要让用人单位轻易复制自己的作品；如确需交付作品，则必须要求用人单位给出证明，以便后期维权。

（6）中介陷阱

随着大学毕业生的增加，就业压力越来越大。社会上随之滋生出一些不法机构，其中不少中介公司就是不法分子为牟取暴利而设立的机构。他们通过虚假的对外宣传，虚设一些企业信息及招聘岗位，对求职者收取中介费用后，敷衍了事甚至人间蒸发。

# 5.3　就业法律保障

《全国普通高等学校毕业生就业协议书》（以下简称《毕业生就业协议书》）是明确毕业

生、用人单位和学校三方在毕业生就业中权利和义务的书面表现形式。《毕业生就业协议书》一般由国家教育部或各省、市、自治区就业主管部门统一制表，由学校发放、毕业生签字、用人单位和学校盖章。学校将其作为毕业生就业派遣计划的依据，毕业生则据此办理报到、接转档案、户口等关系。

## 5.3.1 《毕业生就业协议书》填写及注意事项

就业协议是《全国普通高等学校毕业生就业协议书》的简称，又叫三方协议。三方主要内容如表 5-1 所示，其填写注意事项如表 5-2 所示。

表 5-1　　　　　　　　　　　　　毕业生就业协议书三方内容

| 情况及意见 | 姓名 | | 性别 | | 年龄 | | | 民族 | |
|---|---|---|---|---|---|---|---|---|---|
| | 政治面貌 | | 培养方式 | | | | 健康情况 | | |
| | 专业 | | | 学制 | | | | 学历 | |
| | 家庭地址 | | | | | | | | |
| | 应聘意见：<br><br><br><br><br>毕业生签名：<br>　年　月　日 | | | | | | | | |
| 用人单位情况及意见 | 单位名称 | | | | | | 单位隶属 | | |
| | 联系人 | | | 联系电话 | | | 邮政编码 | | |
| | 通信地址 | | | | 所有制性质 | □全民 □集体 □合资 □其他 | | | |
| | 单位性质 | □党政机关 □科研事业单位 □学校 □商贸公司 □厂矿企业 □部队 □其他 | | | | | | | |
| | 档案转寄详细地址 | | | | | | | | |
| | 用人单位意见：<br><br><br><br>签章<br>年　月　日 | | | | 用人单位上级主管部门意见：<br>（有用人自主权的单位此栏可略）<br><br>签章<br>年　月　日 | | | | |
| 学校意见 | 学校联系人 | | | 联系电话 | | | 邮政编码 | | |
| | 学校通信地址 | | | | | | | | |
| | 院（系、所）意见：<br><br><br><br>签章<br>年　月　日 | | | | 学校毕业生就业部门意见：<br><br><br><br>签章<br>年　月　日 | | | | |
| 备注 | 补充条款 | | | | | | | | |

表 5-2　　　　　　　　　　　　　毕业生就业协议书填写注意事项

| 项　目 | 注　意　事　项 |
|---|---|
| 学生项目 | 1. 专业名称应为学生现在的专业名称，务必与学校登记的专业名称完全一致，不得误写、简写，以免造成不必要的麻烦。<br>2. 落户地址应填写毕业生在毕业后户口将迁往的地址 |
| 单位项目 | 1. 用人单位名称与单位公章一致，不要简写、误写或写别名。<br>2. 用人单位性质填写单位的经济类型，如国有、独资、合资、民营、私营等。<br>3. 档案接收(单位名称、邮政编码、详细地址)：请填写清楚用人单位的人事档案保管单位的全称和地址，用于学校邮寄毕业生档案材料。有人事档案保管权的单位（如国家机关、国企、高校、省直属单位等）可写单位地址；无人事档案保管权的单位（如外资、私营、民营等）应填写其委托保管档案的地址，如某人才市场等 |
| 甲乙双方协商达成补充条款注意事项 | 1. 服务期、见习期等条款必须明确填写。<br>2. 各项福利、违约金等最好注明数目，若不注明，易引起纠纷。<br>3. 甲乙双方可就有关事项协商达成附加条款，如乙方就读本科或研究生，或乙方未获得毕业证书（学位证书），或甲方有何特殊的体检要求等均可在协议中写明 |

109

## 1. 毕业生就业协议的作用

就业协议书是明确毕业生、用人单位、学校三方在毕业生就业工作中的权利和义务的法律文书，能解决应届毕业生户籍、档案、保险、公积金等一系列相关问题。协议在毕业生到单位报到、用人单位正式接收后自行终止。就业协议一般由国家教育部或各省、市、自治区就业主管部门统一制表。

《全国普通高等学校毕业生就业协议书》（简称就业协议书），是对毕业生、用人单位、培养院校均有约束力的文书契约。现行的就业协议书是由教育部高校学生司统一制表、各省毕业生就业主管部门统一印制的。按《普通高等学校毕业生就业工作暂行规定》和教育部的有关规定，为维护毕业生就业工作的严肃性、公正性和公平性，就业协议书明确规定了毕业生、用人单位和培养院校三方在毕业生就业工作中的权利和义务。凡被用人单位正式录用的毕业生均需要签订就业协议书，凭就业协议书办理全国普通高等学校本专科毕业生就业报到证。

【案例】

罗强学的是文秘专业，毕业后取得了专科学历。在一次招聘会上，他与市里一家中等规模企业签订了就业协议书，约定违约金为 5000 元。于是，罗强便不再找工作，等待企业通知前去报到的日期。

该企业在后来的一次网络招聘上，发现另一名学生赵凯迪比罗强的综合素质要好，最重要的是赵凯迪是本科生，为此，该企业有了和罗强解约并和赵凯迪签约的意向。当该企业通知罗强前往时，罗强还以为去报到，谁知道是办解约手续，心里有些难过。他向该企业索要违约金 5000 元，却遭到拒绝，该企业声称罗强一天班都没上，不会给他 5000 元。

后来，罗强带着父亲找的律师陈先生来到该企业进行交涉，最后，该企业决定继续聘用罗强，不再解约。就这样，罗强用法律武器为自己争取了应得的权益。

### 2. 毕业生就业协议的主要特征

《全国普通高等学校毕业生就业工作暂行规定》第二十四条规定："毕业生、用人单位和高等学校应当签订毕业生就业协议书。"

就业协议是毕业生跟用人单位签约、走上工作岗位的第一步。毕业生通过与用人单位的双向选择，达成一致意见后，用人单位要先与毕业生签订就业协议，然后再签订劳动合同。通过这种形式来确定劳动关系，明确各自的权利与义务。

从法律上讲，就业协议性质上是一种民事合同，主要有以下特征。

（1）毕业生就业协议书是双方当事人的民事法律行为

毕业生就业是通过投寄推荐表给用人单位，介绍本人情况，约定毕业后到单位工作，在相互协商基础上，双方达成一致意见而签署就业协议书的民事法律行为过程。

（2）毕业生就业协议书是双方当事人在平等互利基础上的民事法律行为

毕业生可以自由地选择经济效益好、发展潜力大、能够发挥自身特长的用人单位；用人单位也可以根据本单位的实际需要，选择优秀毕业生到单位工作，不存在只有一方当事人签订就业协议书的情况。

（3）毕业生就业协议书是双方当事人设立各自权利义务的民事法律行为

毕业生就业协议书主要规定工作期限、工作岗位、工资报酬、劳动待遇、就业协议终止的条件以及违反协议时应承担的责任等，明确毕业生到单位工作的权力、单位对毕业生的管理权。

### 3. 《毕业生就业协议书》签订程序

毕业生持学校下发的推荐表，参与双向选择活动。单位确定后，毕业生凭借推荐表回执或单位接收函换取《毕业生就业协议书》，协议一律以原件为准，复印件无效。签订毕业生三方协议书的基本程序如下：

① 毕业生获得用人单位的书面接收函。

② 毕业生到所在学校领取一式三份的《毕业生就业协议书》（见图 5-1 和图 5-2），毕业生先按协议书的"说明"，填写好协议书中由毕业生填写的基本内容（一式三份需同时填写）。

③ 毕业生与用人单位签署就业协议，并在就业协议书上签名盖章，用人单位应在协议书上注明可以接收毕业生档案的名称和地址，并由可接收毕业生档案的用人单位上级主管部门或人才部门盖章。用人单位在与毕业生签订协议书之日起的十个工作日内将协议书寄送学校就业指导中心。

④ 毕业生到所在学校签署就业协议。

⑤ 学校签署完就业协议书以后，学校、用人单位、毕业生本人各留一份就业协议，毕业生本人把用人单位应持的一份就业协议书转交用人单位。

### 4. 《毕业生就业协议书》的解除

《毕业生就业协议书》的解除分为单方解除和三方解除两种。

（1）单方解除

单方解除包括单方擅自解除和单方依法或依协议解除。单方擅自解除协议属违约行为，解约方应对另两方承担违约责任。单方依法或依协议解除，是指一方解除就业协议有法律上或协议上的依据。如毕业生未取得毕业资格，用人单位有权单方解除就业协议；毕业生考取研究生后，用人单位依协议规定可解除就业协议。此类单方解除就业协议情况，解除方无须对另两方承担法律责任。

备注：

编号：NO.

# 全国普通高等学校毕业生就业协议书

毕 业 生 ＿＿＿＿＿＿＿＿

用人单位 ＿＿＿＿＿＿＿＿

学校名称 ＿＿＿＿＿＿＿＿

教育部高校学生司制表

图 5-1　毕业生就业协议书（1）

　　按《普通高等学校毕业生就业工作暂行规定》的要求，为维护国家就业计划的严肃性，明确毕业生、用人单位、学校三方在毕业生就业工作中的权利和义务，经协商，毕业生、用人单位、学校三方签订如下协议：

　　一、毕业生应按国家规定就业，向用人单位如实介绍自己的情况，了解单位的使用意图，表明自己的就业意见，在规定的时间内到用人单位报到，若遇到特殊情况不能按时报到，需征得用人单位同意。

　　二、用人单位要如实介绍本单位的情况，明确对毕业生的要求及使用意图，做好各项接收工作。凡取得毕业资格的毕业生，用人单位不得以学习成绩为由提出违约，未取得毕业资格的结业生，本协议无效。

　　三、学校要如实向用人单位介绍毕业生的情况，做好推荐工作，用人单位同意录用后，经学校审核列入建议就业计划，报教育部批准，学校负责办理派遣手续。

　　四、学校应在学生毕业前安排体检，不合格者不派遣，本协议自行取消，由学校通知用人单位。如用人单位对毕业生身体条件有特殊要求，原则上应在签订协议前进行单独体检，否则，以学校体检为准。

　　五、毕业生、用人单位、学校三方如有其它约定，应在备注栏注明，并视为本协议的一部分。

　　六、本协议经各方签字、盖章后生效。三方都应严格履行本协议，若有一方提出变更协议，须征得另两方同意，由违约方承担违约责任。

　　七、本协议一式三份，毕业生、用人单位、学校各执一份，复印无效。

| | 姓名 | | 性别 | | 年龄 | | | 民族 | |
|---|---|---|---|---|---|---|---|---|---|
| 毕业生情况及意见 | 政治面貌 | | 培养方式 | 学校教育 | | 健康情况 | | 健康 | |
| | 专业 | | | | 学制 | | 学历 | | |
| | 家庭地址 | | | | | | | | |
| | 应聘意见： | | | | | | | | |
| | 毕业生签名：程元玲　　　年　月　日 | | | | | | | | |
| 用人单位情况及意见 | 单位名称 | | | | | 单位隶属 | | | |
| | 联系人 | | 联系电话 | | | 邮政编码 | | | |
| | 通讯地址 | | | | 所有制性质 | 全民、集体、合资、其它 | | | |
| | 单位性质 | 党政机关、科研事业单位、学校、商贸公司、厂矿企业、部队、其它 | | | | | | | |
| | 档案转寄详细地址 | | | | | | | | |
| | 用人单位意见：<br><br><br>签章<br>　年　月　日 | | | | | 用人单位上级主管部门意见：<br>（有用人自主权的单位此栏可略）<br><br>签章<br>　年　月　日 | | | | |
| 学校意见 | 学校联系人 | 张中庆 | | 联系电话 | 18766857178 | | 邮政编码 | 272067 | |
| | 学校通讯地址 | 山东省济宁市北湖新区荷花路6号 | | | | | | | |
| | 院（系、所）意见：<br><br><br>签章<br>　年　月　日 | | | | | 学校毕业生就业部门意见：<br><br><br>签章<br>　年　月　日 | | | | |

图 5-2　毕业生就业协议书（2）

（2）三方解除

三方解除是指毕业生、用人单位、学校三方经协商一致，取消原签订的协议，使协议不再发生法律效力。此类解除原因是三方当事人真实意思表示一致的体现，三方均不承担法律责任，三方解除应在就业计划上报主管部门之前进行，如就业派遣计划下达后三方解除，还须经主管部门批准办理改派。

5.《毕业生就业协议书》的违约及违约责任

《毕业生就业协议书》一经毕业生、用人单位、学校签署即具有法律效力，任何一方不得擅自解除，否则违约方应向权利受损方支付协议条款所规定的违约金。从实际情况来看，就业违约多为毕业生违约。

毕业生违约，除本人应承担违约责任、支付违约金外，往往还会造成其他不良的后果，主要表现在以下3个方面。

（1）用人单位方面

用人单位往往为招聘做大量的准备工作，而毕业生就业工作时间相对比较集中，一旦毕业生因某种原因违约，势必造成用人单位前期准备工作的资源浪费，并使用人单位的相应岗位空缺，同时还会影响用人单位另行选择其他毕业生。

（2）学校方面

就学校而言，用人单位往往将毕业生违约行为认为是学校的行为，从而对学校的推荐工作产生怀疑，甚至影响学校和用人单位的长期合作关系。从历年毕业生违约情况来看，一旦某高校的毕业生违约给用人单位造成损失，则该用人单位在几年之内都不愿再到此高校来挑选毕业生。面对激烈的就业竞争，用人单位的有效需求就是毕业生择业成功的前提，毕业生的违约行为必定影响今后学校的毕业生就业工作。

（3）其他毕业生方面

用人单位到高校挑选毕业生，一旦与某毕业生签订就业协议，就不可能再录用其他毕业生。若日后该毕业生违约，有些当初希望到该用人单位工作的其他毕业生由于录用时间等原因，也无法补缺，造成就业信息的浪费，耽误其他毕业生就业的机会。

因此，毕业生在就业过程应慎重选择，认真履约。

【阅读材料】

## 毕业生报到时用人单位拒绝接收怎么办

当遇到用人单位拒绝接收时，毕业生应主动向用人单位说明情况，不要与对方争吵，更不要贸然返校，应及时与学校取得联系，由学校分清责任，按有关规定妥善处理。

若属因学校工作失误造成，应由学校负责提出调整意见报批；若由于用人单位发生重大变化（如撤并、破产、倒闭等），不能接收的，应及时与学校协商，合理调整；若是用人单位对毕业生提出难以达到的又不符合政策规定的过高要求，则不能作为退人理由。属于毕业生本人身体有病而提出退回的，若是学生在校期间就有传染病史、精神病史，用人单位不知道，待毕业生报到时才被发现的，应允许提出退回；若是报到后才患病的，应按在职人员病假的有关规定处理。

（资料来源：中国教育在线 http://www.edu.cn）

## 5.3.2　《毕业生就业协议书》的法律性质

《毕业生就业协议书》是毕业生与用人单位签订的第一份法律文本，具有合同的某些法律属性，但同工作后签订的劳动合同又具有明显的不同。

**1.《毕业生就业协议书》具有合同的属性**

《中华人民共和国合同法》第二条、第三条明确规定："合同是平等主体的自然人、法人、其他组织之间设立、变更、终止民事权利义务关系的协议。合同当事人的法律地位平等，一方不得将自己的意志强加给另一方。"毕业生所签订的《毕业生就业协议书》是否属于合同呢？通过分析可以发现，首先，《毕业生就业协议书》的主体是毕业生（自然人）和用人单位（法人或其他组织），他们在签订就业协议时的法律地位是平等的；其次，《毕业生就业协议书》是双方意思表示一致后达成的，任何一方都不得将自己的意志强加给另一方；再次，《毕业生就业协议书》所涉及的权利义务均属于我国民事法律调整的范围。因此，可以说《毕业生就业协议书》具有合同的属性。

目前，仍有很多企业包括一些国有大型企业，在接收毕业生时，用与毕业生签订《毕业生就业协议书》来代替《劳动合同》。用人单位与毕业生签订《毕业生就业协议书》的依据是1989年3月2日教育部颁布的《高等学校毕业生分配制度改革方案》中的第十四条："高等学校毕业生实行定期服务制度。服务期一般为5年，随着人事、劳动制度的改革，具体服务年限和办法也可以由用人单位与毕业生根据实际情况商定。"该方案中关于"定期服务制度"仅有的这一条款，并没有规定毕业生违反定期服务的赔偿责任。1995年我国颁布实施《劳动法》以后，企业实行劳动合同制，用人单位与员工的劳动关系应当由《劳动法》与劳动合同来调整，作为高校毕业生就业工作程序，《毕业生就业协议书》是一定要签的。毕业生到企业工作后，还应与企业签订劳动合同。

**2.《毕业生就业协议书》不能取代《劳动合同》**

《毕业生就业协议书》作为确定劳动关系的依据，从本质上讲属于广义上的合同，具有劳动合同的部分特征，主要根据如下：

① 签订《毕业生就业协议书》是毕业生、用人单位双方在平等互利的基础上进行的民事法律行为，其目的在于构建双方的劳动法律关系。在毕业生的就业选择中，毕业生可以自愿地选择用人单位，用人单位也可以根据自身业务发展的需要选择合适的优秀的毕业生到本单位工作，从而为单位谋求更大的利益和发展。其他的任何人或单位、组织若无法定的事由不得对毕业生和用人单位的就业协议加以干涉。

② 《劳动合同》表明劳动者和用人单位间确立了劳动关系，而毕业生和用人单位确定的就业劳动关系的依据是《毕业生就业协议书》。

③ 签订《毕业生就业协议书》是用人单位和毕业生双方当事人设立各自权利义务的民事法律行为，它是一种双方承诺的毕业生就业书面合同。由于就业协议是确立毕业生就业关系的一种协议，凡用人单位与毕业生之间的就业争议、纠纷都应遵循就业协议中的有关规定设法解决。

虽然说《毕业生就业协议书》具有《劳动合同》的部分特征，但不能等同于《劳动合同》。《毕业生就业协议书》仅是一份简单的文本文件，很多诸如工作岗位、工作条件等劳动合同必备条款并不在其中直接体现，因此，单凭就业协议，毕业生就业后的劳动权利无法得到全面、具体的保障。

从法律角度看，虽然《毕业生就业协议书》与《劳动合同》二者一经签订都具备法律效力，无论是毕业生还是用人单位都应当履行约定，但事实上《毕业生就业协议书》仅是毕业生与用人单位双方进一步确立劳动关系的前提。从内容上看，就业协议中所规定的条款大多是框架性的内容，毕业生与用人单位的有关劳动权利和义务的具体内容还有待于双方在《劳动合同》中详细约定。因此，如果毕业生在报到后与用人单位始终未能签订《劳动合同》，双方一旦发生纠纷，由于举证不能等方面的原因，法律最终也很难保护其合法权益不受侵害。根据《劳动合同条例》的有关规定，《劳动合同》是劳动者与用人单位确立劳动关系、明确双方权利和义务的协议，应当以书面形式订立。在应当订立《劳动合同》的情况下，如果用人单位以种种借口不与毕业生订立《劳动合同》，毕业生完全可以拿起法律武器保护自己的合法权利。

**3. 签订《毕业生就业协议书》的法律责任**

每位毕业生只能与一家用人单位签订《毕业生就业协议书》。《毕业生就业协议书》明确规定了学校、用人单位及毕业生三方的权利、义务与责任，一经签订即视为生效合同，不能随意更改。如由于特殊原因，毕业生单方面毁约，必须在规定时间内征得原签约单位的同意，经学校毕业生就业工作部门批准，方可办理改派手续。

就业协议书是学校派遣毕业生的依据。毕业生如果没有签署《毕业生就业协议书》，而只是与单位签了《劳动合同》，那么毕业生的档案、户口等人事关系都无法直接从学校转到用人单位，所以，毕业生应按照学校的就业工作程序签署《毕业生就业协议书》。

## 5.3.3 劳动合同

毕业生到用人单位报到后一般都要签订劳动合同。一份合法有效的劳动合同应该是用人单位与劳动者之间的"双赢"。

**1. 劳动合同的含义**

劳动合同是劳动者与用工单位之间确立劳动关系、明确双方权利和义务的协议。

具体而言，有以下 3 层含义。

（1）劳动合同的主体是劳动者与用人单位

劳动者应是年满 16 周岁的公民。某些特殊行业（如文艺、体育和特种工艺单位）需要招收未满 16 周岁的人员，需经劳动行政部门的审批。对于年满 16 周岁未满 18 周岁的未成年，国家对其进行特殊保护，如不得安排从事矿山井下、有毒有害、国家规定的第四级体力劳动强度的劳动和其他禁忌从事的劳动。除了必须达到法定的最低劳动年龄外，还必须具备用人单位根据工作需要规定的其他素质要求和身体条件，只有这样，才能成为劳动合同要求的一方当事人——劳动者。作为劳动合同另一方当事人的用人单位，必须是企业、个体经济组织、民办非企业单位、国家机关、事业单位和社会团体。

（2）劳动合同的内容是劳动者与用人单位双方的权利和义务

劳动者成为用人单位的成员，要承担一定工种、岗位或职务的工作，完成劳动任务，并遵守用人单位的劳动规章制度；用人单位为劳动者提供法律规定或双方约定的劳动条件，按一定标准并结合劳动的数量和质量付给劳动者报酬，保障劳动者享有法定的或约定的各项政治经济权利和其他福利待遇。

（3）合同的目的是为了确立劳动者与用人单位之间的劳动关系

劳动关系是指人们在社会生产劳动过程中所发生和形成的关系，它是生产关系的重要组成部分。劳动合同是确立劳动关系的法律形式，合同一经劳动者与用人单位协商订立，经过法律规定和确认，即具有法律上的约束力，任何一方，包括用人单位和劳动者，都必须按照劳动合同的规定行使权利和履行义务，否则必须承担相应的法律责任。

**2. 劳动合同的基本内容**

根据《劳动合同法》的规定，劳动合同的内容可以分为两个部分：必备条款和普通条款。必备条款也叫作法定条款，就是在劳动合同中必须具备的内容，不可缺少。法定条款又分为一般法定条款和特殊法定条款。

（1）一般法定条款

一般法定条款包含 7 个方面的内容。

① 劳动合同的期限，就是合同开始的时间和结束的时间。如 2014 年 3 月 20 日被录用开始工作，工作时间为 10 个月，那么合同的期限一般规定为：本劳动合同从 2014 年 3 月 20日生效，到 2015 年 1 月 20 日结束。

② 工作内容，就是规定就业者在该单位做什么工作。如在装修公司做木工，那么合同中应该注明工作的内容是"木工"，具体承担木制家具制作、装修工作的一些木工活等。

③ 劳动保护和劳动条件，如建筑工人应该发放安全帽、高空作业时有哪些保护措施等。

④ 劳动报酬，就是工资多少、怎么算、什么时候发放等。

⑤ 劳动纪律，如上班时间不得私自外出、如何请假等。

⑥ 劳动合同终止的条件，如合同到期终止，或者就业单位出现破产停业等情况要求终止合同，或者就业者出现特殊情况要求终止合同等，以及终止合同时双方应该承担的责任。

⑦ 违反劳动合同的责任，就是规定签约双方的任何一方违反了合同中的规定时应该如何处理等。

（2）特殊法定条款

特殊法定条款是由于某些劳动合同的特殊性，法律要求某一种或某几种劳动合同必须具备的条款。例如，中外合资经营企业和私营企业的劳动合同中应该包括工时和休假的条款。如果因为用人单位的原因签订了不完整的劳动合同，之后对就业者的权益造成了侵害，用人单位应当承担法律责任。

（3）补充条款

补充条款也叫作商定条款，是双方当事人在签订合同时，互相商量定下的条款。补充条款是法律赋予双方当事人的权利；但是，补充条款的约定不能与国家的法律法规相抵触，不能危害国家、组织或个人的权益。

以下是一份劳动合同范文：

劳动合同

甲方（用人单位）：　　　　　　　　　　法人代表：

乙方（学生）：

××公司（以下简称甲方）现聘用××（以下简称乙方）为甲方劳动合同制职工，甲、乙双方本着自愿、平等的原则，经协商一致，特签订本合同，以便共同遵守。

第一条 合同期限

合同期限为　年，从　年　月　日至　年　月　日止。其中试用期为　个月，从　年　月　日至　年　月　日止。

第二条 工作岗位

甲方安排乙方从事　　　　　　工作。甲方有权根据生产经营需要及乙方的能力、表现调整乙方的工作，乙方有反映本人意见的权利，但未经甲方批准，乙方必须服从甲方的管理和安排。乙方应按时，按质、按量完成甲方指派的任务。

第三条 工作条件的劳动保护

甲方需为乙方提供符合国家规定的、安全卫生的工作环境，保证乙方人身安全及在人体不受危害的环境条件下从事工作。甲方根据乙方岗位实际情况，按照甲方的规定向乙方提供必要的劳动防护用品。

第四条 教育培训

在乙方被聘用期间，甲方负责对乙方进行职业道德、业务技术、安全生产及各种规章制度的教育和训练。

第五条 工作时间

甲方实行每周工作5天，40小时，每天8小时工作制。上下班时间按甲方规定执行。乙方享有国家规定的法定节假日、婚假、丧假、计划生育假等有薪假日。甲方确因生产（工作）需要乙方加班时，按照有关规定给予乙方一定的经济补偿或相应时间的补休。

第六条 劳动报酬

按甲方现行工资制度确定乙方月基本工资为　　元。其余各类津贴、奖金等发放按公司规定及经营状况确定。甲方实行新的工资制度或乙方的工作岗位变动时，乙方的工资待遇按甲方规定予以调整。甲方发薪日期为每月　　日，实行先工作后付薪。

第七条 劳动保险和福利待遇

乙方因生、老、病、伤、残、死，甲方按国家有关规定处理。甲方按照国家有关规定按期为乙方缴纳养老、医疗、失业、公积金等社会保障。

甲方在生产经营状况良好的情况下，为乙方购买的商业保险，在保险期内，甲方有权变更或撤销险种。

乙方因病或非因工负伤需治疗的，按照《××省（市）劳动合同规定》之规定，给予相应的医疗期。乙方在医疗期间的工资待遇、医疗费用等按照国家和××市及甲方的有关规定处理。

第八条 劳动纪律

乙方应遵守国家的法律、法规及甲方依法规定的各项规章制度。乙方应遵守甲方规定的工作程序、保密规定等制度。乙方违反劳动纪律和甲方的规章制度，甲方可按奖惩规定给予批评、教育、处罚，直至解除劳动合同。

第九条 劳动合同的解除与不得解除的规定

经甲、乙双方协商一致，劳动合同可以解除。乙方有下列情形之一的，甲方可以解除合同：

（1）试用期间，发现不符合录用条件的；

（2）严重违反劳动纪律或者甲方的规章制度的；

（3）严重失职、营私舞弊，对甲方利益造成重大损害的；

（4）依法被追究刑事责任或劳动教养的。

有下列情形之一的，甲方可以解除劳动合同，但是应当提前 30 日以书面形式通知乙方本人：

（1）乙方患病或者非因工负伤，医疗期满后不能从事原工作，也不能从事由甲方另行安排适当工作的；

（2）乙方不能胜任工作，经过培训或者调整工作岗位，仍不能胜任工作的；

（3）劳动合同订立时所依据的客观情况发生重大变化，致使原劳动合同无法履行，经当事人协商不能就变更劳动合同达成协议的；

（4）甲方濒临破产进行法定整顿期间或者生产经营状况发生严重困难，确需裁减人员的。

有下列情形之一的，乙方可以通知甲方解除劳动合同：

（1）试用期内的；

（2）甲方以暴力或者非法限制人身自由的手段强迫劳动的；

（3）甲方未按照劳动合同约定支付劳动报酬或提供劳动条件的；

（4）乙方因其他情况需要辞职，需在一个月前以书面形式通知甲方。

乙方有下列情形之一的，甲方不得随意解除劳动合同：

（1）患病或负伤在规定的医疗期内的；

（2）女职工在孕期、产期、哺乳期内的；

（3）法律、法规、规章、规定的其他情形。

解除劳动合同的经济补偿，按《××省（市）劳动合同规定》执行。对于乙方在本合同期内由甲方出资培训，乙方因个人情况辞职或离职，在培训期内的按培训费的 100%赔偿，并退还任职最后 3 个月薪金；在培训结束后的，将酌情减免培训费的赔偿金额。

第十条　双方需约定的其他事项

乙方若因病不能上班时，可凭医院出具的有关证明，享受甲方规定的 1 年内 7 个工作日的有薪病假。当有薪病假日累计超过 7 天后，甲方将按规定从乙方工资中扣除相应金额。

第十一条　违反劳动合同的责任

甲、乙双方任何一方违反劳动合同，给对方造成经济损失的，应根据损失情况和责任大小，依据国定的有关法规和企业依法制定的规章制度及双方约定的事项，承担一定的经济补偿。

第十二条　劳动争议

甲、乙双方履行本合同和因辞退、除名、开除乙方而发生劳动争议时，可由甲、乙双方协商解决。若双方不能协商解决的，可由争议的一方向企业所在地的劳动争议仲裁委员会申请仲裁。不服从仲裁裁决的一方，可在收到仲裁裁决书之日起十五天内，向甲方所在地人民法院提出诉讼。

第十三条　其他

本合同一式两份，甲、乙双方各执一份，经双方签字盖章后生效，两份具有同等法律效力。本合同未尽事宜，按照《中华人民共和国劳动法》、《××省（或市）劳动合同规定》和甲方的有关规定执行。本合同条款如与国家法律、法规和政策相悖时，以国家法规政策为准。

甲方（盖章）：　　　　　　　　　　　　　　　　乙方（签字）：

联系电话：

年　月　日　　　　　　　　　　　　　　　　　　年　月　日

### 3. 劳动合同的法律效力

劳动合同经双方当事人签字或盖章后就发生法律效力。

根据《劳动法》第十八条的规定，违反法律、行政法规的劳动合同和采取欺诈、威胁等手段订立的劳动合同都是无效劳动合同。劳动合同的无效，由劳动争议仲裁委员会或者人民法院确认。

造成合同无效的原因大体有以下几种。

（1）合同主体不合格

如受雇一方提供了假的学历、学位、专业技术资格证书，聘用单位不具备招聘资格等。

【案例】

陈超鹏是全日制大专毕业生，他在求职的时候发现，仅凭自己的大专学历，很难找到一份较好的职业，特别是有些企业起步就需要本科生。尽管他再三强调他有能力、有真才实学，可是依然屡屡碰壁。有一天，他看到某企业招聘一名技术人员，但要求本科学历，除了学历，他觉得自己哪方面都比较适合。他不想再失去这次机会了，于是决定铤而走险。他按街上贴的小广告上的电话，违法购买了一张假文凭。凭借这份假学历证明，经过笔试、面试，他成功应聘进了该企业，并约定试用期三个月。

他工作了两个月后，该企业发现他的文凭系假文凭。这时陈超鹏只得承认自己为了应聘成功，不得已欺骗企业的事实，他请求企业看在自己的工作能力和工作态度上能够予以谅解。但该企业管理层认为，企业一再强调员工应该诚信，陈超鹏却以欺骗的方式达到与企业签订劳动合同的目的。为惩戒和杜绝此类行为的发生，企业立即解除了与陈超鹏签订的劳动合同。陈超鹏追悔莫及。

（2）合同内容不合法

合同内容不合法，即劳动合同有悖法律、法规及善良风俗，或是损害了国家及社会的公共利益，如约定制造冰毒、假钞等。内容不合法的劳动合同不受法律保护。

【案例】

李冰学的是图书出版专业，大学毕业后，某私营企业通过提供优厚待遇将其招聘入企业。李冰与该公司签订了劳动合同。合同中规定李冰必须无条件服从公司的决定，听从公司的工作安排。如果不服从公司安排而违约，最高需要支付公司1万元违约金。

单纯的李冰没有看出来合同上的问题，欣然签约。谁知道工作半个月后，李冰发现公司之所以待遇优厚，是因为该公司涉嫌印制盗版图书。当李冰熟悉工作之后，公司安排李冰扫描某正规出版社出版的图书，欲制成胶片印刷出版，牟取暴利。因为担心自己被牵扯进去，李冰提出辞职，公司于是拿出合同，指出李冰未服从公司安排，需要支付1万元违约金。

回到家里后，李冰闷闷不乐，被父亲发现。父亲询问他后方知原委，便让李冰把那份合同带上，一起找做律师的姑姑咨询一下。姑姑看完合同后，告诉李冰完全不用担心，因为该公司与李冰签订的合同违犯法律，而且损害了他人的利益，不受法律保护。于是，李冰才放下心来，另外找工作单位上班。

（3）违背签订者的真实意愿

劳动合同是双方合意的产物，应该是当事人真实意思的表示。采取欺诈、威胁等手段订立的劳动合同违背一方的真实意愿，因而是无效的。

【案例】

小文是2014年毕业生，自2014年8月1日起应聘于一家建筑公司（国企）。招聘方及签约单位均为总公司，但工作地点则在该公司位于北京的第二公司（私人挂靠性质）。由于没有经验，小文在"一边倒"的合同（无试用期，实习期一年，签约5年，违约金5万元）上签了字，但当时小文提出不同意该份合同。公司人事部工作人员承诺修改合同，但至今毫无音讯。现在，小文提出要与公司解除合同，公司让小文支付违约金。公司的这种行为是否属于欺骗行为，是否合法？

　　小文遇到的问题其实是一个常见的问题，它正是劳动者弱势地位的真实写照。由于劳动者与用人单位相比，处于相对弱势地位，加之现在的劳动力市场供过于求，所以，一些劳动者为了得到一份工作来挣钱维持自己的生计，在求职时面对用人单位单方拟定的劳动合同文本，心里可能有很大的意见，但因怕得不到工作，不敢提出自己的意见；即使个别人委婉地提出意见，被用人单位拒绝后，往往也不敢再坚持己见，只好委曲求全地在合同上签了字，以图先得到这份工作再说。

　　但是从法律角度上来看，劳动者在劳动合同上签字，是表示自己对这份合同认可并愿意遵守和履行这份合同的行为。如果拿不出用人单位在签合同时采用了胁迫或欺诈手段的证据的话，就只能被认定为这是自己的真实意愿的表达，就不能说这是一份无效的劳动合同。

　　（4）合同形式不合法

　　这是指劳动合同没有采取书面形式、当事人也未实际履行主要义务，或者未依法签订劳动合同等。在一般情况下，只要当事人采取补救措施，使合同形式合法化，就可以认定合同有效。

　　【案例】

　　杨芬大学毕业后，应聘进一家电子商务公司做平台销售。当她工作了近半年之后，公司以其仍在试用期为由，不仅不给她应有的业务提成，还按比其他职工工资低15%的实习工资标准发放其工资。为此，杨芬向公司递了辞呈，并且要求公司按照《劳动合同法》的规定，支付她双倍月薪。

　　《劳动合同法》第八十二条规定：用人单位自用工之日起超过一个月不满一年未与劳动者订立书面劳动合同的，应当向劳动者每月支付两倍的工资。公司后来向杨芬承认了错误。鉴于杨芬业绩不错，公司请求与她签订劳动合同，补发她应得的工资和提成。双方达成协议后，杨芬收回了辞呈。

　　**4．劳动合同签订的原则**

　　劳动合同的订立，是指劳动者与用人单位之间为建立劳动关系，依法就双方的权利义务协商一致，设立劳动合同关系的法律行为。订立劳动合同的原则是指劳动者与用人单位订立劳动合同时必须遵循的基本准则。

　　《劳动合同法》规定，签订劳动合同要遵循平等、自愿、协商一致的原则，不得违反法律和行政法规的规定。劳动合同依法订立，即具有法律效力，当事人必须履行劳动合同规定的义务。

　　《中华人民共和国劳动合同法》（以下简称《劳动合同法》）第三条第一款规定："订立劳动合同，应当遵循合法、公平、平等自愿、协商一致、诚实信用的原则。"具体来说，劳动合同的签订应遵循以下几项原则。

　　（1）合法原则

　　合法原则是指订立劳动合同必须遵守国家的法律法规的规定。也就是说，签订劳动合同的双方不得违反法律和行政法规的规定，订立合同的主体和内容必须合法。

　　合法原则包括3方面的内容：①订立劳动合同的主体必须合法。作为用人单位，必须是

依法成立的企业、事业单位、国家机关、社会团体和个体经济组织等用人单位；作为劳动者，必须是具有劳动权利能力和劳动能力的自然人。②劳动合同的内容必须合法。劳动合同的所有条款都不能违反国家法律、法规的规定，不得有损国家利益和社会公共利益。③劳动合同订立的形式和程序必须合法。

（2）公平原则

公平原则是指劳动合同当事人要公平地确定合同权利义务，使双方的权利义务安排大致相当，合同当事人不得利用自己的优势地位或对方的不利地位，与对方订立有失公平的合同。合同的公平原则要求合同双方当事人之间的权利义务要基本平衡，即双方当事人之间给付与对待给付之间要具有等值性。如果合同内容有失公平，当事人一方有权请求劳动争议仲裁机构或者人民法院确认不公平的合同无效。

（3）平等自愿、协商一致原则

凡是违反平等自愿、协商一致原则签订的劳动合同，不仅不具有法律效力，而且还应承担一定法律责任。

平等是指双方当事人在签订劳动合同时的法律地位平等，没有任何隶属、服从关系，用人单位与劳动者是以平等的身份订立劳动合同的。因此，毕业生应该依据《劳动合同法》的规定，理直气壮地要求与用人单位签订劳动合同。在合同上签字前，要仔细阅读合同条款，对内容含混的条款要坚持修改至清楚为止；对不合法的内容要据理力争，以维护自己的合法权益。

【案例】

小华刚刚应聘到一家公司上班，当初公司与小华签订了为期一年的劳动合同，规定的试用期为一个月。可是该公司却经常性地要求员工加班，而且劳动强度非常大。因此小华上班半个月后就不想干了。谁知，小华的辞职请求却被公司拒绝。小华咨询了律师，想问问该公司有没有权力强迫自己继续工作。

律师认为该公司无权阻挠小华解除劳动合同。《劳动合同法》第三十七条规定："劳动者在试用期内提前三日通知用人单位，可以解除劳动合同"。虽然小华已经与公司签订了一年的劳动合同，但目前依然是在试用期内。假如小华发现用人单位工作不利于自己将来的发展，不必有什么顾虑，可以断然行使解除劳动合同的权利。并且，处于试用期的劳动者不必向用人单位说明任何原因和理由，只要提前三天通知用人单位即可，而用人单位也无权阻挠劳动者离开。

自愿是指订立劳动合同完全出于当事人自己的意志，任何一方不得将自己的意志强加给对方，也不允许第三者干涉劳动合同的订立，用人单位不能强迫或欺骗劳动者签订劳动合同。

协商一致是指合同的双方当事人对合同的各项条款，只有在双方充分表达自己意志基础上，经过平等协商，取得一致意见的情况下签订的，劳动合同才能成立。

【案例】

文慧应聘进一家化妆品公司做销售工作，当初她和公司签订劳动合同时，为了避免自己的权利受到损害，文慧叫上了做律师的舅舅把关。当遇到不合理的条款时，他们就和公司进行交涉，最终意见取得一致后才签了约。比文慧先来的同事都后悔，当初没有像她这样找个把关的人来，白白地损失了不少利益。

（4）诚实信用原则

诚实信用原则是指劳动合同当事人在订立劳动合同时要诚实，不得有欺诈行为。欺诈行为是指一方当事人故意实施某种欺骗他人而使他人陷入错误的行为。例如用人单位或劳动者为了达到签订劳动合同的目的，故意告知对方虚假的情况等。双方当事人在签订劳动合同时，要真实地向对方当事人陈述与劳动合同有关的情况，恪守信用，讲求信用。

**5. 毕业生应该了解《劳动合同法》的 6 个问题**

（1）《劳动合同法》规范和保护的主体范围

大学毕业生有各种各样的求职愿望，有的希望进入公务员队伍，有的希望进入事业单位和社会团体，也有的想进入企业或者自己创业。在这种情况下，大学毕业生在学习和掌握《劳动合同法》时，首先要了解《劳动合同法》的适用范围。

新《劳动合同法》适当扩大了适用范围：①将民办非企业纳入《劳动合同法》的调整范围。民办非企业单位是企业、事业单位、社会团体和其他社会力量以及公民个人利用非国有资产举办的，从事非营利性社会服务活动的社会组织。如民办学校、民办医院、民办图书馆、民办博物馆、民办科技馆等。②对事业单位与实行聘用制的人员是否适用做了灵活规定，即法律、行政法规或者国务院另有规定的，依照其规定；未做规定的，依照《劳动合同法》的规定执行。③规定国家机关、事业单位、社会团体和其建立劳动关系的劳动者，也就是除公务员和参照公务员法管理的人员，以及事业单位中实行聘用制的工作人员外，依照《劳动合同法》执行。④对劳务派遣用工做了专门的规定。

如果大学毕业生选择了《劳动合同法》适用范围内的组织（用人单位）就业，就会受到《劳动合同法》的规范和保护。

（2）劳动者的知情权

在求职就业过程中，不少大学生都曾遇到过这种情况，一些用人单位故意隐瞒真实的工作信息，或者将工作条件和劳动报酬说得天花乱坠，到实际工作时完全不是那么回事，这往往使毕业生大失所望，给其职业生涯带来负面影响。

《劳动合同法》第八条规定："用人单位招用劳动者时，应当如实告知劳动者工作内容、工作条件、工作地点、职业危害、安全生产状况、劳动报酬，以及劳动者要求了解的其他情况。"也就是说，在应聘时，大学毕业生有权了解用人单位的基本情况、自己的工作内容和劳动报酬等。此外，用人单位还应当根据劳动者的要求，及时向其反馈是否录用的情况。

（3）劳动者个人隐私保护

为了尊重公民的基本权利，保护劳动者的隐私权，《劳动合同法》第八条明确规定："用人单位有权了解劳动者与劳动合同直接相关的基本情况，劳动者应当如实说明。"换句话说，不属于"与劳动合同直接相关的基本情况"，用人单位都无权过问，劳动者也有权拒绝作答。

2008 年 1 月 1 日起开始施行的《就业服务与就业管理规定》第十六条也规定，用人单位在招用人员时，除国家规定的不适合妇女从事的工种或者岗位外，不得以性别为由拒绝录用妇女或者提高对妇女的录用标准。用人单位录用女职工，不得在劳动合同中规定限制女职工结婚、生育的内容。

（4）用人单位不得要求求职者提供担保或向其收取财物

少数用人单位为牟取钱财，采用招聘途径，通过向求职者收取招聘费、培训费、押金或服装费等，获取不当得利。一些毕业生求职时会遇到这种情况，如参加面试时，公司告知要参加培训，考试合格后方能录用，培训费自付；或者用人单位称会给予毕业生职位，但须缴纳抵押金，而当劳动者提出辞职时，用人单位却拒绝退还抵押金。

《劳动合同法》加大了对扣押劳动者的居民身份证和收取押金等行为的处罚力度，其第九条规定："用人单位招用劳动者，不得扣押劳动者的居民身份证和其他证件，不得要求劳动者提供担保或者以其他名义向劳动者收取财物。"第八十四条规定："扣押劳动者居民身份证等证件的，由劳动行政部门责令限期退还劳动者本人，并依照有关法律规定给予处罚。用人单位违反本法规定，以担保或者其他名义向劳动者收取财物的，由劳动行政部门责令限期退还劳动者本人，并以每人五百元以上两千元以下的标准处以罚款；给劳动者造成损害的，应当承担赔偿责任。"

（5）建立劳动关系应当注意的问题

当前用人单位不与劳动者签订书面劳动合同的情况较为普遍，劳动者的权益极易受到侵害，《劳动合同法》强调，"建立劳动关系，应当订立书面劳动合同"。大学毕业生求职时要特别注意这一环节，《劳动合同法》强调了用人单位在订立书面劳动合同方面的义务，并将这些义务具体化。相关内容如下：①劳动合同应当在建立劳动关系的一个月内订立；②用人单位自用工之日起超过一个月不满一年未与劳动者订立书面劳动合同的，应当向劳动者每月支付两倍的工资；③用人单位自用工之日起满一年不与劳动者订立书面劳动合同的，视为用人单位与劳动者已订立无固定期限劳动合同；④用人单位未在用工的同时订立书面劳动合同，与劳动者约定的劳动报酬不明确的，新招用的劳动者的劳动报酬按照集体合同规定的标准执行；没有集体合同或者集体合同未规定的，实行同工同酬；⑤劳动合同由用人单位与劳动者协商一致，并经用人单位与劳动者在劳动合同文本上签字或者盖章生效。劳动合同文本由用人单位和劳动者各执一份。如果用人单位提供的劳动合同文本未载明必备条款，或者用人单位未将劳动合同文本交付劳动者的，由劳动行政部门责令改正；给劳动者造成损害的，应当承担赔偿责任。

（6）用人单位在哪些情况下可以约定违约金

用人单位利用其优势地位，常常预先在劳动合同中设定高额违约金，限制劳动者在职业上的自由流动，侵害了劳动者的择业自主权，并由此引发大量劳动争议。新《劳动合同法》对违约金条款给予了严格的限制，明确规定只有两类劳动者可以在劳动合同中约定违约金。一是用人单位为劳动者提供专项培训费用，对其进行专业技术培训的，可以与该劳动者订立协议，约定服务期，如果劳动者违反服务期约定的，应当按照约定向用人单位支付违约金，但违约金的数额不得超过用人单位提供的培训费用。二是对负有保守商业秘密和知识产权义务的高级管理人员、高级技术人员和其他负有保密义务的人员，用人单位可以与之约定竞业限制，如劳动者违反竞业限制的约定，应当按照约定支付违约金。除这两类劳动者外，用人单位不得与劳动者约定由劳动者承担高额违约金。

**【阅读材料】**

## 大学生就业维权有四招

### 1. 三方协议不能代替合同

高校应届毕业生就业时会与学校和用人单位签订一个三方协议，这是由学校作为见证、毕业生与用人单位签订的一份意向性协议，它具有法律效力，但它不能替代劳动合同。

毕业生到用人单位上班以后一定要与对方再签订一份劳动合同。从法律上讲，任何用人单位要求劳动者为其付出劳动（确立劳动关系）的话，都必须签订正式的劳动合同；如果不签订则属违法行为，会被劳动监察部门罚款。

### 2. 违约金要约定上限

三方协议中的违约金必须经由毕业生与用人单位协商之后约定，并且违约金的数额必须符合用人单位所在地的相关规定。现在国内大部分地区都没有明确规定违约金的上限，这种情况下都以双方协商金额为准。毕业生还可以与用人单位互相约定违约金，以应对用人单位违约的情况，从而维护自身的权益。

由于三方协议具备权利和义务的双方是劳动者和用人单位，学生如果要毁约的话，除非学生与学校有特殊的约定，否则学校是不能够向学生收取违约金的。

### 3. 口头承诺应写进备注

由于缺乏社会经验和法律知识，很多毕业生因为急于就业而相信用人单位的一些口头承诺，常常在到岗以后与单位发生纠纷，现实中 90% 以上的毕业生就业三方协议中的备注栏全是空白。毕业生们一定要注意充分利用好就业协议的备注栏，尽量将单位的承诺，如休假、住房补贴、解决户口、保险等各项承诺明确写入备注栏，切实保障自己的合法权益。

### 4. 试用期不超过半年

有些用人单位利用一些大学生对法律的无知，对其进行遥遥无期的"试用"，而按照《劳动法》的规定，劳动合同约定的试用期不超过六个月。劳动合同期限在六个月以下的，试用期不得超过十五日；劳动合同期限在六个月以上一年以下的，试行期不得超过三十日；劳动合同期限在一年以上两年以下的，试用期不得超过六十日；劳动合同期限在两年以上的，试用期也不得超过六个月。

资料来源：重庆晚报.（有删减）

## 6. 如何签订劳动合同

《中华人民共和国劳动法》（以下简称《劳动法》）规定："劳动合同应当以书面形式订立。"但目前仍有某些用人单位逃避约束，使用各种借口不与劳动者签订书面劳动合同。对此，有关专家对劳动者提出两条建议：与其"任其宰割"，不如趁早远离这样的单位；已形成事实劳动关系的，劳动者可依法向劳动保障行政部门举报。

根据我国《劳动法》第十九条规定，劳动合同应当具备以下条款。

### （1）劳动合同期限

劳动合同期限是指当事人双方所订立的劳动合同起始和终止时间，也就是劳动关系具有法律效力的日期。劳动合同的期限分为固定期限、无固定期限和以完成一定的工作为期限，采取哪一种类型主要由双方当事人商定。

（2）工作内容

工作内容是针对劳动者而言的，是对劳动者设立的义务条款。工作内容包括劳动者从事劳动的工种、岗位、生产或工作应达到的数量、质量指标，或应完成的任务等。

（3）劳动保护和劳动条件

这是针对用人单位而言的，是对用人单位的义务规定的条款。劳动保护和劳动条件应当符合国家有关规定、具体明确，包括劳动安全和劳动卫生方面的设施、设备和防护措施等。

（4）劳动报酬

劳动报酬是劳动者劳动的成果返还和履行劳动义务后必须享受的劳动权利，包括工资、奖金、津贴等。劳动合同中规定的劳动报酬必须符合国家法律、法规和政策的规定。例如，工资不得低于规定的最低工资标准；工资支付形式和支付期限不得违反法律、法规。

（5）劳动纪律

劳动纪律一般包括上下班纪律、工作时间纪律等。劳动合同一般不详细列出劳动纪律的内容，只是表明劳动者同意接受用人单位依法制定的劳动纪律。

（6）合同终止的条件

合同终止条件是指关于劳动合同在法定终止条件之外的哪些条件下可以或应当终止的条款。

我国《劳动法》第二十三条规定：劳动合同期满或者当事人约定的劳动合同终止条件出现，劳动合同即行终止。

（7）违反劳动合同的责任

违反劳动合同应当承担的责任，是指当事人一方或双方，由于自己的过错造成劳动合同不能履行或不能完全履行，按照法律、法规和劳动合同的规定而承担的行政、经济责任或司法责任。

此外，还有特殊法定必备条款，即法律要求某种或某几种劳动合同必须具备的条款。有的劳动合同由于自身的特殊性，立法中特别要求其除了规定一般法定必备条款外，还必须规定一定的特有条款。

根据原劳动部《关于贯彻执行〈中华人民共和国劳动法〉若干问题的意见》（以下简称《意见》）第二十四条规定："用人单位在与劳动者订立劳动合同时，不得以任何形式向劳动者收取定金、保证金（物）或抵押金（物）。对违反以上规定的，应按照原劳动部、公安部、全国总工会《关于加强外商投资企业和私营企业劳动切实保障职工合法权益的通知》（劳部发〔1994〕118 号）和原劳动部办公厅《对"关于国有企业和集体所有制企业能否参照执行（劳部发〔1994〕118 号）文件中的有关规定的请示"的复函》（劳部发〔1994〕256 号）的规定，由公安部门和劳动行政部门责令用人单位立刻退还给劳动者本人。"另需指出的是，社会保险在我国属法定保险，因而未被列入合同必备条款。

# 5.4　违约责任与劳动争议

大学毕业生在择业过程中，与用人单位签订就业协议书、劳动合同等法律文本后，如何维护自己的合法权利，发生争议时如何处理，都是大学生普遍关心的问题。本节主要论述大学生就业协议、劳动合同争议的解决办法。

## 5.4.1　违约责任

合同双方的违约责任包括：

① 劳动合同文本中未载明必备条款或者用人单位未将劳动合同文本交付劳动者，给劳动者造成损害的，应当承担赔偿责任。

② 用人单位应在用工一个月内与劳动者签订劳动合同，否则支付双倍工资。用人单位自用工之日起，超过一个月不满一年未与劳动者订立书面劳动合同的，应当向劳动者每月支付两倍的工资。

③ 试用期违规约定，应支付赔偿金。

④ 用人单位违规扣押劳动者居民身份证等证件的，应限期归还劳动者。

⑤ 未按照劳动合同的约定或者国家规定及时足额支付劳动者劳动报酬、加班工资及补偿金的，应限期支付，否则加付赔偿金。

⑥ 用人单位违反规定解除或者终止劳动合同的，向劳动者支付两倍的赔偿金。

⑦ 用人单位用强迫手段给劳动人身心健康造成损害的，应当承担赔偿责任。

⑧ 劳动者违反规定解除劳动合同，或者违反劳动合同中约定的保密义务或者竞业限制，给用人单位造成损失的，应当承担赔偿责任。

【案例】

徐扬在毕业前的招聘会上和一家用人单位签订了劳动合同，岗位为计算机编程人员。但是在他入职一个月后，一次公司体检查出他是乙肝病毒携带者，公司便提出与他解除劳动合同。徐扬感到非常痛苦：自己又不是从事国家规定的特殊行业（如食品制造），不应因是乙肝病毒携带者而受歧视。早在 2008 年 1 月 1 日就开始实施的《就业促进法》虽然没有提到乙肝病毒携带者的具体字眼，但在第三十条却做了概括性规定：用人单位招用人员，不得以是传染病病原携带者为由拒绝录用。因此，他认定公司单方面和自己解除合同是违约行为。为此他寻求了法律的帮助，追究公司的法律责任，维护自己以及其他乙肝病毒携带者的正当权益。

这是一个典型的劳动合同纠纷案例。该用人单位以非法律规定的理由，拒绝与劳动者签订劳动合同，那么劳动者就有权依靠法律规定，要求用人单位对自己做出赔偿。

## 5.4.2　劳动争议

### 1. 定义

劳动争议又称劳动纠纷，是指劳动关系当事人之间因为劳动权利与义务发生的争执。

### 2. 范围

劳动争议的范围包括：

① 因开除、除名、辞退职工和职工辞职、自动离职发生的争议；

② 因执行国家有关工资、社会保险和福利、培训、劳动保护的规定而发生的争议；

③ 因执行、变更、解除、终止劳动合同发生的争议等。

### 3. 处理程序

劳动争议处理程序为"一调一裁两审"制，主要包括：劳动争议调解、劳动争议仲裁、劳动争议审理。

### 5.4.3　就业协议争议解决办法

目前，关于大学毕业生就业协议的争议时有发生，国家和各省级自治区还没有明确的就业法律规定。在实践中，通常引起就业协议争议的主体是毕业生和用人单位。解决就业协议争议的主要办法有以下几种。

① 毕业生与用人单位协商解决。这种办法适用于因毕业生的原因引起的就业协议争议，毕业生出面向用人单位赔礼道歉，说明情况，赢得用人单位的理解和谅解，经双方协商达成新的意向。

② 由学校出面或由当地省级毕业生就业主管部门与用人单位进行调解。这种办法大多适合于因用人单位引起的就业协议争议，由学校或行政部门介入，针对纠纷予以调解，达到双方基本满意的结果。

③ 对协商调解不成的，毕业生可直接向人民法院起诉，由人民法院依法裁决。

### 5.4.4　劳动争议处理的法律规定

《劳动法》所说的劳动争议，指中国境内的企业与职工之间的下列劳动争议：一是因企业开除、除名、辞退职工和职工辞职、自动离职发生的争议；二是因执行国家有关工资、保险、福利、培训、劳动保护的规定发生的争议；三是因履行劳动合同发生的争议；四是法律、法规规定应当依照"企业劳动争议处理条例"处理的其他劳动争议。

劳动争议发生后，当事人可向本单位劳动争议调解委员会申请调解；调解不成、当事人一方要求仲裁的，可向当地的劳动争议仲裁委员会申请仲裁。当事人一方也可在 60 日内直接向劳动争议仲裁委员会申请仲裁。对仲裁裁决不服的，可以向人民法院提起诉讼。如果超过了法定期限 60 日内，当事人仍可向仲裁委员会申请仲裁，仲裁委员会做出"驳回"的裁决后，再凭这个"驳回"，向人民法院提起诉讼。

处理劳动争议一般要明确以下问题。

**1. 确定劳动争议发生之日**

《关于贯彻执行〈中华人民共和国劳动法〉若干问题的意见》第八十五条对《劳动法》第八十二条中的"劳动争议之日"做了规定，即"劳动争议之日是指当事人知道或者应当知道其权利被侵害之日"。如何理解该条款"劳动争议发生之日"的真实内涵，直接关系到劳动者的合法权益能否得到法律的保护。

劳动争议是指劳动关系当事人即用人单位与劳动者之间，因实现劳动权利、履行劳动义务而发生的纠纷，又称劳动纠纷。如果劳动者权益被实际侵害，但劳动者不知或一段时间后才知晓，则"劳动争议之日是指当事人知道或者应当知道其权利被侵害之日"。这一规定显然明示了这样几点：一是权利被侵害之日与劳动争议之日是不同的概念，权利被侵害并不意味着劳动争议的事实发生或一定发生；二是先有权利被侵害之日，而后才存在劳动争议发生之日；三是权利被实际侵害不能推论或视为"当事人知道或者应当知道"，将劳动争议发生之日理解为权利被侵害之日，或者将权利被侵害之日视为当事人知道或者应当知道权利被侵害之日，都是违背劳动法的立法精神的。

**2. 劳动争议处理的程序**

《劳动法》第七十七条规定："用人单位与劳动者发生劳动争议，当事人可以依法申请调解、仲裁、提起诉讼，也可以协商解决。"由此可见，劳动争议处理程序分为 4 个阶段。

（1）协商

劳动争议发生后，当事人应首先进行协商，协商一致后，双方可达成和解协议，但和解协议无必须履行的法律效力，是由双方当事人自觉履行的。协商不是处理劳动争议的必经程序，当事人不愿协商或协商不成，可以向本单位劳动争议调解委员会申请调解或向劳动争议仲裁委员会申请仲裁。

（2）调解

劳动争议发生后，当事人双方愿意调解的，可以书面或口头形式向调解委员会申请调解，调解委员会接到调解申请后，可依据自愿、合法原则进行调解。调解委员会调解劳动争议，应当自当事人申请调解之日起 30 日内结束；到期未结束的，视为调解不成，当事人可以向当地劳动争议仲裁委员会申请仲裁。经调解达成协议的，制作调解书，双方当事人自觉履行。

调解不是劳动争议解决的必经程序，调解协议也无必须履行的法律效力。当事人不愿调解或调解不成，可直接向劳动争议仲裁委员会申请仲裁。

从当事人向企业劳动争议调解委员会提出申请调解之日起，仲裁申诉时效中止，中止期间最长不得超过 30 日。结束调解之日起，当事人的仲裁申诉时效继续计算。调解超过 30 日的，仲裁申诉时效从 30 日之后的第一天继续计算。

（3）仲裁

劳动争议发生后，当事人任何一方都可直接向劳动争议仲裁委员会申请仲裁。提出仲裁要求的一方应当自劳动争议发生之日起 60 日内向劳动争议仲裁委员会提出书面申请。劳动争议仲裁委员会接到仲裁申请后，应当在 7 日内做出是否受理的决定。受理后，应当在收到仲裁申请的 60 日内做出仲裁裁决。仲裁委员会可依法进行调解，经调解达成协议的，制作仲裁调解书。仲裁调解书具有法律效力，自送达之日起具有法律约束力，当事人必须自觉履行；一方当事人不履行的，另一方当事人可向人民法院申请强制执行。

当事人申请仲裁的时效为 60 日，当事人应当从知道或应当知道其权利被侵害之日起 60 日内，以书面形式向仲裁委员会提出申请仲裁。当事人因不可抗力或者其他正当理由超过这一规定的申请仲裁时效的，仲裁委员会应当受理，时效起点从劳动争议发生之日起计算。

当事人对劳动争议仲裁委员会做出的仲裁裁决不服的，可在收到仲裁裁决书的 15 日内向人民法院提起诉讼。逾期不起诉，仲裁裁决即发生法律效力，当事人必须自觉履行；一方当事人不履行的，另一方当事人可向人民法院申请强制执行。

职工一方在 30 人以上的集体劳动争议适用特别程序。仲裁委员会处理职工一方人数在 30 人以上的集体劳动争议案件，应当组成特别仲裁庭进行仲裁。特别仲裁庭由 3 名以上仲裁员单数组成。

（4）诉讼

诉讼程序是处理劳动争议的最后一道程序。以我国《劳动法》及《劳动部办公厅关于处理劳动争议案件若干政策性问题的复函》的规定，当事人对仲裁裁决不服的，自收到裁决书之日起 15 日内，可以向人民法院起诉；期满不起诉的，裁决书即发生法律效力，即未经仲

裁的劳动争议，法院将拒绝受理。

劳动争议案件由人民法院民事审判庭审理。依据《中华人民共和国民事诉讼法》（以下简称《民事诉讼法》）的规定，人民法院适用普通程序审理的民事案件，应当在立案之日起 6 个月内审结。有特殊情况需要延长的，由本院院长批准，可以延长 6 个月；还需要延长的，报请上级人民法院批准。依据《民事诉讼法》，当事人若不服地方人民法院第一审判决的，有权在判决书送达之日起 15 日内向上一级人民法院提起上诉。当事人不服地方人民法院第一审裁定的，有权在裁定书送达之日起 10 日内向上一级人民法院提起上诉。

### 3．劳动争议案件的管辖

劳动争议案件由用人单位所在地或者劳动合同履行地的基层人民法院管辖。劳动合同履行地不明确的，由用人单位所在地的基层人民法院管辖。

【课堂练习】

根据下面提供的某市劳动合同范本，思考签订劳动合同应该注意的问题。

### ××市劳动合同范本

甲方 _____　乙方 _____

法定代表人 _____　文化程度 _____

或委托代理人 _____　性别 _____

邮政编码 _____　出生日期 ____年____月____日

甲方地址 _____　居民身份证号码 _____

家庭住址 _____

所属街道办事处 _____

根据《中华人民共和国劳动法》，甲乙双方经平等协商同意，自愿签订本合同，共同遵守本合同所列条款。

一、劳动合同期限

第一条　本合同期限类型为_____期限合同。本合同生效日期____年____月____日，其中试用期_____个月。本合同_____终止。

二、工作内容

第二条　乙方同意根据甲方工作需要，担任_____岗位（工种）工作。

第三条　乙方应按照甲方的合法要求，按时完成规定的工作数量，达到规定的质量标准。

三、劳动保护和劳动条件

第四条　甲方安排乙方执行_____工作制。

执行定时工作制的，甲方安排乙方每日工作时间不超过 8 小时，平均每周不超过 44 小时。甲方保证乙方每周至少休息 1 日，甲方由于工作需要，经与工会和乙方协商后可以延长工作时间，一般每日不得超过 1 小时，因特殊原因需要延长工作时间的，在保障乙方身体健康的条件下延长工作时间每日不得超过 3 小时，每月不得超过 36 小时。执行综合计算工时工作制的，平均日和平均周工作时间不超过法定标准工作时间。执行不定时工作制的，在保证完成甲方工作任务的情况下，工作和休息休假乙方自行安排。

第五条　甲方安排乙方加班的，应安排乙方同等时间补休或依法支付加班工资；加点的，甲方应支付加点工资。

第六条　甲方为乙方提供必要的劳动条件和劳动工具，建立健全生产工艺流程，制定操作规程、工作规范和劳动安全卫生制度及其标准。

甲方应按照国家或从市有关规定组织安排乙方进行健康检查。

第七条 甲方负责对乙方进行政治思想、职业道德、业务技术、劳动安全卫生及有关规章制度的教育和培训。

四、劳动报酬

第八条 甲方的工资应遵循按劳分配原则。

第九条 执行定时工作制或综合计算工时工作的乙方为甲方工作，甲方每月____日以货币形式支付乙方工资，工资不低于____元，其中试用期间工资为____元。

执行不定时工作制的工资支付按_____执行。

第十条 由于甲方生产任务不足使乙方下岗待工的，甲方保证乙方的月生活费不低于____元。

五、保险福利待遇

第十一条 甲乙双方应按国家和××市社会保险的有关规定缴纳职工养老、失业和大病医疗统筹及其他社会保险费用。甲方应为乙方填写《职工养老保险手册》。双方解除、终止劳动合同后，《职工养老保险手册》按有关规定转移。

第十二条 乙方患病或非因工负伤，其病假工资、疾病救济费和医疗待遇按照_____执行。

第十三条 乙方患职业病或因工负伤的工资和医疗保险待遇按国家和××市有关规定执行。

第十四条 甲方为乙方提供以下福利待遇：_____。

六、劳动纪律

第十五条 乙方应遵守甲方依法制定的规章制度：严格遵守劳动安全卫生、生产工艺、操作规程和工作规范；爱护甲方的财产，遵守职业道德；积极参加甲方组织的培训，提高思想觉悟和职业技能。

第十六条 乙方违反劳动纪律，甲方可依据本单位规章制度，给予纪律处分，直至解除本合同。

七、劳动合同的变更、解除、终止、续订

第十七条 订立本合同所依据的法律、行政法规、规章发生变化，本合同应变更相关内容。

第十八条 订立本合同所依据的客观情况发生重大变化，致使本合同无法履行的，经甲乙双方协商同意，可以变更本合同相关内容。

第十九条 经甲乙双方协商一致，本合同可以解除。

第二十条 乙方有下列情形之一，甲方可以解除本合同：

1. 在试用期间，被证明不符合录用条件的；

2. 严重违反劳动纪律或甲方规章制度的；

3. 严重失职、营私舞弊，对甲方利益造成重大损害的；

4. 被依法追究刑事责任的。

第二十一条 下列情形之一，甲方可以解除本合同，但应提前三十日以书面形式通知乙方：

1. 乙方患病或非因工负伤，医疗期满后，不能从事原工作也不能从事由甲方另行安排的工作的；

2. 乙方不能胜任工作，经过培训或者调整工作岗位，仍不能胜任工作的；

3. 双方不能依据本合同第十八条规定就变更合同达成协议的。

第二十二条　甲方濒临破产、进行法定整顿期间或者生产经营发生严重困难，经向工会或者全体职工说明情况，听取工会或者职工的意见，并向劳动行政部门报告后，可以解除本合同。

第二十三条　乙方有下列情形之一，甲方不得依据本合同第二十一条、第二十二条终止、解除本合同：

1. 患病或非因工负伤、在规定的医疗期内的；

2. 女职工在孕期、产期、哺乳期内的；

3. 义务兵复员退伍和建设征地农转工人员初次参加工作未满三年的；

4. 义务服兵役期间的。

第二十四条　乙方患职业病或因工负伤，医疗终结，经市、区、县劳动鉴定委员会确认完全或部分丧失劳动能力的，按_____办理，不得依据本合同第二十一条、第二十二条解除劳动合同。

第二十五条　乙方解除本合同，应当提前三十日以书面形式通知甲方。

第二十六条　有下列情形之一，乙方可以随时通知甲方解除本合同：

1. 在试用期内的；

2. 甲方以暴力、威胁或者非法限制人身自由的手段强迫劳动的；

3. 甲方不能按照本合同规定支付劳动报酬或者提供劳动条件的。

第二十七条　本合同期限届满，甲乙双方经协商同意，可以续订劳动合同。

第二十八条　订立无固定期限劳动合同的，乙方离休、退休、退职及死亡或本合同约定的解除条件出现，本合同终止。

八、经济补偿与赔偿

第二十九条　下列情形之一，甲方违反和解除乙方劳动合同的，应按下列标准支付乙方经济补偿金：

1. 甲方克扣或者无故拖欠乙方工资的，以及拒不支付乙方延长工作时间工资报酬的，除在规定的时间内全额支付乙方工资报酬外，还需加发相当于工资报酬百分之二十五的经济补偿金；

2. 甲方支付乙方的工资报酬低于本市最低工资标准的，要在补足低于标准部分的同时，另外支付相当于低于部分百分之二十五的经济补偿金。

第三十条　下列情形之一，甲方应根据乙方在甲方工作年限，每满一年发给相当于乙方解除本合同前十二个月平均工资一个月的经济补偿金，最多不超过十二个月：

1. 经与乙方协商一致，甲方解除本合同的；

2. 乙方不能胜任工作，经过培训或者调整工作岗位，仍不能胜任工作，由甲方解除本合同的。

第三十一条　下列情形之一，甲方应根据乙方在甲方工作年限，每满一年发给相当于本单位上年月平均工资一个月的经济补偿金：

1. 乙方患病或者非因工负伤，经劳动鉴定委员会确认不能从事原工作，也不能从事由甲方另行安排的工作而解除本合同的；

2. 劳动合同订立时所依据的客观情况发生重大变化，致使本合同无法履行，经当事人协商不能就变更劳动合同达成协议，由甲方解除劳动合同的；

3. 甲方濒临破产进行法定整顿期间或者生产经营状况发生严重困难，必须裁减人员的。

以上三种情况，如果乙方被解除本合同前十二个月的月平均工资高于本单位上年月平均工资的，按本人月平均工资计发。

第三十二条　甲方解除本合同后，未按规定给予乙方经济补偿的，除全额发给经济补偿金外，还须按该经济补偿金数额的百分之五十支付额外经济补偿金。

第三十三条　支付乙方经济补偿时，乙方在甲方工作时间不满一年的按一年的标准发给经济补偿金。

第三十四条　乙方患病或者非因工负伤，经劳动鉴定委员会确认不能从事原工作，也不能从事由甲方另行安排的工作而解除本合同的，甲方还应发给乙方不低于企业上年月人均工资六个月的医疗补助费，患重病和绝症的还应增加医疗补助费，患重病的增加部分不低于医疗补助费的百分之五十，患绝症的增加部分不低于医疗补助费的百分之一百。

第三十五条　甲方违反本合同约定的条件解除劳动合同或由于甲方原因订立的无效劳动合同，给乙方造成损害的，应按损失程度承担赔偿责任。

第三十六条　乙方违反本合同约定的条件解除劳动合同或违反本合同约定的保守商业秘密事项，对甲方造成经济损失的，应按损失的程度依法承担赔偿责任。

第三十七条　乙方解除本合同的，凡由甲方出资培训和招接收的人员，应向甲方偿付培训费和招接收费。其标准为：＿＿＿＿＿＿＿＿＿＿＿＿＿。

九、劳动争议处理

第三十八条　因履行本合同发生的劳动争议，当事人可以向本单位劳动争议调解委员会申请调解；调解不成，当事人一方要求仲裁的，应当自劳动争议发生之日起六十日内向劳动争议仲裁委员会申请仲裁。当事人一方也可以直接向劳动争议仲裁委员会申请仲裁。对裁决不服的，可以向人民法院提起诉讼。

十、其他

第三十九条　甲方以下规章制度作为本合同的附件：＿＿＿＿＿＿＿＿＿＿＿＿。

第四十条　本合同未尽事宜或与今后国家、××市有关规定相悖的，按有关规定执行。

第四十一条　本合同一式两份，甲乙双方各执一份。

甲方（盖 章）　　　　　　　　乙方（签 章）

法定代表人

或委托代理人（签章）

鉴证机关（盖章）

鉴证员（签章）

鉴证日期：　　年　月　　　签订日期：　　年　月　日

# 5.5　人事代理与社会保险有关知识

## 1. 人事代理

在我国，人事代理是指在社会主义市场经济条件下，经组织人事部门批准或授权指定的人才服务机构，受单位和个人委托，运用社会化服务方式和现代化手段，按指定的法律和政策规定，为其代办的有关人事业务。简单地说，就是把"单位人"变成"社会人"，实现人事关系管理与人员使用分离。即单位管用人，而一些具体的人事管理工作，如档案管理、计算工龄、评定职称、社会保险等，则由人才交流中心代管。

### 2．人事代理的内容

目前，全国各地人事代理发展迅速，代理内容不断丰富，代理形式趋于多样化，概括起来主要包括以下四个方面。

（1）围绕人事档案管理进行的低层次的人事代理，包括存放或转递人事关系、调整档案工资、评定专业技术职称、办理因私因公出国政审、出具各种人事证明等。

（2）围绕社会保障进行的新形式的人事代理，包括失业保险、养老保险、医疗保险等。

（3）围绕人力资源开发进行的深层次代理，包括人才招聘、人才测评、人事诊断、人才考核和人才发展规划。

（4）围绕信息咨询进行的服务性代理，如发布人才供求信息、代发招聘广告和公司形象设计、工薪制度咨询、就业指导、职业咨询等。

### 3．社会保险

社会保险是国家为了帮助公民抵御各种生活危险而建立的一种社会保障制度。社会保险的项目一般包括养老保险、医疗保险、失业保险、生育保险、工伤保险。

| 社会保险项目 | 相关规定 |
| --- | --- |
| 养老保险 | 实行社会统筹和个人账户相结合的模式。用人单位的缴费比例为工资总额的 20%，个人缴费比例为本人工资的 8%并计入个人账户。养老保险累计缴满 15 年达到法定退休后才能领取养老金 |
| 医疗保险 | 实行社会统筹和个人账户相结合的模式。用人单位的缴费比例为工资总额的 8%，个人缴费比例为本人工资的 2%并计入个人账户 |
| 失业保险 | 所有组织及其职工必须缴纳失业保险。用人单位的缴费比例为工资总额的 2%，个人缴费比例为本人工资的 1%。失业保险缴满 1 年、符合规定才能享受失业保险待遇 |
| 生育保险 | 生育保险费用由用人单位缴纳，职工个人不缴费。生育保险主要支付生育发生的医疗费用和产假期间按月发放的生育津贴 |
| 工伤保险 | 工伤保险由用人单位缴纳，职工个人不缴费。工伤保险主要支付工伤医疗费、伤残补助金、抚恤金、伤残护理费等 |

# 5.6　其他就业手续的作用和办理

就业手续一般包括《毕业生就业推荐表》《就业协议书》《报到证》。

### 1.《毕业生就业推荐表》的作用
（1）它是应届毕业生身份的证明材料，必须真实可靠。
（2）它是用人单位向人事审批部门申报户口的重要材料。

### 2.《报到证》的作用
（1）应届毕业生转户、转档的重要凭证；
（2）个人身份的重要认定材料；
（3）人才市场的准入证、档案流动的通行证；

（4）用人单位接收的重要凭证；

（5）转正定级、职称评定的重要材料。

### 3. 毕业生就业手续办理流程图

若用人单位不能解决户口，则没有必要签订三方协议，毕业生可与用人单位签订双方《就业意向书》（毕业后再签订《劳动合同书》），并按照"签订劳动合同"去向在就业指导中心办理就业手续，其户口档案将二次分配回生源地，详细流程参照灵活就业去向就业手续办理流程。

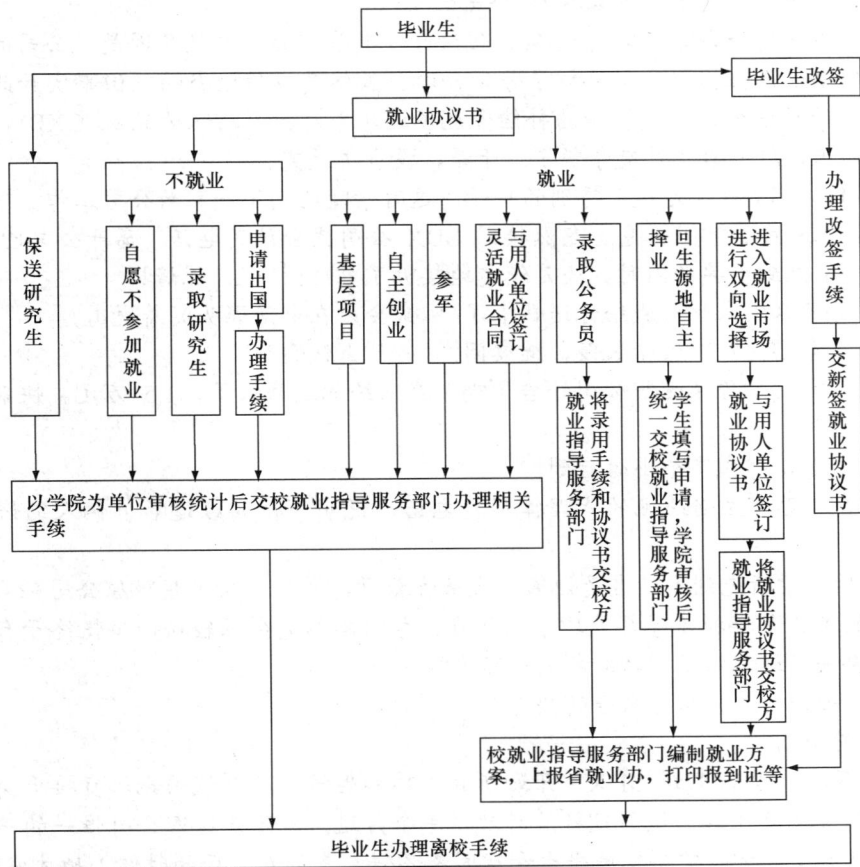

毕业生就业手续办理流程图

**【案例点评】**

2008 年年初，紫晴偶然进入出版业，在 CXBW 科技发展有限公司做策划编辑，虽然之前公司一直没跟她签劳动合同，但由于紫晴比较喜欢这份工作，在这个岗位也学到很多知识，所以也没有提出异议，反而更加勤奋地工作。因为她觉得靠自己的努力一定会得到公司的认可。

直到紫晴工作 8 个月后，公司为了应付工商检查，提出补签劳动合同，这令紫晴欣喜不已，心想养老保险的事也该有着落了，而且凭她的业绩，到了年底还会有一笔可观的提成，这个年可以好好过了。

可她万万没有想到，3 个月后，事情却发生了变化。她永远记得这一天——小年前一天（北方的小年是农历腊月 23），当紫晴以为年底了终于可以拿提成的时候，却被突然告之已被公司解聘。紫晴什么都没说，拿了当月的工资立刻收拾东西准备走人。当她坐到电脑前，整理文件的时候她才突然明白过来——计算机里的工作文件全部被转移了，她的工作盘 E 盘成了空盘。紫晴心颤地苦笑着：5 万多元的提成也打水漂了。她没有多说话，copy 了自己的东西到 U 盘里后，拿工资就离开了公司。

这个年，紫晴没有过好，因为赶上了金融危机。好在紫晴的工作能力不错，过完年，紫晴通过网上投简历，走进了新东家 SDX 公司的大门。

朋友们以为紫晴会告原公司 CXBW，但紫晴没有告。她不告的原因是：公司的提成一说根本没有任何书面的证据。公司签订了劳动合同，虽然是应付检查的，但事实如此了，所以最多只有保险的补偿金，可是保险的补偿金也不过几千元。紫晴认为她从 CXBW 学到了出版业的很多知识，就当自己是交学费了。于是，没有去追究。

2009 年 11 月 17 日注定是个特别的日子，这时紫晴已到了一家新公司工作。下午，紫晴刚刚开完会，正在办公室里休息，忽然接到 SDX 公司武会计的电话。离开公司已经 4 个月了，紫晴对来电感到诧异的同时，还是镇定地接听了电话："喂，你好！"

"紫晴，你怎么没来呀？我给你送钱来了。"武会计在电话那头笑着说道。

"嗯？什么意思啊？"紫晴装傻，继续问："送什么钱啊？"

武会计笑着说："你不是把公司给告了吗？我来给你送钱来了，1.5 万元。快来吧，我在仲裁厅等你呢。"

"哦，知道了，那我半个小时后到！"

挂断电话，紫晴立刻给她的代理律师打电话，说明事情的经过后，俩人约好在仲裁厅见面。

10 分钟后，紫晴先到了。这是她第一次来仲裁厅，因为紫晴不想跟原公司碰面，因此之前几乎所有的工作都委托给律师处理了。现在，紫晴忽然觉得很轻松，事情终于有了结果，而且比预期要快，这证明了紫晴的判断一贯准确。

紫晴为何告公司？紫晴怎么告的公司？

### 1. 开两份证明

2009 年年初，紫晴来到 SDX，开始新的工作和生活，没有试用期，直接上岗。紫晴很庆幸自己自从大学毕业后，试用期就没有超过半个月过。紫晴是这家公司唯一的一位策划编辑，很受老板器重。紫晴觉得发展平台和空间都不错，直到发工资的时候，她才发现问题。

紫晴是老板直接面试的，工资也是由老板直接跟财务交代的，连负责人事的副总都不知道紫晴的工资是怎么安排的。本来谈的时候是基本工资 3000 元，可发工资的时候紫晴发现，基本工资变为 2850 元，饭补 150 元，除此以外，没有其他的福利，而且公司是现金发放工资的，不知道除了避税以外，是不是还有其他原因。也正是从这个时候起，紫晴才开始有所警惕。又过了一个月，紫晴以申请银行信用卡需要出具工资证明为由，让公司出具了一个证明，加盖公司的章。大意是：

紫晴（身份证号：××××××1984××××××××），于 2009 年 2 月 2 日开始在北京 SDX 图书有限公司工作，工资 3000 元，即叁仟圆整。特此证明。

紫晴找到财务盖好了公司的章以后把这份证明收好了，同时又复印了几份。

紫晴在工作了快 6 个月的时候，被另外一家公司挖走，于是紫晴递交了辞呈。由于在职期间紫晴代表公司签署过几份合同，于是紫晴又要求公司出具了一份离职证明，加盖公司的章。大意是：

紫晴（身份证号：××××××1984××××××××），于 2009 年 2 月 2 日至 2009 年 8 月 9 日，在北京 SDX 图书有限公司工作，职位为策划编辑，于 2009 年 8 月 10 日起离职，今后该公司各项业务均与紫晴无关。特此证明。

2. 拍照片

SDX 很注重凝聚力及公司企业文化的推广工作，因此公司会议室整个墙上都是公司的架构图和公司相关信息，于是紫晴用数码相机拍下了公司的架构图。

3. 用手机录像

紫晴一直很注意与同事之间的相处，尤其是与财务的关系一直很好，于是在去领最后一个月工资的时候，紫晴在工资单上签字领工资时假装忙着看手机信息。其实紫晴是用手机在录像!!事实证明，这个在作为证据使用的时候效果最大！

其实，紫晴做这一切，都只是为了预防万一。有了前车之鉴，这一次紫晴只是不想再被欺诈。这一系列的准备，其实目的很简单，只是要证明自己在公司工作过，工资是多少，工作了多长时间。

经历了这两家公司后，紫晴已经明白了事情的原委。为何 CXBW 会在后来补签劳动合同，那是因为原来一位被解聘的同事将公司给告了，理由就是未按劳动法签订劳动合同。也正因为如此，紫晴才会选择隐忍，不告 CXBW。而即便是紫晴炒了 SDX，她依然告公司，原因很多，其中一条重要的原因就是，紫晴想要SDX的老板明白，人不可以那么不厚道。

当紫晴在律师的协助下拿到赔偿金的时候，紫晴当场支付了剩余的律师费。这次的官司一共得到了 1.5 万元的赔偿，律师费 3500 元。紫晴这个官司接受调解了，没有往后打，因为她不想拖太久，也不想做太绝。

劳动仲裁厅调解的时候，第一次 SDX 同意赔偿 1 万元，紫晴没有同意，跟她的律师说至少 1.6 万元，第二次调解的时候，SDX 同意赔偿 1.3 万元，紫晴跟律师讲，最低 1.5 万元，如果不同意，就走下一个程序。以紫晴对 SDX 老总的了解和他对紫晴个性的了解，紫晴觉得这是一个彼此都可以接受的结果。果然，第二天就调解成了。

点评：

（1）紫晴是否有权利起诉所供职过的第一家单位 CXBM？

紫晴是在该单位已工作 8 个月后，单位才与其签订了劳动合同，之后又工作 3 个月后遭到了单位的辞退。也就是说紫晴在该单位总共工作有 11 个月的时间。根据《劳动法》规定，工作未满一年时间，遭到用人单位单方面解除合同的劳动者，有权要求用人单位给予劳动者双倍工资。因此紫晴是有权利起诉CXBM 的。

（2）饭补等补贴能算作基本工资的一部分吗？

对于饭补、车补等员工福利补助，究竟应不应该算作基本工资的一部分，法律上并没有强制性的规定。简单来说，假如饭补等福利补助是以现金方式发放的，就应当算进基本工资内；假如不是以现金方式发放的，就应当算作辅助工资，不该计算在基本工资内。

（3）紫晴为什么要让单位开那么多的证明？

对于与用人单位发生劳动纠纷的就业者来说，维护自己的权益，首先要掌握足够多的证据，比如你的总工作期限、工作种类以及其他各种相关手续，只要能起到证明作用的证据都应当及时保存，切莫因一时的大意为将来可能发生的纠纷的解决埋下隐患。

【素质拓展】

**案情**

申诉人：李某，男，23 岁，某私营鞋厂工人。

被诉人：某私营鞋厂。

法定代表人：王某，某私营鞋厂厂长。

2011 年 10 月 27 日，李某与被诉人签订一份劳动合同。合同规定：乙方（李某）每天工作 12 小时，每小时工资 4 元；工作期间乙方因病、因工或非因工负伤均自行承担相关费用，公司不负责；合同期 2 年，乙方每提前一年解除劳动合同，均要支付 5000 元/月违约赔偿金。另外，李某系临时性合同工，正式合同工待遇是每日工作 10 小时，每小时工资 8 元。公司加班从不征求工人意见，该公司也未组建工会组织。

2012 年 8 月 27 日，申诉人李某以用人单位劳动条件恶劣和工资太低为由要求终止双方劳动合同。被诉人拒不同意，以要求王某支付 1 万余元违约金为由进行阻拦。李某不服，向当地劳动争议仲裁委员会申诉。

法院判决：

（1）双方签订的劳动合同无效；

（2）补付工资及加班工资 20000 元；

（3）被诉人要求予以驳回。

请同学们根据本模块所学内容，对本案件予以点评，并对以下问题进行回答和分析。

① 为什么法院判定李某与该鞋厂签订的是无效合同？法律依据是什么？

② 为什么法院裁定鞋厂为李某补发工资？法律依据什么？

# 第二部分

# 创业篇

# 第6章

# 创业概述

"自己当老板"是今天许多大学生的梦想。就目前国内的就业形势而言，大学生选择创业之路，无疑也是解决就业紧张的有效方法之一。但是创业是一项复杂的、系统的、具有高风险的活动。若想让自己的创业之路走得更加平坦顺利，就必须提前了解和学习创业方面的基础知识、接受专门化的指导，同时还要加强自己的创业实践，从而帮助自己更快速地迈上成功创业的道路。

## 6.1　创业的含义

创业作为推动经济增长和社会发展的重要载体，在经济发展到一定程度时越来越表现出活跃的一面，尤其是在推动就业、提高自主创新能力方面有着重要作用。

### 1.　创业的定义

创业（Entrepreneurship）一词的出现可追溯到二三百年前的法国。1775 年，法国的经济学家 Richard Cantillon 将创业者和经济中承担的风险联系在一起，这也是创业的第一次定义，即创业代表着承担风险。国内的学者也对创业有诸多的解释，复旦大学的李志能博士认为："创业是一个发现和捕获机会并由此创造出新颖的产品、服务或实现其潜在价值的过程。"因此，创业必须要贡献出时间和付出努力（包括心理与生理上的努力），承担相应的财务的、精神的和社会的风险，并获得金钱的回报、个人的满足和独立自主。一般来说，创业具有如下 4 个特征。

（1）创业是创造的过程

创业创造出某种有价值的新事物，这种新事物必须是有价值的，不仅对创业家本身，而且对其开发的某些目标对象也是有价值的。这里所说的目标对象因行业或所创造事物的不同而不同。

（2）创业需要贡献出必要的时间，付出极大的努力

要完成整个创业过程，创造新的有价值的事物，就需要大量的时间，而要获得成功，没

有极大的努力是不可能的。

（3）承担必然存在的风险

创业的风险可能有多种形式，风险的大小因创业的领域不同而不同，但是通常的风险一般来说来自财务方面、精神方面、社会方面及家庭方面等。

（4）给予创业者以创业报酬

对一个创业者，最重要的回报可能是其由此获得的独立自主能力以及随之而来的个人满足。对于追求利润的创业来说，金钱的回报无疑是最重要的，很多的创业者乃至旁观者其实都把金钱的回报视为成功与否的一种尺度。

对一个真正的创业者来说，创业的过程充满了激动、艰辛、痛苦、忧郁、苦闷和徘徊以及坚定、坚持不懈的努力，还有因渐进的成功而带来的无穷的欢乐与分享不尽的幸福。

【重要提示】

创办一个企业会面临许许多多的困难和挑战，面对前进道路上的许多挑战，为了获得预期的回报，做到持之以恒和坚持不懈是非常关键的。

总之，创业指的是创业者对自己所拥有或者努力尝试拥有的资源进行优化整合，继而凭借个人能力和团队能力创造出更大的经济价值或社会价值的行为过程。创业是某个人或者某个群体通过有组织的努力，以创新、独特的方式追求机会、创造价值和谋求增长，是着重于一种创新活动的行为过程，也就是创业者通过创新的手段，更有效地利用资源，为市场创造出新的价值。创业者应该努力积极寻求机会，进行创造性资源利用、资源开发，从而创造出更高价值，服务社会。

**2．创业过程的阶段划分**

创业过程是一个阶段性的过程，它包括大学生创业者从发现机会、产生创业想法到创建新企业并获取回报的全过程。其中涉及寻找机会、组建团队、寻求融资等主要内容。

根据创业过程，创业大致可以划分为四个主要阶段：机会识别、资源整合、创办新企业、新企业生存和成长。

① 机会识别。机会识别是创业活动的第一阶段。没有机会也就没有什么创业可言。大学生创业者在通常情况下都对未来充满了热情，往往在这种情况下会失去理性思维，不能准确把握机会。所以对机会的识别和筛选，也能体现出一个优秀创业者的潜质来。

② 资源整合。资源整合是指创业者将创业所需要的各种资源进行充分利用和配置的过程。例如，融资、组建团队和寻找创业条件，然后将这些因素有机地结合在一起。资源整合是个彻头彻尾的苦力活，它考验着一个创业者的智慧、毅力和耐力。资源整合进行得充分，那么创业机会就能够得到有效利用，企业未来的发展也会更加合理和顺利。

③ 新企业创办。创业者首先需要确定创业方向，其次要对资源进行整合。当这一切都准备充分后，那么就是创办新企业的时候了。这个过程里，创业者需要同各级政府有关部门沟通，做好新企业开张的各种准备活动。这些活动是冗繁的，但又是必不可少的。只有好好配合政府有关部门，企业才能够顺利开办起来。

④ 新企业生存和成长。俗话说"打江山易，守江山难"，企业生存要比创办企业难得多。这也是创业活动的最后一个阶段。而经过这一阶段，新创企业也就正式走向成熟和稳健，形成新的一套发展趋势和规律。

# 6.2　创业者的特征

从词源来看，创业者的英文为 entrepreneur，和企业家为同一单词，意为在没有或拥有较少资源的情况下，锐意创新，发掘并实现潜在机会价值的个体。对创业者的定义有很多种，1880 年，法国经济学家萨伊首次给出了创业者的定义，他将创业者描述为"将劳动、资本、土地这三项生产要素结合起来进行生产的第四项要素，是把经济资源从生产率较低、产量较少的领域转移到生产率较高、产量较大的领域的人"。香港创业学院院长张世平是这样定义创业者的："创业者是一种主导劳动方式的领导人，是一种需要具有使命、荣誉、责任能力的人，是一种组织、运用服务、技术、器物作业的人，是一种具有思考、推理、判断能力的人，是一种能使人追随并使追随的人获得利益的人，是一种具有完全权利能力和行为能力的人。"

创业者与职业经理人的区别在于，创业者是指开办或经营自己企业的人，他们既是员工，又是雇主，对经营企业的成功与失败负责；职业经理人通常不是他们所管理公司的所有者，而是被雇来管理公司日常运作的人。

创业者是创业活动的主体，创业活动的顺利开展需要创业者冷静地应对方方面面的考验，因此创业者需要具备一定的素质特征。

### 1．风险意识与创业精神

创业者都需要承担一定风险，只有具有了风险意识，才能够在创业初始就能够合理地规避风险，并把握创业过程中的核心要素管理；也只有具有一定的风险意识，才能够使新产品、新技术或新的服务走向实际化运作，才能够使新创企业经过艰难的创业历程而迅速成长，走向创业成功。

尽管每一个人只要具备开办公司的条件，就可以领取营业执照，可能一夜之间就成为"老板"了。但是，没有一点豪气、没有敢冒风险的精神，就不能行"天下先"之事，当然也就不能成为真正的创业者或真正意义上的老板。

那些敢为天下先的创业者，他们大胆尝试，不怕挫折，敢于进取，敢于走前人没有走过的路，做前人没有做过的事，他们是实干家，他们相信努力就一定会有结果；而缩手缩脚、胆小怕事、光说不做的人，他们事事都害怕失败，没有勇气面对困难，因循守旧，虽然也可以领取营业执照，也能进入创业者的行列，但很快就会被淘汰出局而不能走向创业成功，也就不能成为真正的创业者。

### 2．吃苦精神

古人说："成大事者，必先苦其心智，劳其筋骨，饿其体肤。"许多创业者都有极强的忍耐力和超强的意志。他们为了成就自己的目标，经常挑战自己身体和心理的极限，他们因为能忍受成功前的寂寞和挫折，所以能成功创业。

创业是一个创造的过程，人的创造力与人的"智商"（IQ）有很大的关系，普遍来看，智商高的人要比智商低的人更富于创造力；在创业的创造活动中，不单需要创造性构思，更重要的是创造性的实践。因此，创业的成功需要坚韧不拔的意志、顽强的毅力、吃苦耐劳的执着精神、忘我的热情、甘于奉献的献身精神。勤奋、吃苦、执着、奉献是所有创业者的共同特征。

### 3．良好的商业品德

作为一个立志创业之人，首先应该立德。没有一个好的品德或认为创业的目的仅是为了个人的私利，肯定不会创立起事业，即便能够把企业办起来，甚至也能"辉煌"一时，但终归只能昙花一现。良好的品德是成功的创业者的共同特征。

### 4. 战略眼光

先知先觉是成功的必要条件。先知，就是要发现新的、潜在的商业机会，培育并把握商业机会，或者就叫作战略眼光。仔细分析一下，大多数创业者都比其他人更能够寻找或捕捉并把握住商业机会。创业者就像一位预言家，他是在对自己已经感知、而潜在的顾客却未必已经察觉的需求做出预言。因此，创业者所关心的是市场应该卖什么，而不是现在市场上正在卖的东西。

### 5. 脚踏实地、雷厉风行

孙子曰："故其疾如风，其徐如林，侵掠如火，不动如山，难知如阴，动若雷震。"而巴顿将军曾说："一个好的计划现在就去执行，要比下周执行一个完美的计划好得多。"对于生命体而言，时间是最稀缺、最宝贵的资源，因为时间是一维的、永远向前的、不可逆的。成功，无论是结果还是过程，都是一定空间下的时间概念，一是具有速度性，二是具有持续性。成功的创业者一旦捕捉到良好的创业时机，便应该抓住不放，且立即投入，踏踏实实地去做。

### 6. 勤奋与工作狂

几乎每一个创业者都近乎工作狂。正像爱迪思所说："创办一家成功的企业所需要的远不只是好的主意、有市场、有资金。新创企业所需要的是那种一旦公司诞生就能够夜不成寐的'产品斗士'。"世界富豪艾富赖得·佛勒认为："任何一个有雄心的年轻人都能走上成功之路，但必须要勤奋：不但要手脚勤奋，更要勤用脑子。"创业者在创业初期以及之后的发展阶段往往比其他人以及他们的雇员更需要勤奋工作。

### 7. 自信

创业者并不是天才，总有人在某些方面比他们强。但创业者往往拥有比常人要强的自信，这让他们能克服重重困难。

自信对创业者来说至关重要，特别是创业初期，困难重重。面对困难，当你的信念就要崩溃的时候，一定要告诉自己"再坚持一下"。成功常常就在这"再坚持一下"。创业者一定要自信乐观，百折不挠，有抗挫折的能力。做任何一件事都不可能轻易就走向成功，在前进的路上虽然有荆棘和困难，但只要自信乐观，把困难当作磨炼，就能走向成功的彼岸。

### 8. 机敏

如何面对风险以及各种不确定性的因素是每个创业者所必须考虑的。尤其是需要在信息不完全、时间紧迫的情况下做出决策时，这就要求创业者必须头脑灵活，思维机敏。

### 9. 关心政治

经济与政治是密切相关的，因此，创业家应该关心政治。事实上，成功的创业家都十分关心政治，一般具有政治思维的广度和深度，能够准确把握国情并善于运用政策。

### 10. 胸有抱负，目标明确

只有拥有远大抱负、目标明确的人才能创业成功。你未来 5 年的目标是什么？未来 10 年的目标又是什么？创业者必须对这些有着详细的计划。正所谓"有志者立常志，无志者常立志"。只有朝着既定的目标前进，所有的努力才不会偏离既定目标，最终才能取得成功。

而没有目标的人，则很难成功。

### 11. 善于创新，独辟蹊径

要想成功创业，必须富有创新意识。只有创新，才能使事业独树一帜。即使和别人做同样的事，也要另辟蹊径，走出一条与众不同的经营之路，靠特色赢得成功。

### 12. 团队精神，善于合作

一个优秀的创业者，更要具有团队精神，一个人的智慧是有限的，众人拾柴才能火焰高。要想成功，就要掌握与人交往、与人合作的技巧。一个善于与人合作的创业者，会事半功倍。

### 13. 诚信正直，精力充沛

诚信是立身之本，没有诚信作根基，就无法赢得客户的信任，同样也无法获得合作伙伴的信赖。强健的体魄、充沛的精力也是创业者必不可少的素质之一。在创业的初始阶段，资金、人力往往不足，这时创业者有可能一个人要承担几个人的工作量，没有强健的体魄，就难以保证创业的成功。

### 14. 勇于承担，灵活应变

在纷繁复杂的经济环境中，机会和风险并存，创业者在捕捉商业机会的同时，也会遇到各种风险和各种意想不到的困难，如市场风险、资金周转困难、业务不好、员工管理不到位等。创业者不仅需要有充分的思想准备，敢于承担风险和压力，不被困难击倒，更要从实际出发，顺应环境的变化，积极主动地对创业活动做出调整。

### 15. 开阔眼界，不断提升

广博的见识和开阔的眼界能缩短创业者和成功之间的距离。因为眼界开阔，就必然少走弯路。埋头拉车容易走进死胡同，边走边看边想，才能发现最近的路，避免不必要的精力和财力的浪费。

**【重要提示】**

成功的创业者并不是了不得的人物，也未必一定具备全部这些特征才可以创业，但是，有些特质是必需的。要坚信人人都可以创业，人人都能够成为成功的创业家！

### 16. 组建创业团队

如今，团队创业成功的概率要高于个人独自创业。

创业团队是指由两个或两个以上具有一定利益关系的，彼此间通过分享认知和合作行动以共同承担创建企业责任的，处在新企业高层主管位置的人共同组建形成的有效工作群体。

一个好的创业团队对企业的成功起着重要的作用。主要体现在以下几个方面：

（1）满足创业的需要

在创业的过程中，可能会涉及资金运转、客户来源、技术攻关和产品销售渠道等诸多问题。想要一个人独立完成这一系列的工作，一般来说压力是巨大的。而创业团队的存在，能够发挥各自的所长，将这些创业相关事宜高效率、高质量地完成。

创业要成功，就要具有专业技能、经营管理能力、处理人际关系的能力等不同方面能力，但一个人很难拥有这些能力，因此，组建创业团队，具有不同知识结构和专业背景的人共同创业，才能满足创业项目运行的需要。

（2）获取外界投资

一般来说，个人独自创业的创业者去寻找投资者，投资者很可能兴趣不大。但如果告诉投资者自己有一支高水平的创业队伍，那么投资者很有可能会给这位创业者一些机会。因为客观上一个团队比个人更有创造价值的潜力。

（3）激发创业团队的斗志和灵感

创业团队的存在，一方面无形中给创业领导者一种压力，因为创业领导者在考虑自己的同时，也要为团队成员的未来考虑。因此领导者必须时刻保持高昂的斗志，才能带动整个团队的积极性；另一方面，在团队遭遇困难时，团队成员之间能够群策群力，产生灵感火花，并通过互相鼓励和支持，迅速摆脱困境，实现新创企业的快速增长。

（4）缓解创业初期矛盾

创业初期免不了会遭遇各种的问题，如人手不够、组织结构不完善、职能划分不明确等现实问题。而创业者个人的能力总是有限的，组建一支创业团队，能够使这些问题得到有效的解决。团队成员各尽其能，以别人的长处弥补自己的短处，从而提升自身的创业效率，帮助创业者少走弯路。

创业团队的优劣势分析如下。

（1）创业团队的优势分析

一个好汉三个帮，创业团队的优势主要体现在一群人能够同心协力，集合各自的优势，共同创业，其产生的群体智慧和能量将远远大于个体。创建团队时，最重要的是考虑成员之间的知识、资源、能力和技术上的互补性。一般来说，团队成员的知识、能力结构越合理，团队创建的成功性越大。

（2）创业团队的劣势分析

创业团队主要的劣势就是容易压抑成员个性。相较于创业者个人，创业团队在管理与发展上，更注重成员之间的平衡发展。为了追求这种成员之间的平衡，就需要为团队设定一些条条框框来规范发展的标准，这种条件的制定或许就会与某些团队成员的具体情况发生一定的矛盾，例如，容易限制其个性的张扬或是让成员感到有约束感。

# 6.3  创业的动因

当你有了自己创业的想法的时候，你应该仔细地想一下自己为什么要创业，也就是需要思索创业的动机与原因。认定自己的创业动因是正确的，将有利于你在创业的过程中树立信心、坚定信念、能够克服创业中的困难，而取得创业的成功。那么，创业动因有哪些呢？

## 1. 做自己喜欢的事情

每个人对生活和工作都有自己的理解和追求。对很多人来说，在一个公司里做一般员工甚至高级员工，虽然有较高的薪资、比较舒适的办公环境以及较好的福利，但是，必须按照公司统一的战略规划及统一的步调日复一日、年复一年地工作，无论是否喜欢这样做或做这份工作，为了生活你都不能失去这份工作，因此，你不得不服从公司的所有工作安排。有时工作可能会让你非常不情愿，但是也不得不去做，因为你是被雇用者而非老板。

自己创办公司基本上就可选择自己喜爱的事业去开创，按照自己喜欢的方式（必须按照市场规律与法律法规等）去做自己喜欢的事情。在自己创办的企业里为自己工作，做自己喜欢的事情，去实现自己的人生理想与抱负，这是大多数创业者的创业理由。

## 2. 做自己能够做的事情

一般来说，一个人要经历从小学到大学乃至更高的学历阶段。当完成学业后，很多人到应聘的公司从事与所学的专业相符合的工作。但是，有的人在择业上，由于其他的原因而不能够从事自己所能够做的工作，或者说，公司分给自己的工作，自己即便是非常努力也做不好，这时，有很多人在无可忍受的情况下，会走上自己创业的道路，以从事自己能够做的工作。

### 3. 认定了一个好的机会

无论是有意的还是无意的，在你的研究中或工作中，当你发现了一个自认为很好的市场机会时，一般来说都会非常兴奋，为自己的伟大、聪明、远见卓识而兴奋不已，也有可能因此而走上创业之路。这样的例子在古今中外不胜枚举，一些高科技企业的创业，常常是在这样的情况下起步的。

认定市场需要并不意味着你一定要发明一种新产品，有时候，更好或更经济的做法是提供一种价格更公道或服务更完善的产品。美国密歇根中小企业发展中心的瑞恩·豪尔认为："你的行业知识可以为你提供一种战略优势来确认市场，并从中获益。比如说，假设你是一位农产品经销商，你想到了一种新的销售方法。你知道消费者都会喜欢食用无农药和其他化学添加剂的果菜食品，即使是价格贵一些都不在乎。这就是健康食品正在世界各地以前所未有的速度蔓延开来的原因。你还可以想到可以把纯天然的全麦食品打包出售，每 5 千克或 10 千克一包，通过零售商店或以邮购方式来进行销售。"辛辛那提大学的查克·马修教授称这为"机会认知"，即在市场上能发现一种清晰的，但并未被别人发现的需求。凡是成功的创业家都必须有远见，也就是要看到别人看不到的东西。当一种新产品被引入市场时，我们经常可以听到有人用不屑的语气说："他们怎么会做这种东西？"是的，关键的一点是他们做了，因为他们看到了市场上的部分需求。即使是具备理想的条件，确定一块市场阵地只是开办自己公司的第一步，在确认市场需求后，你还需要计算好你能不能从中赢利，这些需求能不能够支撑一个企业的发展。

### 4. 失业或下岗

失业或下岗常常是很多人自己创业的最常见的原因。失业的原因尽管很多，但对于失业者来说，都需要考虑新的就业，而面对就业压力和生活压力，很多人可能会痛下决心，开始走自己的创业之路。我国改革开放初期的创业者，就有很多是待业者或刚刚从农村回城但没有就业机会的下乡知青。而最近几年，国有企业的调整和改制，使得大批国有企业职工下岗，从而使一部分有头脑的人走上了自主创业的道路。

### 5. 为了改变家庭与个人的经济状况

为了改变家庭与个人经济状况也是常见的创业理由。有些人由于在公司里工作的薪资不高，难以维持家庭的生活开销或提高家庭生活的质量，他们经过分析后发现，要想改变命运或现实的生活，必须走自主创业之路，让自己的能力尽情地得以发挥，并获取最大的经济回报。大多数出身贫寒、收入微薄的创业者，其最初的创业原因就是要改变自己的生存条件，改变经济状况。

### 6. 获得更大的经济利益

为人打工只能赚到极其有限的薪酬，自己经营一家企业至少提供了赚更多钱的机会，至于是否能富裕起来，则取决于是否将企业做成功。如果企业发展很好，作为创业者的收入、相比打工角色的额外收益要求等都是可以实现的。大企业都是由小企业发展起来的，如果新创的小企业发展起来了，创业者就会考虑使企业公开上市而增加企业价值，或通过出售而获得大量利润，自己则功成隐退。

# 6.4　创业的核心要素

创业有很多的要素，但就核心要素而言，创业更应关注创业者、技术、资本和市场这 4 个关键要求。

## 1. 创业者

人们一般都认为创业一定要冒极大的风险。的确，在高科技和一些新兴的领域，创业的失败率较高。但是，对于大多数创业行为而言，并不存在很多危言耸听的风险。那么，为什么又会有许多创业失败者呢？德鲁克认为："事实上，因为少数所谓的'创业家'的无知，缺乏管理方法、违反管理规律，从而给创业精神的发挥蒙上风险的色彩，高技术创业家尤其如此。"现代风险资本的奠基人——乔治·多里奥认为："宁可考虑向有二流主意的一流人物投资，绝不向有一流主意的二流人物投资。"确实，不是一个科学家或工程师拥有技术就能够创业成功。创业不仅需要好的技术，更需要其他素质与能力，因此，创业者的素质与能力是创业成功的第一要素。

## 2. 技术

对于创业者来说，在创业准备阶段确实需要认真地考虑"我做什么？我能够做什么？"这一问题。什么是技术？技术是将知识运用到实践中的手段、途径、工具或方法。企业之所以存在，是因为社会的需要，是因为企业能够满足社会的"需要"。社会需要的技术，并不完全等同于科学家眼中的科学技术，社会需要的是既建立在科学基础之上，又能够满足实际需要的技术。因此，对创业者来说，应该以市场需要为中心，选择那些既不太超前于市场、也不要落后于市场的技术，这些技术的一个普遍特征是在市场中已经显现出应用前景，但还没有被广泛应用。可见对于创业者而言，技术只需超前于市场半步即可，现实中就有很多创业者凭着这样的一项技术而创造出一番大的事业。

## 3. 资本

创业者要想创业，除了具备创业者的素质和选择合适的技术项目外，还需要具有一定的资金。从创业角度看，创业资本是创业的关键要素。某企业咨询公司总结了近一千家创业失败的案例，认为创业资金的匮乏是重要的原因。正如人们常说的那样：不是有钱就有了一切，但是，没有钱什么事也做不成。

## 4. 市场

企业的存在是因为能够满足市场的需要，如果没有市场需求，那么新创的企业就没有生存的价值，自然也就不能生存。在竞争激烈的市场环境下，创业者如果不能开拓好市场并管理好市场，即便拥有最好的技术或比较雄厚的资金，也可能导致创业夭折。当然，一个优秀的创业者是肯定能够开拓市场并管理好市场的。很多人总在期待市场高潮的到来，但是对于创业者来说，更需要坚持的是"创造市场"的理念。

【重要提示】
创业者运用经济资源和人力资源来实现他们的创业想法，经济资源包括资金和设备，人力资源包括精力、技能、知识和时间。

总之，对创业来说，至关重要的要素就是创业机会、创业团队和创业资源。它们贯穿于创业过程的始末，并且作用于企业成长和发展成熟阶段。

新创立的公司往往具备着一般公司所不具有的创造力和想象力。但是由于它们相对脆弱，因此会有很多因素制约着它们的成长和发展，所以新创业者要学会充分利用创业机会、创业团队和创业资源，使其作用得到充分发挥。很多科技创新大企业在公司进入轨道后，都希望能够将公司重新带入创业阶段，重新获得那种激情和快速发展的动力。

# 6.5　创业机会与创业风险

## 1. 创业机会

### （1）创业机会的识别

能否准确识别创业机会，这是关乎创业能否成功的重要因素之一。从创业的角度说，它是创业的起点，也可能是创业的终点。在一个错误的机会里谋求发展，那你所做的一切努力都注定是徒劳的。尤其是对于大学生创业者，他们所能支配的创业资金本身就非常有限，而且大多都是借贷来的，如果将这有限的创业资本投入不合时宜的创业项目里，那失败对于大学生创业者的打击将会被放大很多倍，甚至使其从此失去再次创业的信心。因此，那些希望自主创业的大学生，事先必须对所出现的创业机会有比较客观而准确的甄别。

大学生对于创业机会的选择，通常可以从以下几个方面考虑。

① 创业时机是否成熟

每个创业者对于时机的把握都是具有很大主观性的，这需要创业者首先对自己有个全面客观的认识，因此在选择创业之前，不妨先问自己这样的几个问题：

你了解你将要介入的行业吗？

你有不同于竞争对手的特点吗？

你所能协调的各种资源能满足这个项目的需求吗？

你是否充分做好了吃苦耐劳的心理准备？

你是否能接受创业带给你的各种失败的打击？

假如这 5 个问题你的答案都是肯定的，那你就具备了把握创业时机的主观条件。在创业的过程中，你可以自信地许下承诺，即便失败也有接受这种现实的能力。

② 对市场信息和变化规律的掌握是否充足

市场环境往往决定了你的创业构想是否可行。创业者必须做到随时掌握市场的动态信息，才能长久地立于不败之地。特别是对于大学生创业者来说，在学校所学到的只是一些常规知识，而市场大多考验的则是创业者随机应变的能力。跟不上市场变化的节奏，就很有可能会被市场无情地淘汰。因此，掌握市场动态信息和其变化规律，也是识别创业机会的必要参考。

③ 创业机会的选择是否实际可行

假如以上几条因素你都已具备，但是你所看中的创业机会却大大超出了你所能承受的最大范围，在不切实际的创业选择上一意孤行，这样的创业无异于飞蛾扑火。创业者憧憬成功的同时，也应该考虑到可能到来的失败。

### （2）创业机会的评价

现今我国的大学生创业成功率远远低于欧美发达国家。根据 2011 年的数据统计，我国大学生成功创业的比例仅为 3%～4%，而同期美国的这一比例却高达 20%～25%，我国与美国在大学生创业成功率上有着近 7 倍的差距，这使教育机构不得不开始重新重视起对大学生创业的教育和指导。

总体来说，对创业机会的评价，可从风险评估、市场评估和效益评估三个方面进行分析。

对于大学生创业者来说，对创业风险的评估，主要应从宏观和微观两个方面分析。

① 宏观风险评估

自美国次贷经济危机爆发以来，全球各大经济体都受到了不同程度的影响，这也必然会改变普通消费者的消费理念和消费方式。

② 微观风险评估

所谓的微观风险评估，就是将创业中所能遇到的各个环节上的风险进行估计。具体包括：

A. 项目盲目性评估：大学生创业之前，一定要亲自去做市场调研和分析。仅凭空泛的想象，只能是盲目创业。了解了市场的行情，才真正具备了创业的基础。大学生一般不具有深厚的经济基础，因此，建议大学生创业者从那些需要启动资金不高、人员配置不高的小项目做起。

B. 技能风险评估：另外需要考虑的就是大学生缺乏技能实践的现实。真正的技术只有通过实践才能检验出效果，而这样的技能是在学校的实验室里学不到的。

C. 竞争力风险评估：眼光长远的创业者，一定是着眼于企业将来的发展壮大。而企业是否具有竞争力则决定了企业的发展。

D. 管理风险评估：虽然有些大学生创业者无论是在理论还是技术上都有着十足的把握，但是缺乏管理企业的经验，导致创业最后还是以失败告终。因此，建议大学生创业者可以从一些网店或者家庭创业的方式做起，慢慢锻炼自己的管理能力，积累管理企业的经验。

**2. 创业风险**

创业风险，是指企业创业过程中所存在的各种风险。创业过程中往往存在着各种不确定性和未知性因素，如环境的不稳定、创业机会的复杂、创业团队实力的参差不齐等，这些导致创业结果也是截然不同的。那么作为大学生创业者，究竟该如何识别创业风险呢？

（1）创业风险的主要类型

创业风险是指在企业创业过程中存在的风险，是指由于创业环境的不确定性、创业机会与创业企业的复杂性，创业者、创业团队与创业投资者的能力与实力的有限性而导致创业活动偏离预期目标的可能性。

根据创立企业的功能不同，可将创业风险分为五大类，即创业管理风险、创业市场风险、创业财务风险、创业技术风险和创业环境风险。

① 创业管理风险

创业管理即创业者对机会、资源、团队三者的协调管理，它要求企业管理层尽力延续注入创业精神和创新活力，增强企业的战略管理柔性和竞争优势。一名优秀的创业者，可以不具备优秀的个人技术，但他一定是名优秀的管理者。

创业管理风险，即创业者对机会、资源、团队三者任何一方面都有可能出现协调管理不当的风险。创业管理更强调团队中不同层级员工的协同创业，而不是单打独斗式的创业。

② 创业市场风险

创业市场风险，是指在市场开拓期间，由于市场环境的变化而导致创业失败的情况。简单来说，新企业在创业之初，总会推出一些新型产品吸引消费者。可大部分消费者因为对于新产品的陌生，会采取观望态度。假如这种情况长时间持续下去，往往会使企业半路夭折。又或者创业者对产品价格定位出现失误，导致产品的销售业绩长时间徘徊在低位，这也会导致创业的失败。

③ 创业资金风险

创业风险中最致命的恐怕要数资金风险了，因为创业中投入的资金极有可能会血本无归。大学生在创业初期，缺乏资金是最普遍存在的问题。例如，创立销售型企业，资金短缺有可能导致货源供应不上，如此一来就有可能流失自己的客户源；创立某高科技技术企业，资金一旦供应不上，就会导致高科技无法转化成现成的产品，时间一长，辛苦研究出来的技术就会迅速贬值，最后的结果是前期的投资也付之东流。

④ 创业技术风险

技术创新与产品生产之间存在着天然的鸿沟，并不是所有技术上的创新都可以在实践中转化为产品。一旦新技术在产品生产过程中出现障碍，那么掌握新技术的创业者极有可能要面对失败的结局。

⑤ 创业环境风险

影响创业成败的因素很多，包括市场需求变化，政治、政策、法律法规的调整以及突发的自然灾害等。这些因素共同构成了创业的大环境，而其中任一因素的改变，都有可能会给创业者带来致命的打击。因此，大学生创业之前，必须重视创业环境的分析和预测，从而将自己的创业风险降至最低。

（2）创业风险的防范措施

① 做好创业前期的准备

创业是否能成功，很大程度上取决于创业前期的准备工作是否充分。前期准备不充分，本身就为创业埋下了很大的隐患。通常大学生在创业前期，要客观判断自己是否具备创业的相关技术和技能素质；同时要衡量产品开发所需资金是否在自己可承受范围之内。其他准备工作还包括市场定位调查、产品销售渠道、创业团队构成分析等。

② 强化风险识别意识

创业者应该明白这样一个市场原则——在创业过程中，风险是如影随形的。大投资有大风险，小投资有小风险。树立正确的风险意识，并强化自己的风险嗅觉，只有这样才能将风险的危害降至最低。

③ 拓展融资渠道，科学管理资金

资金的多少是决定项目发展的决定因素。确定企业运作项目后，创业者要明确资金的来源是否充足可靠。同时不应将资金来源单一化，须知多元化的融资渠道能够大大降低创业风险。对资金做到科学化管理也是很有必要的。创业者应在企业内部建立良性运转的资金管理制度，保证创业资金合理利用，避免出现资金浪费等不良现象。

④ 积极利用社会资本

社会资本是个广泛的概念，它包括创业者的师生关系、合作伙伴关系以及客观关系等。大学生创业者的主要问题是经验的匮乏，这时不妨利用一下自己的各种关系，从他人的身上学习一些创业经验。或者以良好、诚信、优质的服务，牢牢抓住自己的客户，客户也能客观分担创业者的风险。当然在如今这个提倡合作共赢的经济时代，加强与上下游企业的纵向合作，也不失为降低风险的好办法。

# 6.6　商业模式与创业资源

## 1. 商业模式

（1）商业模式的内涵

什么是商业模式？商业模式的概念引进得很早，1997 年 10 月，亚信总裁田溯宁到美国融资，美国著名的投资商罗伯森问他："你们公司的商业模式是什么？"当时田溯宁被问得一头雾水。罗伯森举例说："1 块钱进入你们公司，绕着你公司转了一圈，出来的时候变成了 1 块 1 毛钱。商业模式指的就是这多出的一毛钱是从哪来的。"其实罗伯森这一对商业模式的描述，重点突出的是企业内在逻辑，更偏向于企业赚钱的过程，而忽视了企业为客户创造的价值。

如今学术界对商业模式有着更全面客观的定义，商业模式是指为了能实现客户价值最大化，将企业内在和外在所有要素进行整合，从而形成高效率且具有独特核心竞争力的运行系统，并且通过推出的产品和服务，达到持续赢利目标的组织设计的整体解决方案。其中，"整合""系统""高效率"是先决条件和基础，"核心竞争力"是方法和手段，"客户价值最大化"是主观上的目的，"持续盈利"才是最终的检测结果。确定企业的商业模式，不仅仅是告诉你企业的努力方向，更加指明了通往这个方向的路。

（2）商业模式的赚钱逻辑

① 发现商业价值

或许很大大学生创业者都会有这样的商业理念："我只要生产出来产品，就会有顾客前来购买。"这种商业理念是错误的，产品的价值在于核心竞争力，如果绕过这一价值发现，创业者就会陷入错误的思维逻辑，这也是许多人创业失败的重要原因之一。

② 匹配商业价值

新创立的企业不可能同时拥有满足客户需求的所有资源和能力，这就造成企业常常要独自面临着巨大的机会成本风险。而商业模式的确定，可以为企业明确商业合作伙伴，从而降低创业风险，满足客户需求。

设想一下，你创立的企业拥有一两家可靠的原料供应商，从而能帮助你的企业更快速地发展。假如没有这些原料供应商的支持，那你就不得不付出高昂的库存成本、库存成本的提升，你的产品就无法在价格上取得优势。假如你能稳定地从供应商那里获得订单，供应商将成为你忠实的合作伙伴，不仅可以为你节省库存成本，还能大大降低你的成本风险。而明确与企业价值相同的商业合作伙伴，就是匹配商业价值。

③ 获取商业价值

获取商业价值和产生商业价值并非一个概念。企业最大的商业价值就是产品创新，目前许多新创企业能够成为创新的开拓者，并且利用创新产生较大的商业价值。但是因为创业者不懂得推销自己的创新产品，导致最后无法享受创新成果。成功的商业模式可以为企业获取这样的商业价值。无视商业模式的企业，也就等于忽视了商业价值的获取，最终造成"竹篮打水一场空"的尴尬局面。

## 2. 创业资源

（1）创业资源的内涵

创业资源是创业者在创业过程中运用的所有资源的总称。它们是一家新创企业在创立和运营过程中的必要条件。

创业资源主要包括有形资源和无形资源。有形资源是一种不可持续性资源，它是创业者维持创业活动的命脉，如资金、场地、设备、人才等。无形资源则是一种可持续性资源，它往往是撬动有形资源的重要杠杆，如商标、技术、营销能力、管理制度、企业文化、人脉关系等。

如果创业者能够利用好创业资源，并且有效地整合它们，那么在创业的过程中就能比竞争对手占取更多优势，使创业活动更加平稳和快速发展。寻求和获取创业资源的过程其实也是创业者们磨炼创业能力和提升创业技巧的过程。

（2）创业资源与一般商业资源的异同

① 创业资源与一般商业资源的相同点

创业资源作为商业资源的一种，具有商业资源的普遍特征。

首先，两者都有稀缺性。资源相对于创业需求是稀缺的，与成熟企业相比，新企业缺少时空上的资源积累，即在给定的时间内，与创业资源的需求相比，其供给量相对不足。

其次，两者所包含的内容相同。创业资源和商业资源从包含内容上来讲都涵盖了资金、场地、设备、人才等有形资源，以及商标、技术、营销能力、管理制度、企业文化、人脉关系等无形资源。

② 创业资源与一般商业资源的不同点

相比于一般资源来说，创业资源有三大特殊性。

创业资源多为外部资源。新企业创业资源短缺，企业直接控制的内部资源不足。例如，囤积不了过多的商品、招聘不到过多的技术人才等。而这时创业者努力获取外部资源来弥补内部资源的不足，例如，寻找战略联盟伙伴，出让股权，专业化协作、信用贸易等方式，则有助于企业更快地发展。利用外部资源的增长，能降低内部资源缺乏给企业带来的风险。

人才资源在创业资源中举足轻重。人才资源包括两方面——创业者和企业招聘人员。创业者是最重要的创业资源，创业者的意图和决定直接关系到新企业将来的成型和发展之路。而新企业所招聘的人才素质的高低，则关系到企业运营的成本与产出等问题。高素质的人才队伍，肯定会比臃肿的低素质团队成本投入更小、发展更快。

专有技术和知识资源在创业资源中至关重要。知识资源具有独特性、隐蔽性和不可交易性等特点，它是新企业进行差异化经营的基础，也是新企业核心竞争力的根源，可为新企业在某些方面建立一定的竞争优势。

（3）创业资源的作用

创业资源对创业成长具有重要的支持作用，无论是有形创业资源还是无形创业资源，它们都直接或间接影响到创业活动的发生和发展。

资金、人才、设备等有形创业资源是创业活动的基础和根本，没有它们，创业就无从谈起，而这些资源的匮乏也会严重阻碍创业快速发展；技术、营销能力、管理制度、企业文化、人脉关系等无形创业资源，能够对有形创业资源起到很好的吸引和积聚作用，它们能够使创业活动事半功倍，使新创企业快速成长。

在创业过程中，创业者的工作重点应当放在如何有效地吸收更多的创业资源并且进一步整合到企业的竞争优势上。

（4）获取创业资源的关键

获取创业资源的方式有两种，一种是开发自身资源，它包括资金、技术以及场地等；另一种是利用外部资源,除了资金、技术、场地外,还有人脉、政策等。这里着重谈获取外部创业资源的关键。想要吸引外部的创业资源,要做到,其一,创业者要有能够打动投资者的创业计划书,详细描绘创意的内容、个人愿景、长期计划、未来目标以及投资者所能得到的好处;其二,依靠创业者个人魅力、个人能力、个人技术、人脉关系吸引人才、资金、政策优势等。

（5）创业融资

创业融资是指创业者根据其创业计划,运用一定的技巧方法,从不同渠道筹集所需资金的财务活动。任何人想创业,都离不开资金。因此,大学生创业者要想使自己的企业正常运营,融资是最重要的一步。对于大学生创业者来说,创业融资不仅能解决企业的生存问题,而且能够帮助创业者更深入地理解金融市场。

# 6.7 创业与职业生涯发展

## 1. 创新创业型人才素质要求

（1）迅速掌握新知识的能力

知识的积累有助于创业者对机会信息进行识别和利用,而新知识又通常被视为隐性知识。这种隐性知识可能来自以往的工作经验,也可能来自专家的建议。不同的创业者对不同新知识的学习能力,决定创业者是否具有创新性创业的潜力。

（2）开创性运用知识的能力

对于创新创业型人才来说,学习更丰富的新知识,比掌握较多已有知识更重要。我们不能用过去的标准,即以掌握知识量的多少以及过往专业经验的多少来评价人才。对创新人才来说,应当以是否善于创造性地运用知识作为评判标准。

（3）更强的风险承担能力

创业本身就是一种具有较高风险的活动。而创新型创业则意味着要推出新的产品、服务或是新的工艺等,顾客能不能接受还未知,其风险性自然可想而知。因此创新型创业者需要具备承受这种高风险的心理素质,同时加强自己对信息搜集的能力,只有这样,才能保证自己的创新项目成功实施。

## 2. 创业教育、创业精神培养对大学生职业生涯发展的意义和作用

（1）增强自我认知

很多大学生会苦恼于无法得知自己有哪些特长,或者是无法客观评价自己。而创业教育则可以促使大学生主动寻求自己与他人在生理和心理的差异,主动探求和发现自己的特长和缺点,并且在创业的过程中扬长避短,从而更清楚地认识真实的自己。

（2）帮助学生确定自己的理想

相当一部分选择创业的大学生,其动机并非是为了找到工作而创业,更多的人是为了实现自己创业的崇高理想。他们希望通过创业活动施展自己的才华,体现自己的人生和社会价值。而创业教育的创业精神的培养,正可以满足大学生这种对理想的追求和渴望。

（3）引导学生主动进行职业探索

职业生涯规划并非是一成不变的,它只是个体在自我认知的基础上,对自己未来职业的前瞻性和全局性考虑。但是客观世界无时无刻不在变化。尤其是如今这个知识经济时代,新兴职业不断涌现,那些跟不上时代变化潮流的人,往往会被社会迅速地淘汰。而创业教育则

有助于引导学生主动适应这种客观变化，在职业生涯的发展过程中，不断地调整自我、更新思想、完善计划，从而达到职业生涯规划与社会发展方向的契合。

（4）培养学生的创新意识

美国著名管理学家德鲁克认为："创业就意味着创新，创新就意味着突破，这才是创业精神的核心因素。"我国当代的大学生一般具有良好的知识结构和敏捷的思维能力，而创业教育则能加强大学生的自主性和创新性，从而引导他们发现客观世界的一些新认知，最终走上发展创新型创业的道路。

## "家电清洗"的创业之路

大学暑假的时候，李克为了挣点生活费，于是在连锁店"避风塘"做起了服务员的工作。由于李克工作非常卖力，老板也特别器重他。暑假结束后，老板硬是拉着李克不让走。不仅提升他为领班，而且还同意让李克上午上学，下午上班。

李克在这家连锁店担任领班期间，管着 30 多名员工。正是由于这段经历，李克积累了丰富的管理经验。于是大学毕业后的他，以连锁店为模型，在学校门口也开办了一家茶餐厅。凭着 DIY 的室内设计和良好的成本控制，只经过四五个月，茶餐厅就开始盈利了。

一天，一个人提着 80 万元来找李克，希望为茶餐厅注资，和李克共同经营。为了自己的茶餐厅能有更大规模的发展，李克当然是欣然应允。可没想到，日后李克发现这位合作伙伴和自己的经营理念完全背道而驰，而且这个人的占有欲特别强，几乎无时无刻不想着排挤李克。由于内讧，餐厅生意日见冷清。终于有一天，李克带着当天的 300 块钱营业额，几乎是净身出户。随后的日子里，李克又分别开过饭店和烟酒店，都算是小投资，但是最后都以失败告终。

正所谓"天无绝人之路"。一次，李克无意中看到一条居民寻找家电清洗服务的广告，他觉得这里大有商机。家电清洗是个新兴行业，虽然对这行李克也是个门外汉，但是勤奋的他先是研究了整个行业的发展趋势，随即又辗转多个地方进行了详细的市场调研。在确定了项目之后，李克便一头扎进了当地一家家电维修部工作，从最基本的技术学起。

李克在维修部学习了大半年，基本掌握了家电维修的技术。但是目前李克手里根本没有创业的资金。于是李克吸取了上次创业失败的教训，找了一个志同道合的出资人。双方根据合同，明确了责任义务分配等问题。2006 年，李克创立的蓝清公司开始营业。

公司开办初期，白天李克和仅有的三名员工全部出去跑市场。烈日当头，李克几乎每天在大街上、居住区发传单，夜里还得抓紧时间看营销光盘，做计划和总结。因为创业初期资金肯定是很紧张的，自己只有尽量亲力亲为，才能节省成本，这样，自己的企业才能在困难的初期阶段存活下来。这样的生活虽然很累，但是李克却乐在其中。经过一个月的努力，李克迎来了第一笔大生意——40 台空调的清洗单子。虽然钱不是很多，但是这让李克更加坚定了自己的信心。

李克又是一个善于总结的创业者。在接到第一笔单子后，李克就做了许多总结。例如，他会询问客户是如何联系上他们的、有哪些建议、还需要他们提供哪些服务等问题。随着业务的增加，他所积累的经验也愈加丰富。后来，李克还逐渐将业务和技术领域分开，如此一来便提高了工作效率。后来，公司又增加了中央空调清洗、通信电力设备带电清洗等业务，把单独订单的业务量从千元直接拉升到了万元，有时甚至是几十万元。

如今蓝清的综合实力已经名列全省榜首，而李克的目标是在自己 40 岁之前让蓝清上市，成为该行业的领袖。

### 校园卖杂志一年能赚 30 万

方贺兵是浙江传媒学院 2007 届毕业生，曾在学校担任过学生会主席职务，是学校出了名的优才生。大学毕业的时候，学校老师给他联系了企业实习单位，另外还有几家电视台争着想与他签约。但是方贺兵始终怀揣着一颗自己创业的心。凭着满腔的激情，毕业之后的方贺兵也带着团队做过其他行业，例如，他和朋友合伙开个网店，结果被人给骗了。后来他也尝试做过美国的一种节油剂生意，但是发现获利甚微。他甚至后来还做过影视发行，但由于经验和资金的匮乏，他们的项目没多久就以失败而告终，并且这次失败几乎让他血本无归。

残酷的现实让方贺兵不得不反思自己的过去。思来想去，他认为还是干他的老本行——"传媒"最靠谱。本身自己就是这个专业出身，相较其他行业自己心里更有底。重新确定了方向之后，另一个问题又出来了：经过上次的失败，方贺兵已拿不出启动资金了。好在这时，过去认识的一位企业老总打电话询问方贺兵的近况。方贺兵将自己的不如意如实地告诉了这位企业家，企业家也不免为之惋惜。三天后，这位企业家给方贺兵推荐了一位投资商。投资商经过企业家的介绍，很欣赏有拼劲的方贺兵。而方贺兵承诺自己只需要 50 万元，就可以重新振作起来。于是投资商答应给方贺兵投资 200 万元，并且说只要一年后账面上还是原来的 200 万元，以后什么都好说。

这种天赐良机不是谁都能遇到的，所以方贺兵格外珍惜这次机会。起初他做的是家居杂志。后来一次偶然的机会，他又将目光盯上了杭州的大学生市场。自己本身就是大学里出来的，校园里的学生每天都需要积累各种信息，才能让自己更有方向地成长，为什么自己不好好利用这样的商机呢？于是经过一段时间的研究运作，第一本《尚大学》出版了。方贺兵的设想是在校园里免费赠送《尚大学》杂志，盈利的渠道则是收取杂志上的广告费。

杂志创办初期，广告是很难拉得到的，毕竟一本新杂志又没有什么知名度，哪个企业单位愿意在这种陌生的传媒上做广告呢？若想吸引广告商，首先得让自己的杂志能有更多的学生愿意看。为了吸引学生的目光，《尚大学》里汇聚了校园生活、社团活动、励志故事、求职消费信息等，这些都是学生最需要也最爱看的东西。并且《尚大学》还刊登有很多大学生自己的文章，学生们在传媒上能看见自己的故事，当然就喜欢看《尚大学》杂志。

随着《尚大学》在校园的知名度越来越高，也吸引来了首批广告商。如今经常是广告商主动来找方贺兵，而且还有了不少的回头客。成功的运作第一年就给方贺兵带来了 30 万元的利润。而那本《尚大学》也成为方贺兵成功创业的一个见证。

### 80 后女孩创业打造个性喜糖

1985 年出身的许燕是个典型的 80 后。2006 年许燕去青岛参加一个好朋友的婚礼，桌子上的喜糖让她惊喜不已。她看到的喜糖制作精美，而且外面那个富有个性的小盒子尤其惹人喜欢。这么个性的喜糖让许燕是爱不释手，于是她特意将盒子带回家里作为装饰品摆放。

后来只要参加朋友的婚礼，许燕都会想到那个个性的喜糖，朋友里也有很多人纷纷表示喜欢，但是大多数人都不清楚哪里有卖的。于是，许燕就产生了经营喜糖的想法。

2007 年，许燕经营喜糖公司的想法得到了两个同学的响应。几个人东拼西凑了 2 万元钱，成立了巧媳妇艺术家居生活馆。

所谓的个性喜糖主要是指外包装，一个普通外包装价格从 0.8 元到几元，里面的糖果客

153

户可以自由选择品牌和数量，价格也因此不等。因为资金有限，许燕他们需要与鲜花店、婚庆公司等单位合作，通过这些单位代销喜糖。但是很多人都觉得这喜糖不实惠，利润又低，于是很多婚庆公司都不怎么感兴趣。

为了引起更多客户的注意，许燕决定单卖喜糖的包装。但是这招却不怎么灵，一个月下来，连个咨询电话都没有，订单就更别提了。大家整天忙得脚不沾地，却并没有什么回报，难受得恨不得哭一场。

但是后来公司迎来了转机。那年许燕的一个同学结婚，她将600盒个性喜糖作为结婚礼物送给这个朋友。谁知她的个性喜糖在婚礼上引起了不少的轰动。来参加婚礼的人都对这些喜糖赞不绝口，当天就有很多亲朋和当天的司仪留下了许燕的联系电话。这给了许燕莫大的信心。随后，2008年情人节这天，她们又推荐咖啡厅购买个性糖果当礼物送给就餐者。价格低廉、包装精美的糖果受到了咖啡厅的欢迎，销量非常不错。

此后的日子里，询问个性糖果的咨询电话不断增加，自然也就有了第一个上门看样品的客户，并接了第一笔订单。如今她们的客户越来越多了，平均每个月都有几笔订单。她们也开始尝试与饭店合作，希望将她们的个性喜糖加入到婚宴当中去。"一盒装有六块品牌糖果的个性喜糖最便宜的是1.6元，一桌只需16元就可以增加婚礼气氛，同样可以吸引客源。"

除了普通的个性喜糖外，结婚的新人还可以在喜糖外包装上加入自己的照片和签名，也可以订做由喜糖制作的花束，摆放在家里作为观赏品。喜糖可视为新人当初美好时刻的一种见证，这无疑给喜糖注入了一种新的意义。

## 【案例点评】

资产管理公司Formula Capital的总经理詹姆斯·阿尔图切(James Altucher)，同时也是一位投资人、作者、程序员兼创业人士。曾写过6本关于投资的书，最新的作品为 *I Was Blind But Now I See*。Formula Capital的总经理詹姆斯·阿尔图切(James Altucher)介绍自己的创业经历。

我以前在HBO有一份固定的工作——IT部门的初级程序员分析师(Junior Programmer Analyst in the IT department)。我告诉HBO："你们做原创的电视节目，为何不做做看互联网节目呢？"于是很神奇地，从1996—1998年，他们让我在凌晨三点做任何我想做的东西，并把内容放到网上去。我最早的工作是和Unix/Oracle相关的，这方面我完全懂。所以我想到了一个更有趣的主意，并让别人允许我开展工作。

市场部门的一个人告诉我说："你不可以那样做。"但是，对一心想干番事业的人来说，这正是催促你行动的信号。约翰·洛克菲勒把全美的石油公司收入囊中，而没人认为他可以办到。卡内基买下了全美的钢铁公司，拉里·佩奇在对商业模式毫无概念的时候就打造出了一个搜索引擎。他们都成了亿万富翁。詹姆斯·阿尔图切(James Altucher)则几乎是不计酬劳地在凌晨三点的纽约市区街头采访性工作者。我们骨子里都有基因决定了的偏爱和嗜好。

接着有另一家娱乐公司开始让我帮他们做同样的东西。"你能把我们的网站变得更有趣更有娱乐性吗？"他们都要有趣的东西。于是我瞬间进入了一个行业，成了"创业者"，而我还不知道这个词是什么意思呢。到了办公室，完全不知怎么做。我不再属于HBO了。每天我都想哭。我并不是一个天生的生意人，但我努力从第一年犯下的5000个错误里吸取教训。

我在这里要说的是，你们这些新手真是幸运，因为有我清楚地告诉你们从创业的第一天要怎么做。比我那时要幸运得多了。

发家致富是每个年轻人的梦想，在创业的过程中总会遇到各种问题，同时也会由于一些准备不足的问题引发年轻人不能走上创业的道路，以下建议对大学毕业生创业有一定帮助。

（1）获得客户。为你公司筹得现金的办法从易到难依次是：客户、预支应收账款、抵押房产、向亲戚朋友借钱，接着是天使投资、风险投资和上市。注意：风险投资几乎是排在最后的，说不定你根本就用不着他们呢。为什么人人都要追着风险投资不放呢?你银行账户上真的需要1000万美元吗?你才刚刚开始呀!我该把这个列作第一条：在有第一个客户之前，别开始创业。获得客户之二：要想方设法地获得愿意付钱的客户。如果是个内容网站就找个赞助商吧。你要卖的是产品或者服务，就找个客户。你要是连个客户都找不着，只能说明你的产品真的很烂，或者你的激情还不够。请在白板前再费费工夫，仔细想想。再多花个5000美元，开发点新的功能。注意：我说的是5000美元，而不是1000万美元。获得客户之三：对所有事情说"Yes"，所有事情。要是他们要来个手术，你就披"褂"上阵。要是他们要更新数据库，而你公司造的是网球，你也要说："没问题，我手下有人懂这个。他之前是印度班加罗尔的数据库专家，现在在帮我们做网球。我让他周六早上就给您整数据库去，他会给您再捎上些点心。"

（2）首先要招的是自由职业者，这样你就可以随时解雇他们了。我注意到，人们从风险投资那里拿到钱以后，做的第一件事情往往是开始招人。我成立的第一家公司从第一天就开始盈利，从来没有募集过一分钱。接着我成立了第二家公司，从风险投资那里拿到了3000万美元，接着就把这些钱都花在了招聘上面。后来我这个CEO就被董事会给扫地出门了。他们接着又募集了5000万美元，在一年前很廉价地把公司给卖了。

（3）持有现金。要是风险投资给你的公司投钱了，别管他们怎么说，都要把钱放在银行里，别一下子就装个大公司的样子出来。你真的需要请每小时要价400美元的律师在董事会议上做笔记吗?你真需要开董事会议吗?在你获得至少五个大方付钱的客户之前，你甚至连秘书都不需要。在创业的第一年里，你不需要什么销售主管或市场主管，你自己就是销售和市场主管。你不需要任何的风险投资，你自己就是风险投资。你才刚起步呀!

如果你按照上面的建议进行相关的处理，在你第二年的第一天里，你就会获得大量的客户源、资金、新朋友，以及合作者，这些建议对于你在创业的第一年如何熬过去是很有帮助的，因为这些成功经验的获得都是时间累计出来的。

（资料来源：http://www.156580.com/cy/cycgal/）

【素质拓展】

一、以"创办属于自己的企业"为主题：

1. 讨论创业的性质和创业对经济发展的作用。

2. 自己制定一个创业计划。

二、以"管理自己的企业"为主题：

1. 讨论创业管理中的各种问题及产生的原因。

2. 自己写一个关于解决创业管理中各种问题的对策和措施的方案。

# 第7章

# 创业策略

大学生要想创业就必须要有创业意识，然而当今的许多大学生具有创业冲动，却不知道如何创业、从何处下手。有的则是走一步看一步，没有创业的整体谋划，缺乏长远的、整体性的规划。兵法有云："先算先胜，而后才求战，可以不战而屈人之兵。"创业是一种具有风险性的活动，唯有周密部署、详尽策划，才能取得最大的成功。因此，大学生制定创业策略时，应把握一定的原则、掌握一定的方法。

## 7.1　创业的基本方向

虽然如今创业市场商机无限，但对资金、能力、经验都有限的大学生创业者来说却并非"遍地黄金"。在这种情况下，大学生创业只有根据自身特点，找准"落脚点"，才能闯出一片真正属于自己的天地。

### 1．方向一：高科技领域

身处高新科技前沿阵地的大学生，在这一领域创业有着近水楼台先得月的优势，"易得方舟"、"视美乐"等大学生创办的企业的成功，就是得益于创业者的技术优势。但并非所有的大学生都适合在高科技领域创业，一般来说，技术功底深厚、学科成绩优秀的大学生在这方面创业比较有成功的把握。有意在这一领域创业的大学生，可积极参加各类创业大赛，获得脱颖而出的机会，同时吸引风险投资。推荐商机：软件开发、网页制作、网络服务、手机游戏开发等。

### 2．方向二：智力服务领域

智力是大学生创业的资本，在智力服务领域创业，很多大学生能做到游刃有余。例如，家教领域就非常适合大学生创业，一方面，这是大学生勤工俭学的传统渠道，积累了丰富的经验；另一方面，大学生能够充分利用高校教育资源，更容易赚到"第一桶金"。此类智力服务创业项目成本较低，一张桌子、一部电话就可开业。推荐商机：家教、家教中介、设计工作室、翻译事务所等。

### 3．方向三：连锁加盟领域

统计数据显示，在相同的经营领域，个人创业的成功率低于 20%，而加盟创业的成功率则高达 80%。对创业资源十分有限的大学生来说，借助连锁加盟的品牌、技术、营销、设备优势，可以通过较少的投资、较低的门槛实现自主创业。但连锁加盟并非"零风险"，在市场鱼龙混杂的现状下，大学生涉世不深，在选择加盟项目时更应注意规避风险。一般来说，大学生创业者资金实力较弱，适合选择启动资金不多、人手配备要求不高的加盟项目，从小本经营开始为宜。此外，最好选择运营时间在 5 年以上、拥有 10 家以上加盟店的成熟品牌。推荐商机：快餐业、家政服务、校园小型超市、数码速印等。

### 4．方向四：开店

大学生开店，一方面可充分利用高校的学生顾客资源；另一方面，由于熟悉同龄人的消费习惯，因此入门较为容易。正由于走的是"学生路线"，因此要靠价廉物美来吸引顾客。此外，由于大学生资金有限，不可能选择黄金地段的店面，因此推广工作尤为重要，需要经常在校园里张贴广告或和社团联办活动，才能使自己的店广为人知。推荐商机：高校内部或周边地区的餐厅、咖啡屋、美发屋、文具店、书店等。

# 7.2　如何获得第一桶金

财富是一点一滴积累起来的，大企业家也是从赚到第一笔钱，有了资本之后，利用和壮大资本进而走上成功之路的。可见，"第一桶金"是人生走向独立、走向成功和辉煌的重要开端。如何获取"第一桶金"呢？

### 1．挑选自己喜欢的项目

如何选择合适的经营项目是首要的难点，大学生创业者首先要结合自己的兴趣来做。创业和就业是同一个道理，不干自己喜欢的工作，永远也干不好。但也可灵活行事，刚开始创业时，可选择一些门槛较低的项目，在挖到第一桶金之后，再转向自己喜欢的项目也不迟。

### 2．从头开始进行原始资金积累

大学生创业要进行原始资金积累：一是寻找投资人。寻找投资人并实现双方互相认可是一个漫长的过程，需要耐心。只要你的项目好，就一定找得到投资人，一定要坚持。二是从"小"积累资金。一些看似不大的业务，往往可以使大学生在边积累经验的同时还能积累原始资本。有的大学生毕业之后先去开出租车，就是为了从一个门槛很低的项目中积累开业资金。三是可以申请小额贷款。

### 3．少几分妄想，多加强学习

大学生创业，一要跟有经验的合伙人学习，二要先自学，再实践。这个过程没什么技

巧，只能靠不停地汲取知识，并把知识恰当地运用到实践中；同时不断地学习别人成功的经验，使自己尽快地成长起来。对于创业者来说，要积累的知识、锻炼的能力、培养的素质很多，一定要抓紧时间进行提高。

# 7.3　创业准备

## 7.3.1　创业心理准备

据教育部统计，2013 年全国普通高校毕业生规模为 699 万人，比 2012 年增加 19 万人。大学毕业生人数在增多，但是需求岗位数量却在下降，媒体称 2013 年为"史上最难就业季"。在就业形势日益严峻的情况下，很多满怀壮志的大学生选择开创自己的事业。以创业带动就业，不失为一种解决就业难的好方法。但是创业并不是一件容易的事情，大学生在创业前需要做好心理准备。

现在市场竞争日益加剧,对创业者的各种挑战越来越大,这就要求创业者有较强的心理素质。尤其是刚刚走出校门的大学生，对社会的复杂性没有深层次的认识，更需要有一定的心理素质才能够为创业奠定良好的基础。具体来说，创业者需要具备以下心理素质：自信，抗打击能力强；具有冒险精神；责任感强；善于团队协作。

### 1．足够自信，能够勇敢接受失败

作为一个初出茅庐的大学生，当你告诉周围的人你要创业时，一定会有很多人质疑你异想天开。当别人怀疑你时，你一定要有足够的自信心，坚持自己的梦想。

在创业的过程中，你一定会遇到各种各样的失败。所以在创业之前就要告诉自己——我相信自己的能力，失败不过是成功道路上的插曲。我终有一天能成就自己的事业。

### 2．敢于去冒险，敢于去尝试

创业其实就是开启人生中的冒险模式，你要敢于去探索，才能发现机会；你要敢于去尝试，才知道自己适合做什么、能做什么。畏首畏尾的人永远不可能成功。

### 3．敢于承担自己的责任，这是一个人成熟的表现

一个创业者要成功，就需要被员工信任、被客户信任。只有当你是一个敢于承担责任的人，他人才会充分信任你。

### 4．能够和别人很好地合作

创业不可能永远一个人单打独斗，建立起自己的团队才能让你的事业逐步壮大。你必须是一个具有良好沟通能力、懂得团队合作重要性的人。创业不是一个人的舞台，众人拾柴火焰高，在创业过程中不能对自己的能力过于迷信，要知道团队的力量才是最强大的。

这个世界没有人能够轻易创业成功，成功的背后往往是血汗交织的艰辛成长路。大学生要做好创业的心理准备，才能够以正确的心态去面对创业中遇到的困难。

## 7.3.2　创业知识准备

决定创业是个人职业生涯中的一个重要的转折点。作为创业者，除了应具有良好的心理素质和扎实的专业知识和技能之外，还应掌握一定的管理、营销、财务、法律等方面的知识。

### 1．管理知识

一个初创的企业要想早日走上正轨并做大做强，或早或晚都要过"组织架构设计"这道关。组织架构设计中最根本的问题就是决策权限的分配，简单地说，就是首先要解决"谁说了算"的问题，更准确地说法是解决"什么事情谁说了算"的问题。只是简单地规定"谁听谁的"无法应付日益复杂的经营管理问题。没有一个有效的决策权限分配系统，上级不能有效地管理下级，那么这类企业在规模尚小时可能问题还不大，达到一定规模后效率就会变得极其低下，甚至会危及企业的生存。

根据管理学原理，组织架构设计主要包括 3 个关键方面：决策机制、激励机制、评估机制。三者相互联系，互为依存。决策机制需要有相应的激励机制和评估制加以配合，以有效鼓励拥有决策权的人做出有利于企业的决策，有利于监督和评估决策质量和决策效果；反过来，有了员工激励机制，也要给他们相应的参与决策、参与管理和监督的权利，以便员工按权限采取行动，并有相应的业绩评估体系来作为他们行动的参考。决策权限分配、员工激励机制和业绩评估体系三者相互协调，是理想的组织架构设计，是初创企业在设计组织架构时值得参考的重要原则，如图 7-1 所示。

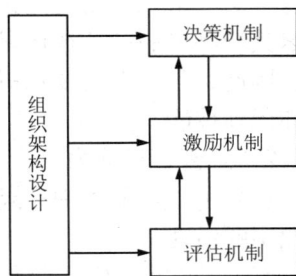

图 7-1　组织架构设计

### 2．营销知识

营销管理是指分析、规划、执行和控制各种方案，以便与目标市场的顾客建立和保持互惠交易以实现组织的目标。营销管理的实质是从制定一套开发客户、提供服务，到收款及售后服务的企业运作流程。例如，如何选择成本最低、成效又最高的行销方法；如何找到可靠且成本低廉的供货商；如何提供成本最低却又能符合需求的产品与服务；怎样收款流程最顺畅；如何降低呆贩率化解风险；等等。创业者可先试着找出同业中谁最赚钱，仔细观察其运作模式，然后根据自己企业的情况去调整这套运作模式，建立属于自己的营销模式。

### 3．财务知识

企业正式运作后，要了解公司是否上轨道，"让财务报表说话"是最好的方式。不少大学生创业者由于缺乏起码的财务管理知识，因而从企业初创阶段就没有养成良好习惯，既不了解自己一个月到底净赚多少、实际毛利率有多高，也没有充分考虑预留周转金，结果由于一笔款项周转不灵而导致创业失败。这样的例子屡见不鲜。为此，创业初期除了启动资金外，预留一定的流动资金、发展基金是非常必要的。

此外，创业者要想充分了解经营状况，最好能掌握一些账目管理的基本知识，翔实记录收入支出、进货销货以及成本核算等。

## 7.3.3　创业能力准备

从事创业活动到底需要具备哪几个方面的能力呢？通过对无数创业成功者所具备能力的分析中可以看到，在创业实践活动中直接发挥效率的有 3 种不同层次的创业能力，它们从低到高依次是专业技术能力、经营管理能力、综合性能力。

### 1．专业技术能力

创业者是以自己的服务式产品为社会做贡献的，其劳动价值要能得到社会的承认，当然要以精通专业操作为基本前提。在创业能力中，专业技术能力（包括技能技术）是最为基本的能力，是人们从事某一特定社会职业所必须具备的能力和本领。一个具有丰富经验和较高水平的经营管理者，如果不熟悉、不了解某一专业或职业的特殊性就可能无法施展和发挥其经营管理能力或综合性能力。只有把握住了某一专业、职业的特点，才能以症下药、因事制宜地采取适当的经营管理方法。从这个意义上讲，专业技术能力是一种最基本的创业能力。

综观改革开放以来率先致富的人们，其中有相当一部分是能工巧匠，这并非出于偶然。因为一般人往往是"想干不会干，想富没门路"，而他们具有某一方面的专业知识和技能，所以较之一般人致富的门路要广；也正因为他们的专业知识和技能已经达到了精通的程度，所以其产品或服务往往质量较高或成本较低，或两者兼而有之，从而能在市场竞争中占有优势。因此，创业者若要从事创业活动并期望成功，必须根据自己的创业意向，掌握相关的专业知识和技能。

### 2. 经营管理能力

在各种创业能力中，经营管理能力是一种较高层次的能力。它从以下几个方面直接影响创业实践活动。

① 经营管理能力涉及创业实践活动的每一个环节，包括规划、决策、实施、管理、评估、反馈等，影响到创业实践活动的全部过程。有人认为经营管理就是控制和调节的艺术。

② 经营管理能力涉及创业实践活动中人的选择、使用、组合和优化，涉及群体控制的各个方面，如群体目标、群体内聚力、群体规范和价值等。有人说经营管理就是人才的发现和使用的艺术。

③ 经营管理能力涉及创业实践活动中资金的分配、使用、流动、培植等环节，从而影响实践活动的规模和效益。有人说经营管理就是资金的运筹艺术。因此，经营管理能力是创业能力中的运筹能力，直接影响效率和效益。它大致可以概括为善于经营、善于管理、善于用人和善于理财这4个方面，具体如图7-2所示。

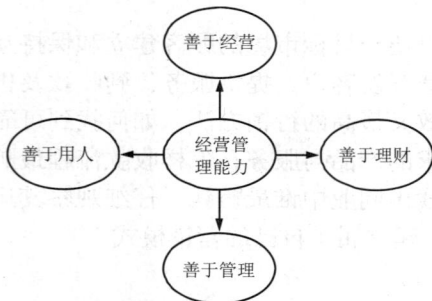
图7-2 经营管理能力

### 3. 综合性能力

在创业能力中，综合性能力是一种高层次的能力，具有很强的综合性特征。首先，它是由多种特殊能力与经营管理能力综合而成的。这里所指的特殊能力主要有：发现机会、把握机会、利用机会和创造机会的能力，搜集信息、处理加工信息、运用信息的能力，适应变化、利用变化、驾驭变化的能力，公关、社会活动能力等。这种特殊能力一旦与经营管理能力结合，就将从整体上全方位地影响和作用于创业实践活动，使创业实践活动的方式和效率产生根本性的变化。

成功的创业者有着一些共同的特征，这些特征对创业的成功有着重要的作用。因此，进行创业决策，是从对这些特征和特质的了解，进而加强对自我的了解和探索开始的。

# 第8章

# 大学生创业现状

我国的大学生创业教育起步相对较晚，公认的最早的大学生创业活动当属 1997 年清华大学研究生发起的首届"清华大学生创业计划大赛"，此后各地的创业计划大赛浪潮一直此起彼伏。

## 8.1 大学生创业现状分析

我国大学生创业的情况并不理想，主要表现在以下 3 个方面。

### 1. 创业参与度小，成功率低

与庞大的高等教育接受者基数相比，目前我国大学生自主创业者的比例还比较小，且结果并不令人满意。一项权威调查表明：大部分大学生公司或卖或并，一半以上的公司由于资金问题根本无法投产。本科生创业成功率不到 1%，研究生的创业成功率也仅达 5%。即使在大学生创业已趋成熟的港台地区，创业计划实施的成功率也不到 30%。

### 2. 创业教育滞后

高校对大学生创业教育的思想认识不足，意识淡薄，同时创业教育的学科基础薄弱，体系尚未构成。各高校尽管也提"创业教育"，但大都停留在"口号"宣传上，或是应急的"治标"手段上，缺乏创业教育的浓厚氛围和有效环境，难以形成科学的、系统的体系。

### 3. 大学生普遍缺乏良好的创业心理品质

随着社会和经济的发展，人与人、人与外界的联系和交往越来越频繁，人际关系日趋复杂。大学生创业活动也是一个复杂、多样的活动，需要创业者具备良好的心理品质，包括独立性、坚韧性、克制性、适应性，以及积极乐观的人生态度、较强的人际交往能力等。而这些品质正是当前大学生，尤其是"独生子女"大学生所欠缺的。

## 8.2 推进大学生创业的对策

我国的大学生创业还刚刚起步，塑造良好的创业环境对推进大学生创业具有重要作用。

**1. 社会层面：提供政策和舆论支持**

（1）政府颁布配套法规政策，使大学生创业行为受到法律保护，遇到问题有法可依

如给大学生创业企业在申请与税收方面以优惠，以及保护大学生创业企业自主知识产权等。同时出台鼓励民间资本参与、扶持大学生创业活动的优惠政策。例如，上海市曾规定，2006 年高校毕业生中，凡经营科技小企业的非上海生源申请留沪的，对其学历层次的要求可以放宽；通过市高新技术成果服务中心认定，由高校毕业生创办的科技小企业可享受注册、税收等方面一系列优惠政策。教育部也颁布有一项新政策：大学生、研究生可以休学、保留学籍、创办高新技术企业。

**【阅读材料】**

### 2013 年天津市教委多举措促进大学生就业创业

[摘要] 天津市教委要求各学校要大力加强创新创业教育，要大力创造就业岗位，积极鼓励大学生创业，通过多种措施促进大学生就业。

随着大学生每年的递增，大学生就业形势竞争也越来越激烈。2013 年天津市普通高校毕业生规模达到 14.1 万人，比 2012 年增加 1.2 万人。市教委要求各学校要大力加强创新创业教育，要大力创造就业岗位，积极鼓励大学生创业，通过多种措施促进大学生就业。

2013 年天津市普通高校毕业生中，研究生 1.6 万余人，本科生近 7 万人，高职(专科)生近 5.5 万人。为鼓励高校毕业生积极创业，市教委要求各学校一方面要开发创新创业类课程，纳入学分管理，在专业课教学中融入创新创业教育，把创新创业教育作为就业指导课程的重要内容；另一方面，要大力开展创新创业师资培养培训，积极举办创业讲座、创业大赛、社团活动等，培养学生的创业意识和创业能力，还要充分利用行业、企业及校友等资源，多渠道开发就业岗位，尽可能多地为毕业生提供就业岗位信息，同时要结合实际提出具体的就业帮扶措施，为经济困难和其他特殊困难毕业生铺设"就业绿色通道"。

（资料来源：就业资讯网 http://www.78.cn/kb/xy//6228.shtml）

（2）构建服务体系，营造创业文化

政府设立专门的基金委员会，资助、跟踪、指导大学生创业企业的成长与发展。政府借助有效的社会科技力量，给予大学生创业企业技术发展方面的指导与支持。另外，政府可以在高新科技园区或其他类型的孵化器中，开辟供给大学生创业企业发展的良好成长环境，充分利用现有资源，使得大学生创业迈向成功的道路更加平坦。再者，可利用各大媒体受众面宽广的优势，在全社会范围内营造良好的大学生创业氛围，为民众与大学生树立创业榜样与典范，形成一种激情创新、理智创业的良好局面。

**2. 高校层面：建立完善的创业服务体系**

（1）成立独立研究、指导学生创业的服务机构

现在高校中指导大学生创业的部门一般隶属于就业办或团委这两个部门。若该机构能成为独立部门，打造一支指导大学生创业的专业团队，全程指导学生进行职业规划与设计、培养学生创业意识、协助学生创业，将更有助于为大学生创业发展提供完善的服务，实现其理想与价值；同时这也将成为大学课程改革和专业设置调整以适应社会发展需要的重要信息来源。

（2）营造创新创业的校园氛围

充分利用校内外各种资源，营造毕业生自主创业的良好氛围，积极引导广大毕业生的创

业热情。通过网络、课堂和课余等各个环节的直接咨询与交流，帮助广大学生树立正确的创业观，使学生敢于创新、勇于创业，主动发现机遇。同时可邀请创业成功校友回校，与毕业生交流创业体会，结合成功者自己的创业经历，和广大在校学生交流，分享经验得失，鼓励同学积极创业。

### 3.　个人层面

大学生要转变观念，解放思想。受我国传统文化与教育的影响，绝大多数毕业生找工作时普遍有"重稳定，轻发展"的倾向，即使学生本人有创业倾向，也往往会受到来自亲朋好友的善意规劝，创业态度不坚决的学生大多会受其影响，转而成为现有工作岗位的竞争者。因此大学生要围绕创新创业所需才能，从各方面尽早提升自己。同时，要在理论学习与实践需求之间形成良性互动与循环，不至于出现学、用脱节的现象。当机会来临时，大胆出击，抓住机会。

# 第9章

## 创业实践

# 9.1　寻找创业机会

### 1. 从"需求"中挖掘机会

创业的根本目的是满足市场和客户的需求。优秀的创业者能及时发现这样的需求，并将其作为自己的创业项目。例如，四川绵阳有一位大学毕业生发现远在郊区的本校师生每天需要往返于市区和郊区之间，交通十分不便利，于是这位大学生就创建了一家客运公司，这就是把需求转化为创业机会的成功案例。

### 2. 从"变化"中把握机会

但凡是市场结构和需求发生重大变化时，必然就会产生一些市场空白，而这些市场空白就是可利用的最佳的创业机会。世界著名的管理大师彼得·德鲁克曾经说过。"成功的创业者，就是那些善于在市场上寻找变化，并能随着这种变化做出及时、积极回应的投资人。"这种变化或许来自国家政策的调整，或许来自某行业的结构调整，也或许来自市场重新整合、人口结构变化或人们精神上的需求变化等。例如，随着我国私人轿车拥有量的增加，催生出代驾、汽车销售和保养维修、二手车买卖等诸多创业机会。

【案例】

20世纪中期，美国一大城市曾塑有一座巨大的铜质女神雕像。当地许多居民都以拥有这座雕像而为自己的城市自豪。但是随着政府对城市的重新规划，这座雕像不得不接受被推倒的厄运。为此当地许多人都为此深深叹息，他们为以后再也看不见这座雕像而感到伤感，似乎这座雕像就是他们的精神寄托。

而一位在当地上学的大学生敏锐地发现了这里面蕴藏的巨大商机。他四处筹钱，以非常低廉的价格从政府手里购买下了雕像残骸。然后这名大学生租用了一家冶炼厂的车间。他将雕像上的废铜烂铁重新入炉，制作出一个个和原来雕像一模一样的微缩雕像进行兜售。而且还利用雕像上面的铜，制作出了一套女神雕像纪念币发行。为了增加销售量，这位大学生打出广告："您花上一点点的钱，买下一座微缩雕像，就能将女神永远地留在您的家里；购买一套纪念币，就能将您曾经的美好回忆永远地保存。"果然，这样的宣传方法起到了巨大的效果，短短三个月时间，微缩雕像和纪念币被当地人抢购一空，而这位大学生也因此狠狠地赚了一笔。

### 3. 自主发明创造机会

如今是一个高速发展的时代，各类行业的创新产品都在源源不断地涌入市场。假如你自信自己有这样的实力和潜力，那么关注一下创新行业，在创新产品上多下一番工夫，将不失为一种不错的创业选择。

这方面最典型的大学生创业案例，当属曾经的世界首富比尔·盖茨。盖茨在哈佛大学就读时，电脑也还只是一个新兴行业，而盖茨却疯狂地迷恋上了这个当时的"新鲜玩意"。大学还未毕业的他后来索性主动退学，开始了自己的创业之路，这才有了后来的电脑王国——微软公司。

比尔·盖茨靠着自身的发明创造，打造了自己的商业帝国。但是在此提醒在校的大学生们，每个人的成功都是有特定的时代、地域、人文背景的。比尔·盖茨的成功，不仅因为他是个电脑天才，而且因为他所在的时代背景和环境。不是人人都可以成为比尔·盖茨的，也不是所有人都可以像他一样未完成学业就去创业的。

### 4. 从竞争中"劫取"机会

同一行业的不同参与者，水平必然有高低之分，或者彼此在业务水平和经验上显得参差不齐。一个有实力的创业者，面对行业竞争者时，如果能吸取竞争对手的长处，弥补自己的短处，便能逐渐扩大自己与同行的优势。不妨看看自己的同行，看他们能给客户提供哪些更优质、更迅捷的服务，思考一下这些自己是否能做到。如果你自信没问题，或许就能发现一个相当不错的创业机会。

### 5. 新生知识、新生技术里藏有机会

随着现代化的生活要求和水平的日益提升，人们对于自己的生活质量有了更高的要求。而伴随而来的就是产生了许多新生知识、新生技术的开发，如生态环保、资源循环利用等，这些关系我们每个人生活的新兴行业里，藏有大量的有待开发的创业机会。

【案例】

安璇是一名刚刚大学毕业的学生，她不像大多数的毕业生那样一头扎进就业大军中，而是开始一门心思捣鼓自己的事业。由于社会经验不足、资金有限、没有进行市场调查，她好不容易开起来的一家创意玩偶店，只维持了短短三个月的时间，惨淡的经营业绩就让她几乎失去撑下去的勇气。

一次，70 岁的外婆戴着老花镜，边看报纸边狐疑地问："你那个店里有最近很流行的'神马'吗？明儿也带来让姥姥看看。"为了不让外婆失望，安璇斩钉截铁地说："有！"

可是连安璇也没见过"神马"到底是什么样子的。一回到家，安璇立马到网上搜寻，原来这个"神马"是最近流行的网络用语。有些网友发挥自己的想象力，给"神马"设计出了一个样子。她灵机一动，依葫芦画瓢，立即动手缝制了一个活灵活现的"神马"！当安璇第二天带着可爱的"神马"到外婆家时，这小玩意儿被小表妹看到了，平时就爱各种稀奇古怪小玩意的她非央求着要带着"神马"到学校去。

第二天，表妹就告诉安璇一个好消息，同学们太爱这个"神马"了，都想买一个回去。数量太多，安璇十分为难地躺在床上辗转反侧，这时一个念头在她的脑海里闪现出来。于

是，安璇找到一家玩偶生产厂家，经过和厂家细致地沟通，安璇一口气订制了 1000 只"神马"。结果，标价 50 元的玩偶刚到货就被一抢而空。尝到创业甜头的安璇又赶紧加急订了一批，这次她设计了男、女两个性别的角色，这给本来就抢手的玩偶加了一把力！

后来，细心的安璇注意到最近几个月的销售数量有了明显的下滑，经过调查，有不少人反映玩偶形态太过单一。为了改变现状，安璇开始在网上找更多的网络名字：鹳狸猿（管理员）、萌萌等。这下，安璇的小店又开始火红起来了。现在的她，在网络上广发英雄帖，征集网友们笔下的各种神兽，一旦被选中，还可以提供奖金。这样，源源不断的创意玩偶层出不穷，也给安璇带来了巨大的利润！

# 9.2  确定创业目标

在创业时把握商机并确定创业目标，是大学生创业者走向事业成功的起点和关键。一个好的创业项目应该有新意，而且有明确的前景目标。创业目标的确定应该基于对创业项目的调查和分析而做出，对创业项目的风险也应该有清醒的认识和分析。

## 1. 明确创业目标

明确创业目标需要回答以下几个问题。

（1）你将经营什么？

（2）你的经营理念是什么？

（3）你的产品和服务是什么？

（4）你的顾客是谁？你当前的顾客基础和你选择要服务的目标市场能进一步帮助你弄准经营定义。

（5）顾客为什么从你这里买？每一种经营都有充分的竞争者，而且你的顾客和潜在顾客对产品和服务有广泛的选择余地。

（6）是什么使你的企业同你的竞争对手区别开来？你不寻常的经营特色是什么？按照你的市场眼光，如果你能把自己与竞争对手区分开来，你就具有了强大的优势。

## 2. 创业项目分析

虽然你已经考虑和写下了你创办企业的构想，但是你还需要对它进行分析，进一步了解其可行性和风险。你需要知道它是否能使你的企业具有竞争力和赢利能力。企业是以盈利为基本目的的，而企业利润＝销售－成本。企业要成功，首先销售要成功，也就是说先要做好市场（这基本是外部的）；其次，要控制成本（这个是内部的）。

## 3. 立项——制定行动计划

从你的灵感触发构想，到进一步明确你的想法，到进行 SWOT 分析，以及各种风险预测和对策，你可以说是绞尽脑汁，付出了千辛万苦，但你还要做一下全面地回顾和总结。请问自己几个问题：是否有克服不了的困难？是否有规避不了的风险？将你的想法同一位经验丰富的老师或长者进行交流，征求他人的意见，然后制定切实可行的行动计划。

如果你坚信你的想法是周全的，而且老师、长者的态度也是鼓励和支持，那就不要再犹豫，张开创业的翅膀，大胆翱翔吧！

## 4. 确定商业模式

（1）开发产业链空白区

创业者可通过审视产品或者客户服务的价值链，从而发现价格链的哪个阶段能够以其他方式增加价值；或者从产业链中寻找经营空白区，从而利用这种空白区制定商业模式，来达到获取利润的目的。

（2）差异化经营战略

大多数的创新想法都源自一种差异化的经营策略，而寻找这种区别实际上就是一种差异化的经营战略。

（3）树立品牌核心价值

对于创业者来说，掌握资源的多少往往制约着企业的发展，因此一定要向客户展示企业的核心能力和关键资产的价值所在。

① 核心能力：这是企业战胜竞争者的优势所在，包括独特的产品制作设计能力、企业创新能力等。核心能力有以下四大特征。

第一，独特的服务和技术。如联邦快递的服务口号"我保证这辈子都不迟到，如有延误，原款退还"。

第二，体现客户价值。如利郎商务男装的宣传语"忙碌不盲目、放松不放纵，张弛有度"。

第三，不可被模仿。如伊云矿泉水的宣传所突出的"矿泉水中的奢侈品"。

第四，可向新行业新机会转型。如手机销售企业可随时转型为手机电池经营。

② 关键资产：这是企业所拥有的稀缺、有价值的事物，包括品牌、工厂设备、独特的合作关系等。例如，某企业拥有获奖品牌，或者有行业领先的技术设备，这都属于企业的关键资产。

（4）建立合作伙伴网络

再大的企业也不可能具备执行所有任务所需求的资源，因此往往需要通过合作伙伴的帮助，从而一起完成整个供应链的各种活动。合作伙伴越多，表明企业可利用的资源越多元。网络化的合作伙伴，能保证企业的供应链稳定运转。

【阅读材料】

## 创业 6 大死穴

**1. 短视老板短命店**

因为我国过去曾经缺乏创业环境，所以，很多企业家就像个被带进烧饼店的饿鬼，抓到什么吃什么。很多企业家彼此的区别仅在于有的被带进了烧饼店，有的被带进了饺子店，不远处全聚德的招牌却没人看见。没有长远战略规划的企业是短命的。

**2. 贪大求全死得快**

企业在创建以后，成长是个必经的渐进过程。如果过分追求成长速度，无异于拔苗助长。其实，企业经营好比一场马拉松比赛，不是看谁现在跑得快，而是看谁能在关键时刻跑到别人前面去。在创业过程中，当企业效益逐渐提升后，创业者不能一味地扩大营运规模，而应关注并妥善处理资金预算、市场预测以及材料、人员相关要素的协调等管理问题。如果对这些问题没做好充分准备，高速的增长只能带来巨大风险。

**3. 熟人搭伙不一定好开饭**

很多创业者在选择"合伙人"时，总喜欢在熟悉的"圈子"里找。由于彼此熟悉了解，因此在创业初期常凭感情做事，忽视了必备的契约签订和严格的约束制度。于是，随着企业的成长，这种工作关系引发的矛盾和问题逐渐显露，不仅不利于企业发展，有时甚至导致企业步入破产境地。

**4. 哪儿热闹奔哪儿易失误**

有些创业者在确定经营方向时爱盲目跟风，哪行赚钱就做哪行，总觉得这样能少走弯路。然而，市场运作有其自然周期及规律，一旦跟错了，就会掉进投资的陷阱。因此，创业前周密的市场调查和理性的分析尤为重要。

**5. 你办事我不放心难以形成合力**

无论作为老板的你有多能干，都不可能一个人做完所有工作。在不同专业范围内雇用得力的专才，给予他们发挥的空间，才能令公司得到最大利益。很多大老板就是学不会信任下属。商战的现实已经证明，一头狮子领导绵羊很难走得更远。

**6. "多快好省"是幻想**

"多快好省"，这是理想化到几乎无理性的说法。又要马儿跑，又要马儿不吃草，似乎是萦绕在大多数老板心中的对下属的美丽期待。在中国，高薪能不能养廉尚未可知，但没有高薪想聘到良将的机会却相当渺茫。如果要觉得偌大的一个企业自己玩不转、想找几个帮手，那就请提前设计好激励机制。

（资料来源：罗纯文《个人创业的六大死穴》.《农家科技》2008 年 04 期，有删改）

# 9.3　制定创业计划

创业计划书是指创业者在创业初期所编制的商业计划。创业初期，投资风险比较大，一般很难获得商业贷款或创业基金，风险投资商也对处于这一时期的企业投资非常小心。因此，这个时期需要编制大量的创业期文书，用于说服别人、规范自己。换言之，创业计划书就是指明计划的投资价值所在，解释是什么（What）、为什么（Why）和怎么样（How）的一种商务文书。

**1. 拟定创业计划书的理由**

俗话说："凡事预则立，不预则废。"没有创业计划就无法融资，这是被广泛证实的事实。从某种意义上讲，创业计划书是一件艺术品，它是公司形象与个性的象征。在创业之初，当你征询潜在的投资者、向银行申请贷款、准备聘用高层管理人员、准备同某一供应商建立长期往来关系时，对方都会要求你提供创业计划。这个时候，你必须拿出事先准备好的创业计划，这样才能有效地宣传自己并节省宝贵时间，提高沟通效率。

**2. 创业计划书的作用**

创业计划书的作用是不断发展的，现今其已经由单纯的面向投资者的宣传文书转变为企业向外部推销宣传自己的工具和企业加强管理的依据等，其作用主要体现在以下 3 个方面。

（1）使创业者从整体上把握创业思路，明确经营理念

一个酝酿中的项目往往让人感觉很模糊，制订创业计划书，把正反理由都书写下来，然后再逐条推敲，可以帮助创业者对项目有更清晰的认识。编写创业计划书，可以使创业

者从整体上把握创业思路，明确经营理念；可以帮助创业者有效管理企业并走向成功；还可以宣传将要创业的企业，并为吸引融资提供良好的基础。创业计划书的编写过程就是创业者进一步明确自己的创业思路和经营理念的过程，也就是创业者从直观感受向理性运作过渡的过程。

（2）帮助创业者有效管理企业并走向成功

成功编制的创业计划书是一份非常有意义的企业文献。它可以增加创业者的创业信心，因为创业计划书提供了企业全部现状及其发展方向，同时创业计划又为企业提供了良好的效益评价体系及管理监控标准，使创业者在管理企业的过程中对企业发展中的每一步都做出客观的评价，及时根据具体的经营情况调整经营目标，完善管理办法。此外，创业计划书还可以激励管理者及公司员工，让企业的每一位成员了解本企业的发展战略和创业计划，并朝着同一目标努力。

（3）宣传创业企业，为融资提供良好的基础

如同推销人员参加商品展览会、公司总经理参加高层会议一样，书面的创业计划是创业企业的象征和代表；它能使创业者与企业外部组织及人员进行良好沟通，是企业对外宣传的重要工具。

### 3. 创业计划书的基本类型

创业计划书没有固定的格式。采取什么样的方式编写创业计划书，关键要看创业计划的编写目的是什么。要实现不同的目的，就要采用不同的方法加以编写，同时突出不同的侧重点。在具体的编写过程中，创业者应根据具体案例调整结构，增删要素和议题，采用灵活多样的形式使创业计划更有效。根据创业计划书的结构和篇幅，可以将创业计划书分为略式创业计划书和详式创业计划书两大类。

（1）略式创业计划书（概括式）

略式创业计划书是一种比较简明、短小的计划书，它包括企业的基本信息、发展方向以及少部分的辅助性材料。一般来讲，略式创业计划书适用于申请银行贷款、试探风险投资商的兴趣等情况。

（2）详式创业计划书（标准式）

详式创业计划书是标准的创业计划书。详式创业计划书一般篇幅较长，内容达数十页，并附有辅助性文件。在详式创业计划书中，创业者能够对整个创业思想有一个比较全面的阐述，尤其能够对计划中的关键部分进行较详细的论述。

### 4. 创业计划书的基本框架

创业计划书没有固定的格式，创业计划书的框架也有多种形式，下面以一种比较常见的创业计划框架为例来进行介绍。在实际编写过程中，编写人员可以根据具体情况进行取舍，其主要包括以下几个部分。

（1）封面和标题页

封面一定要明确写出创办企业的名称、地址、电话以及该计划通过的日期。标题页紧随封面之后，应该再次写明企业的名称和地址，同时还应写明负责人的姓名、地址和电话号码。在上方一角，注明复印件号码与保密级别字样，并在封面或标题页下方注明保密声明。

（2）目录

目录包括按一定次序排列的各部分内容名称及其页码。

（3）正文

创业计划书的正文包括以下 10 大要素。

① 执行纲要。这部分是计划的核心之一。它是计划的编写以及计划的最终效力的关键所在。

② 企业概要及经营理念。创业计划必须提供企业的基本信息，如历史、现状以及实现这些目标的途径。

③ 产品（或服务）介绍。在此应该描述企业的产品（或服务）以及其特殊性，如产品（或服务）的构成是什么？价格如何？哪一些服务是企业能够提供的？哪一些服务是企业不能提供的？

④ 生产制造计划（包括技术和工艺）。这一部分主要针对科技创业并且企业所从事的行业属于高新技术领域的创业企业，对产品的生产工艺流程以及技术路线、技术的创新性、独特性和可发展性等问题进行阐述。

⑤ 市场与竞争。市场的内容包括企业的行业分析、市场细分、目标市场的选择等，竞争的内容指对企业竞争环境、竞争对手的分析。

⑥ 营销策略计划。包括企业的销售策略、销售组合和促销手段等。

⑦ 企业管理计划。在这一部分要重点介绍企业的组织机构、管理方式以及主要管理人员。

⑧ 筹资方案。这一部分阐述创业企业的筹资渠道和方式以及具体操作办法。

⑨ 财务计划。这一部分主要包括企业未来 5 年的财务预测以及相应的财务指标。

⑩ 风险分析。这一部分提出企业未来可能遇到的风险以及避免和控制这些风险的手段和措施。

（4）附件

包括个人简历、推荐信、意向书、租赁契约、合同、法律文件以及其他与计划有关的文件。

**5. 撰写商业计划书**

（1）撰写商业计划书时易犯的错误

① 过分强调所熟悉的业务而刻意忽略不熟悉的部分。例如，强调技术能力而忽视市场行销。

② 对市场占有率做大而化之的粗略假设。

③ 缺少对如何保证这份商业计划书能被有效地执行以及收回投资的方法的阐释。

（2）商业计划书的拟写原则

① 呈现竞争优势与投资利益。

② 呈现经营能力。

③ 具有市场导向性，分析显示对市场现状的掌握与未来发展预测的能力与具体成就。

④ 具有一致性，前后基本假设或预估要相互呼应。

⑤ 要具有实践性，数字要客观、实际，切勿凭主观意愿估计。

⑥ 要具有明确性，要明确市场机会与竞争威胁，并尽量以具体资料佐证。

⑦ 要具有完整性。

（3）投资人想从商业计划书中得到的内容

① 该公司或公司项目有什么独特之处？

② 该公司是如何做的？如何保证盈利？

③ 风险资本会给该公司带来什么样的好处？

④ 该公司的管理能力是否足以执行商业计划书中描述的商业计划？

⑤ 财务预算是否合理？

⑥ 投资者是否能够退出？

（4）商业计划书书写规划程序

① 进行创业可行性分析（见图 9-1）。

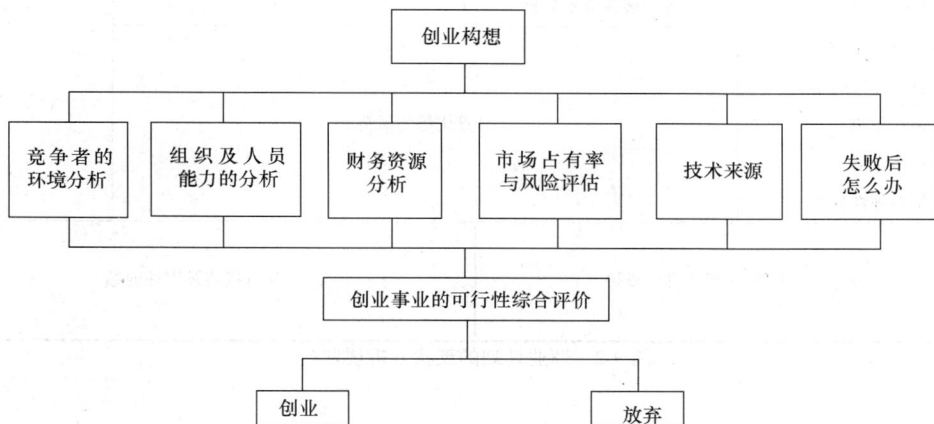

图 9-1　创业可行性分析流程图

② 进行商业计划书的写作，包括现状分析和评估、计划形成与制定、计划实施与执行。

（5）商业计划书的写作阶段

① 第一阶段：现状分析与评估

项目启动→商业环境分析→竞争状况分析→资源与能力分析→企业过往业绩分析→初步综合评估。

商业计划的现状分析规划图如图 9-2 所示。

② 第二阶段：商业计划形成与制定阶段

定义企业战略目标→提出多样战略选择→战略选择之评估→确定最后战略。

（6）完成商业计划书的步骤

① 第一阶段：商业计划构想细化

② 第二阶段：客户和竞争者调研

A. 客户调研。

B. 竞争者调研。

③ 第三阶段：文档制作

A. 市场、目标和战略。

B. 运作（哪些是最关键的成功因素）。

C. 团队。

D. 财务（一份完整的对公司财务的分析，包括对公司的价值评估）。

④ 第四阶段：答辩陈词和反馈。

| 商业环境分析 | 竞争状况分析 | 企业资源与能力分析 | 企业以往业绩分析 |
|---|---|---|---|
| A. 宏观环境 | 直接竞争者 | 设计开发能力分析 | 企业现行生产 |
| 政治及政策 | 潜在竞争者 | 生产能力分析 | 产品及价格定位分析 |
| 经济 | 供应商的前向整合 | 营销能力分析 | 企业现行发展战略 |
| 技术 | 客户的后向整合 | 融资能力及财务状况分析 | 分析 |
| 社会 | 替代产品分析 | 管理能力及组织效率分析 | 财务报表分析 |
| B.市场及行业环境 | 市场进入障碍分析 | 其他社会与政治资源发动能力分析 | |
| 市场规模及潜在空间 | 客户转换成本分析 | | |
| 消费者行为及地位 | | | |
| 供应商及其地位 | | | |
| 销售渠道 | 自身优势与劣势 | | |
| 价格走势 | | | |
| 需求价格弹性分析 | | | |
| 行业关键成功要素/外部商机与威胁 | | 现行战略及以往业绩 | |

图 9-2　商业计划的现状分析规划图

# 9.4　创业计划实施

创业者有了良好的创业构想和设计周密的创业计划之后，就进入了资金筹措、场地寻址、工商注册、生产许可证申请阶段，然后开展企业日常运作。

## 1. 资金筹措

创业必须要有足够的资金启动，没有足够的资金是无法创业的。对没有足够资金的大学生来说，寻求亲朋好友的支持或是再结合一两位志同道合者共同投资创业是最比较可行的方法。另外，还要重点了解中央和地方政府对大学生创业的扶持性政策，争取政策性扶持资金。

## 2. 场地寻址

企业经营必须要有经营地点，对于准备创业的大学生来说，场地寻址是一项十分重要的工作。经营地点选择妥当，不仅能降低经营成本，而且对某些行业来说还是企业经营成功与否的关键所在。

这里要考虑两个因素：经营地点选择应有利于业务发展；严格控制场院地租金费用。

这两个因素有时是互相冲突的，好的经营地点，如繁华闹市，自然租金贵；而郊区租金虽然便宜，但对有些行业显然又会严重影响业务发展。因此，对两者要平衡、综合考虑，兼顾各方面的因素。

## 3. 工商注册

设立公司，需具备《中华人民共和国公司法》规定的下述条件。

（1）股东或发起人符合法定人数。有限公司应有 2 个以上 50 个以下股东（国有独资公司除外），股份有限公司需有 5 个以上发起人，其中过半数的发起人在中国境内有住所。

（2）有限责任公司股东出资或股份有限公司发起人认购和社会公开募集的股本达到法定资本最低限额，股份有限公司股份发行、筹办事项符合法律规定。

（3）有符合规定要求的公司章程。有限责任公司章程由全体股东共同制订并签名、盖章。股份有限公司章程由发起人制订并经创立大会通过。

（4）有公司名称，建立符合要求的组织机构。

（5）有固定的生产营场所和必要生产经营条件。

公司设立手续如下：应先向工商部门办理名称预行核准登记，核准后工商部门再根据申请人申请的具体经营范围判定是否需前置审批。如不需前置审批则直接向工商部门办理设立手续；如确需前置审批的，则需要获得有关部门的前置审批后方可向工商部门办理手续。

#### 4. 生产许可证申请

《中华人民共和国产品质量法》规定："产品生产者应对其生产的产品质量负责。"1984年4月7日由国务院颁发的《工业产品生产许可证试行条例》更严格规定凡实施工业产品生产许可证产品，企业必须取得生产许可证才具有生产该产品的资格。没有取得生产许可证的企业不得生产该产品，各级经济管理部门不得安排计划，不得供应材料、动力和提供生产资金。生产许可证的实施，由国家经济委员会统一组织领导，产品归管理部门负责审核、发证，省、自治区、直辖市经济委员会协助管理。实施工业产品生产许可证的产品的目录可查询国家质量总局网站。

#### 5. 企业日常管理

管理企业几乎每天都要做出决策，如市场变化、员工离职、出现新的竞争对手等，这些都需要及时做出正确决策。这就要求管理者时刻有心理准备，不仅要关注外部环境，而且要监督企业的日常运营，识别任何机会或威胁。

**【重要提示】**

管理者必须注意那些影响企业的关键因素。这些关键因素因行业性质不同而变化。如对于时装专卖店来说，最新服装款式的变化是关键因素；而对汽车修理企业来说，则熟练技术工人是关键因素。

从某种意义上说，小型企业老板比起大型企业的一个部门经理来工作难度更大，责任面更广。在大型企业里，市场营销部经理留意市场变化，而运营经理集中关注新技术。可是在一家小型企业里，老板需要关心与企业经营有关的所有一切事情，他必须关心每天的销售情况、人事、库存、运营、财务、新产品、赊账、促销，以及经济发展趋势等。老板的主要责任是对已经建立起来的业务流程进行有效控制，这是企业生存和发展的关键所在。

# 9.5 创业成果的巩固与壮大

对于发展较好的初期创业者来说，完成了原始积累、有了一定规模之后，就有一个如何向更高层次过渡、创造辉煌业绩的问题。

一般来说，企业的发展壮大主要包括以下几个方面的内容。

#### 1. 品牌和信誉

品牌作为一种无形资产，经营成功与否，对于企业的成长与发展至关重要。在市场品牌竞争日趋激烈的情况下，企业实施品牌战略的重点，是进一步发展、壮大品牌，确保取得长久的品牌效益。

企业初创时期，品牌和信誉等问题不是企业成长的关键点，但到了发展壮大时期，则塑造自己的品牌和信誉度已经刻不容缓——因为知名品牌意味着更高的市场占有率，意味着"回头客"，意味着同样的产品可以买更高的价钱。

品牌是产品知名度、美誉度、信誉度的有机结合。知名度是前提，品牌是信息连通器，美誉度是保证。首先要让别人知道这个产品；其次要让别人知道这是个好产品；最后是信誉度，让消费者信任并延续这种信任，并产生再次购买的欲望。

企业创立品牌后，不但要做好品牌经营工作，更要善于从战略角度谋划、经营好品牌。例如，以"牌"扩业，兼并或与市场竞争力不强的企业合作，从而迅速做大；又如，以"牌"聚资，吸引更多资金，实现滚动发展，不断扩大市场规模和品牌影响力，进行新品开发、科技进步和质量管理，寻求更大的优势；再如，以"牌"引才，壮大企业智力优势，为品牌提升和长远发展奠定战略性人本基础。

### 2. 企业规模和企业合作

经营者要根据企业自身的条件、当时的经营状况以及经济环境来决定企业的规模。企业规模太大不行，太小也不好。盲目扩张会带来经营上的巨大风险，而规模太小则有成本高、技术含量低、竞争力不够等弊端。在二次创业中，企业规模的"大"与"小"，主要看是否有利于提高企业的竞争力，对企业的滚动发展能力能否有足够的促进。必须明确，企业无论在战略还是战术上，都必须把增强竞争能力，获得最优化的利润放在首位，企业是做大还是做小，都必须服从这一战略目标。

另外还要看到，在市场经济条件下，每个人、每个企业、每个地区都有自己的比较优势。因此，要善于与相关企业合作，发挥各自的优势，使双方互利共赢，这样不仅可以共同把市场份额做大，还便于规避进入自己并不熟悉的领域所带来的风险，成功找到自己的生存空间。

### 3. 规范管理和建章立制

发展好的企业，大多经历了一个急剧扩张的时期，与之相伴随的是重生产、重营销，企业内在的管理也就被放到了相对次要的地位。但当企业的规模急剧扩大之后，昔日小企业甚至家庭作坊式企业的管理方式、管理经验会出现弊端，如果不加强管理制度、规范管理，难免会出现狗熊掰玉米的现象。因此，企业在二次创业中必须建立一系列规范而科学的管理制度，通过加强管理来提高企业的素质。从长远来看，这是打造企业核心竞争力的重要一环，要在长期管理中铸就企业素质。

企业初创阶段，无论是家族化管理还是合股好友间不分彼此的合作，都具有天然的凝聚力、战斗力。然而随着企业规模的扩大，其管理需要纳入更加科学的轨道。现代企业更加注意股权的多元化、人才的吸纳和管理的规范，并最终向现代企业制度过渡。

如何理解制度建设对企业二次创业的重要性呢？"造钟"与"报时"是一个很好的例子。假设有两个人都很聪明，其中一个聪明人能够通过天象报时，但他这种机能却很难为别人所掌握；而另一个聪明人造了一座钟，这样就可以为更多的人报时。从对经济发展的作用来看，后者的作用自然更大些。对于一个优秀的创业者来说，就是要成为一个"造钟"

者，而不是成为一个"报时"者。那么创业者"造钟"的基本内容是什么呢？它的基本内容包括：远大的目标、核心竞争力、应变能力、企业文化、科学而严格的生产管理、营销管理、人事管理以及财务管理等。企业初创阶段能"报时"者不乏其人，而二次创业的核心任务则是"造钟"。

**4．二次融资**

目前，融资难仍然是困扰中小企业发展的一个主要因素。企业发展初期所需要的资金大部分是通过自我积累解决的，但在新经济的形势下，自我滚动式的发展模式很难满足企业的扩张需要。如何通过多种融资渠道获得更多的资金，成为中小企业必须解决的问题。

在目前的情况下，中小企业由于资信不够以及经营具有很大的不确定性，从银行信贷筹措到足够的资金仍然有不小的难度。中小企业要想提高发展速度，必须解决资金问题，这就要打破固有的思维模式，多渠道、全方位进行融资。中小企业可以将目光转向创新基金和风险投资基金，以顺利突破发展道路上的"资金关"。

**5．企业文化**

企业文化是公司能否拥有核心竞争力的根源，企业文化包括 3 个层面上的文化：产品文化、制度文化及价值文化。从某种意义上而言，企业文化虽然并不直接解决企业赚不赚钱的问题，却可以解决企业可持续发展的问题。企业文化的本质内涵是"以人为本"，即通过一系列的激励机制，充分调动员工的积极性，把人的潜力发挥到极致，使追求企业发展与个人发展相一致。企业文化要靠制度来体现和烘托，靠氛围来影响，靠细节来体现，这是建立在制度之上的一种更高层次的管理。对于民营中小企业而言，技术可以模仿，管理模式可以引进，形象包装和品牌建设可以交给专业公司打造，唯有企业文化，只能产生于企业内部，需要踏踏实实地积累和创建。

# 第 10 章

# 创业过程中常见的问题及对策

创业者一般都认为最艰难的时期是筹备创业的阶段，殊不知企业正式运作后，各式各样的问题才接踵而至，新企业随时都面临"猝死"的可能。本节分析了大学生创业中常见的 8 个方面的问题，并逐一提出对策，以助大学生创业成功。

## 10.1 大学生创业过程中常见的问题

创业是一项复杂的活动，由于缺乏必要的经验和认识，大学生在创业过程中经常走入误区，造成创业失败。下面针对大学生创业过程中出现的问题做必要分析，并提出对策，帮助大学生在创业活动中少走弯路。

### 1. 眼高手低，盲目跟风

这是许多大学生创业时的"通病"。比尔·盖茨的神话，使 IT 业、高科技行业成为大学生眼中的创业金矿，以致不少学生不屑于从事服务业或技术含量较低的行业。其实，高科技创业项目往往需要一大笔启动资金，创业风险和压力都非常大，大学生期望值过高，对行业缺乏深度审视，对市场缺乏深刻了解，很容易失败。另外，他们在确定经营方向时爱盲目跟风，哪行赚钱做哪行，总觉得这样能减少投资风险，少走弯路。然而，市场运作有其自然周期，当市场过于饱和时，利润空间就会缩小，"一窝蜂"热潮有时正意味着"恶性竞争"即将来临。

**对策**：创业需要理智而不是冲动，需要冷静而不是狂热，选择好创业项目是创业成功的关键。大学生创业者首先要调整好心态，客观分析自身的创业条件，冷静分析创业环境，切忌盲目跟风、过于自负，一定要选择自己最熟悉、最擅长、最有经验、资源最丰富的行业来做。对选择的创业项目要多提问题，看是否有市场发展价值、前期投资是否太多、何时可收回成本等，第一步走稳了之后再走第二步。

### 2. 经验匮乏，纸上谈兵

缺乏经验是目前大学生创业中普遍存在的问题，不少大学生创业者不习惯对其产品或项目做市场调查，而是进行理想化的推断。例如，"如果有一万人需要我们的产品，每件售价10 元，我们就有 10 万的收入"。这种想当然的方法显然是站不住脚的。同时很多大学生创业者又没有切实可行的创业计划，缺乏从职业角度整合资源、实施管理的能力，这是他们创业失败的另一个重要原因。

对策：大学生创业不能"纸上谈兵"，在创业初期一定要做好市场调研，一些可行性研究也可委托专业机构进行，在了解市场的基础上，要制定详细、周密的创业计划，同时还应具备一定的企业管理及市场营运的知识和经验。即使是两三人的"办公室式"小企业，也必须有明确的财务、人事制度。有条件的话，可聘请有管理经验的会计师把关。

### 3. 感情用事，刚愎自用

由于创业团队的成员大多是自己熟悉的人，在创业初期，大学生社会与人生经验不足，常感情用事，对于企业中出现的经营方向、用人问题、财务问题等大都以忍让、妥协的方式处理，而忽视了必备的契约签订和严格的约束制度。同时，大学生一般个性、自信心较强，在创业中又容易出现自以为是、刚愎自用的问题。随着企业的成长，这种工作关系引发的矛盾和问题会逐渐显露，不仅不利于企业的快速发展，有时甚至导致企业步入破产境地，这些都影响了创业的成功率。

对策：在强调团队合作的今天，团队精神已经成为了大学生创业者不可缺少的素质，因此，大学生创业者在创业过程中要头脑清醒，既要明白创办企业不是搭一个草台班子，事事要有章法，感情用事害死人；又要摆正自己在团队中的位置，虚心接受其他成员的不同意见，取长补短，积聚创业实力，这样企业才能步入正轨，健康发展。

### 4. 贪大求全，灵活不足

企业成功创建以后，很多创业者容易出现过分追求成长速度的问题，尤其是当企业效益逐渐提高后，一些创业者只看到了眼前的利益，缺乏严密的分析，就盲目付出全部成本（包括人力、物力和财力），希望靠一次出手就能获得成功。这样一味地扩大经营规模，而根本不考虑随之而来资金吃紧、原材料供应不足、人员紧张、销售不畅等一系列致命的问题，这无异于拔苗助长。而一旦出现问题，又不会以退为进，及时调整、改变战略。现实操作中，无论哪一个环节解决不当都有可能最终导致企业破产。

对策：没有长远战略规划的企业是短命的。对于小企业的发展来说，稳健永远要比快速成长更重要，如果每年能有盈利，就更要放眼长远，并妥善处理好资金预算、市场预测，以及材料、人员相关要素的协调等管理问题。出现问题要善于总结和吸取教训，做出适当的调整和"退却"，为将来的"进攻"积蓄力量。要为自己明确一个可持续发展的创业计划，扎扎实实，按部就班，逐步把企业做大、做强。

### 5. 缺少创新，知识产权意识淡薄

大学生是一个特殊的群体，他们的教育背景影响了创业行业的选择。大学生创业大多立足于技术项目，因此，创业项目是否具有创新性就成为大学生创业能否成功的首要条件。以往不少大学生创业失败，一个重要原因就是忽视技术创新，拿不出有自主知识产权的创造发明，或是有了发明却缺乏自我保护意识，没有及时申请知识产权。

对策：大学生创业应选择自主知识产权明确的项目，并根据市场的动态做好产品的创新工作，加快产品的更新或换代。同时还应加强自我保护，及时申请专利，使企业有序、稳步地发展。

### 6. 不讲信用，随意毁约

一旦涉足创业领域，就要讲求职业道德，而有的大学生创业失败的原因，就是缺乏商业信用，他们稍有不满就肆意毁约，造成两败俱伤，这种不负责任的态度将直接导致企业被列入业界"黑名单"，要想维持下去就非常困难了。

**对策：**当今市场经济已进入诚信时代，作为一种特殊的资本形态，诚信日益成为企业的立足之本与发展源泉。大学生既然选择了创业之路，就要遵守这一行的规范。刚入行更应把信用放在第一位，以此赢得客户的信赖，这样才能使自己的企业得到长久的发展。

### 7. 心理脆弱，意志不坚

有的大学生心理承受能力较差，对创业中的各种困难估计不足，一次营销决策失误、一次小型财务危机抑或是一次上门推销失败，都会让他们感到创业的艰难，在心理上元气大伤，进而影响到他们的创业激情。

**对策：**成功与失败往往只有一步之遥，创业过程中遇到各种问题与麻烦，这是十分正常的现象。大学生要正确看待，不要一遇到挫折就放弃，要有良好的心理承受能力和坚强的创业毅力，要经得起打击，吃一堑长一智，及时振作起来，分析失败的原因，找到自身的弱点与不足，并加以改正，企业自然就会焕发新的活力。

### 8. 管理混乱，安排失当

水源

大学生第一次创业时，由于没有工作经验，对企业运营知之不多，有时创业团体在一个很短的时间内组成，没有磨合，易出现时间观念不强、自我约束力差的状况。不懂得怎样合理地利用时间，工作少时自由散漫，一旦紧张起来又毫无头绪，这些就是管理混乱的表现。

**对策：**创办企业就像居家过日子，必须精打细算、合理安排。要养成长时间工作的习惯，白天用来做销售业务、管理日常事务、拜访客户等必需的工作，而把整理账目、整理方案等工作留到夜晚来做，对每一天的工作情况、进度做出总结，对第二天的工作做出计划。这样工作起来才能井然有序。

# 10.2　国家针对大学生创业的优惠政策

我国提倡和鼓励大学生自主创业，并为此出台了一系列包括工商、税务等方面的优惠政策。很多高校专门为大学生创业设立了相应的教育和培训；各种大学生创业园的成立，为大学生创业提供了便利；全社会都在努力为大学生营造更好的创业氛围。

高校毕业生自主创业可获得以下政策支持。

### 1. 可以获得小额担保贷款和贴息支持

登记失业的高校毕业生自主创业，自筹资金不足的，可向当地指定银行申请不超过 5 万元的小额担保贷款；对从事微利项目的，还可获得贴息支持。

自愿到西部地区及县以下的基层创业的高校毕业生，自筹资金不足时，也可向当地经办银行申请小额担保贷款；对从事微利项目的，可获得 50%的贴息支持。

### 2．免收有关行政事业性收费

高校毕业生从事个体经营的，且在工商部门注册登记日期在其毕业后两年内的，自其在工商部门首次注册登记之日起三年内免收管理类、登记类和证照类行政事业性收费。

### 3．可以获得培训补贴

登记失业的高校毕业生，参加人力资源社会保障部门举办的创业培训，可享受职业培训补贴。

### 4．可免费获得创业服务

有创业意愿的高校毕业生，可免费获得公共就业服务部门提供的创业指导服务，包括项目开发、方案设计、风险评估、开业指导、融资服务、跟踪扶持等内容。

### 5．可利用大学生企业孵化基地

各地纷纷出台大学生创业的优惠政策，积极开展大学生创业孵化基地建设。

【阅读材料】

#### 广东省出台新政策促进大学生就业创业——自主创业招应届生最高可补 3 年社保

扶持大学生就业、创业，广东再出新政策。

2014 年全国大学生就业人数达 727 万人，在广东求职就业的大学生人数超过 75 万人，广东已经采取多种措施，力争在年底实现高校毕业生就业率达到 95% 以上。

扶持政策接踵而来。2014 年 7 月 4 日，广东省政府办公厅印发了《转发国务院办公厅关于做好 2014 年全国普通高等学校毕业生就业创业工作的通知》（以下简称《通知》），在全省启动实施新一轮高校毕业生就业创业扶持政策。

1．招应届生或可获 200 万担保贷款

（1）广东鼓励高校毕业生到小型微型企业就业：

① 小微企业招用应届生可享受社保补贴。《通知》明确指出，小型微型企业新招用应届高校毕业生，与其签订 1 年以上劳动合同并按时足额缴纳社会保险费的，给予 1 年社会保险补贴。

② 应届生到中小微企业就业可享受就业补贴。《通知》规定，应届高校毕业生在中小微企业实现就业并工作 1 年以上的，给予一次性 2000 元的就业补贴。

③ 科技型小微企业招用应届生可申请小额担保贷款。《通知》明确了科技型小型微型企业招用毕业年度的高校毕业生达到一定比例可申请最高不超过 200 万元小额担保贷款，并享受财政贴息。

④ 到小微企业就业可享受免费档案保管服务。对到小微企业就业的高校毕业生，地市和县一级的公共就业人才服务机构要免费提供档案保管服务。

（2）引导高校毕业生面向基层就业：

① 到省会及省会以下城市的社会团体、基金会、民办非企业单位就业的高校毕业生，在专业技术职称评定方面，享受与国有企事业单位同类人员同等待遇。

② 对到中西部地区和艰苦边远地区县以下基层单位从事专业技术性工作，在申请相应职称时可以不参加职称外语考试，或者是放宽外语考试的成绩。

③ 继续实施"大学生村官计划"、"三支一扶"等各类基层服务项目，启动实施"2014 年展翅计划——广东大学生就业创业能力提升行动"，为高校毕业生参加实习、见习、志愿服务等活动创造条件。

2. 优秀创业项目最高可获 20 万元资助

现在高校掀起创业高潮，一些毕业生自主创业，自己当老板。

对高校毕业生在省内自主创业，广东扶持政策很多，例如，给予 5000 元左右的一次性创业资助；创业项目被评为优秀创业项目的，可给予 5~20 万元一次性资助。

还有多项优惠政策，大力扶持大学生自主创业：

① 税费减免政策。高校毕业生自毕业学年起 3 年内自主创业，自工商注册登记之日起 3 年内，免收登记类、证照类和管理类等行政事业性收费。高校毕业生创办的小型微型企业，可享受减半征收企业所得税、月销售额不超过 2 万元的暂免征收增值税和营业税等税收优惠政策；高校毕业生从事个体经营的，3 年内按每户每年 8000 元（按国家政策规定，省政府可以规定最高上浮 20%，广东省上浮标准由省政府另行发文规定）为限额依次扣减其当年实际应缴纳的营业税、城市维护建设税、教育费附加和个人所得税。

② 网络创业也可申请小额担保贷款。将小额担保贷款的对象扩大到网络创业的高校毕业生，在电子商务网络平台开办"网店"的高校毕业生，可享受最高 10 万元的小额担保贷款和贴息政策。

③ 继续给予租金补贴、孵化补贴及社保、岗位补贴。租用场地自主创业，正常运营 6 个月以上并吸纳 3 人以上就业的，给予最长 2 年、每年最高 3000 元的租金补贴。经认定的创业孵化基地为大学生提供 1 年以上减免费创业实训场地和孵化服务的，按每户最高 3000 元的标准给予创业孵化补贴。高校毕业生自主创业招用应届高校毕业生，签订 1 年以上期限劳动合同并按规定缴纳社会保险费的，可按实际招用人数给予最长 3 年期限的社会保险补贴和岗位补贴。

④ 提供创业孵化服务。《通知》要求加强创业孵化平台建设，充分利用现有资源建设一批大学生创业园、创业孵化基地，为创业大学生提供创业经营场所支持。

⑤ 成功创业资助和优秀创业项目资助。毕业学年起 3 年内自主创业，领取营业执照正常经营 6 个月以上的，可给予 5000 元左右的一次性创业资助；经相关部门评选出的优秀创业项目，可给予 5~20 万元的一次性资助。

⑥ 将"海归"人员纳入扶持范围。留学回国的高校毕业生自主创业，符合条件的，也可享受现行高校毕业生创业扶持政策。

3. 应届生求职补贴提高到 1500 元

无数毕业生即将走入社会，开启人生新的征程。对困难家庭高校毕业生就业，政府有何援助？

据介绍，广东建立了离校未就业毕业生实名信息数据库，积极组织开展实名就业服务，为高校毕业生提供"五个一"专项服务，即提供一次电话访问、一次职业指导、一次岗位推荐、一次就业见习和一次职业培训机会。

离校后未就业的高校毕业生，可到各级公共就业人才服务机构免费办理失业登记，并纳入登记地失业人员统一管理，享有政策咨询、职业介绍、职业指导和人事档案托管等服务，按规定参加就业见习、职业培训，并享受相关补贴政策，自主创业的可享受有关创业扶持政策。

登记失业满 6 个月、登记失业的困难家庭应届高校毕业生，可享受最长不超过 6 个月的临时生活补贴，补贴标准按户籍所在地失业保险金标准确定。临时生活补贴向户籍所在地人社部门申请。

对实现灵活就业并在公共就业和人才服务机构办理实名登记和按规定缴纳社会保险的离校未就业高校毕业生，给予不超过 2 年且不超过实际缴费额 2/3 的社会保险补贴。

在国家将求职补贴对象范围从城乡低保家庭毕业生扩大到残疾高校毕业生的基础上，广东进一步扩大到五保家庭、城镇特困职工家庭、农村贫困家庭、零就业家庭高校毕业生；同时，将求职补贴标准从 500 元/人提高到 1500 元/人。

4. 毕业 1 年内未就业可参加就业见习

广东大力促进公平就业。除特殊涉密岗位外，国有单位招聘应届高校毕业生，要在政府及相关网站公开发布报名时间不少于 7 天的招聘信息，并对拟聘人员进行不少于 7 天的公示。

毕业后 1 年内未能就业的高校毕业生均可报名参加就业见习，见习时限一般为 3~6 个月，最长不超过 12 个月。

见习期间可获得基本生活补助，补助标准不低于当地最低工资标准的 80%，并由见习单位购买人身意外伤害保险，还可免费办理人事代理服务。

（资料来源：羊城晚报 http://www.hrssgz.gov.cn/gzdt/rlzy/201407/t20140724_215895.html）

【素质拓展】

请同学们分组撰写创业计划书和商业计划书，小组成员对各自的计划书进行点评，从中认识到计划书对于创业和开办企业的重要性。

# 附录一

# 高校毕业生就业政策百问

## 一、鼓励企业特别是中小企业吸纳高校毕业生就业

**1. 国家对鼓励中小企业吸纳高校毕业生有哪些政策措施？**

按照《国务院关于进一步做好普通高等学校毕业生就业工作的通知》（国发〔2011〕16号）等文件规定：

（1）对招收高校毕业生达到一定数量的中小企业，地方财政应优先考虑安排扶持中小企业发展资金，并优先提供技术改造贷款贴息。

（2）对劳动密集型小企业当年新招收登记失业高校毕业生，达到企业现有在职职工总数30%（超过100人的企业达15%）以上，并与其签订1年以上劳动合同的劳动密集型小企业，可按规定申请最高不超过200万元的小额担保贷款并享受50%的财政贴息。

（3）高校毕业生到中小企业就业的，在专业技术职称评定、科研项目经费申请、科研成果或荣誉称号申报等方面，享受与国有企事业单位同类人员同等待遇。

此外，2012年2月1日，国务院常务会议研究部署进一步支持小型和微型企业健康发展，决定对小型微型企业招用高校毕业生按规定给予培训费和社会保险补贴。

**2. 企业招收就业困难高校毕业生享受什么优惠政策？**

按照财政部、人力资源和社会保障部《关于进一步加强就业专项资金管理有关问题的通知》（财社〔2011〕64号）规定，对各类企业（单位）招用符合条件的就业困难高校毕业生，与之签订劳动合同并缴纳社会保险费的，按其为就业困难高校毕业生实际缴纳的基本养老保险费、基本医疗保险费和失业保险费给予补贴，不包括企业（单位）和个人应缴纳的其他社会保险费。

根据《就业促进法》有关规定，就业困难人员是指因身体状况、技能水平、家庭因素、失去土地等原因难以实现就业，以及连续失业一定时间仍未能实现就业的人员。就业困难人员的具体范围，由省、自治区、直辖市人民政府根据本行政区域的实际情况规定。

企业（单位）按季将符合享受社会保险补贴条件人员的缴费情况单独列出，向当地人力资源和社会保障部门申请补贴。社会保险补贴申请材料应附：符合享受社会保险补贴条件的人员名单及身份证复印件、就业失业登记证复印件、劳动合同等就业证明材料复印件、社会保险征缴机构出具的社会保险费明细账（单）、企业（单位）在银行开立的基本账户等凭证材料，经人力资源和社会保障部门审核后，财政部门将补贴资金支付到企业（单位）在银行开立的基本账户。

### 3. 企业为高校毕业生开展岗前培训享受什么优惠政策？

按照财政部、人力资源和社会保障部《关于进一步加强就业专项资金管理有关问题的通知》（财社〔2011〕64号）等文件规定，企业新录用毕业年度高校毕业生与其签订6个月以上期限劳动合同，在劳动合同签订之日起6个月内由企业依托所属培训机构或政府认定的培训机构开展岗前就业技能培训的，根据培训后继续履行劳动合同情况，按照当地确定的职业培训补贴标准的一定比例，对企业给予定额职业培训补贴。

企业开展岗前培训前，需将培训计划大纲、培训人员花名册及身份证复印件、劳动合同复印件等材料报当地人力资源和社会保障部门备案，培训后根据劳动者继续履行劳动合同情况，向人力资源和社会保障部门申请职业培训补贴。申请材料经人力资源和社会保障部门审核后，财政部门按规定将补贴资金直接拨入企业在银行开立的基本账户。企业申请职业培训补贴应附：培训人员花名册、培训人员身份证复印件、《就业失业登记证》复印件、劳动合同复印件、职业培训合格证书等凭证材料。

### 4. 高校毕业生从企业到机关事业单位就业后工龄如何计算？

按照国务院《关于进一步做好普通高等学校毕业生就业工作的通知》（国发〔2011〕16号）等文件规定，高校毕业生从企业、社会团体到机关事业单位就业的，其按规定参加企业职工基本养老保险的缴费年限合并为连续工龄。

### 5. 高校毕业生到企业特别是中小企业就业可否在当地落户？

按照国务院《关于进一步做好普通高等学校毕业生就业工作的通知》（国发〔2011〕16号）规定，对各类企业招用非本地户籍的普通高校专科以上毕业生，各地城市应取消落户限制（直辖市按各自有关规定执行）。

### 6. 流动人员人事档案如何保管？

根据《流动人员人事档案管理暂行规定》规定，流动人员人事档案是指：

（一）辞职或被辞退的机关工作人员、企事业单位专业技术人员和管理人员的人事档案；

（二）与用人单位解除劳动合同或聘用合同的专业技术人员和管理人员的人事档案；

（三）待业的大中专毕业生的人事档案；

（四）自费出国留学人员的人事档案；

（五）外商投资企业、乡镇企业、区街企业、民营科技企业、私营企业等非国有企业聘用的专业技术人员和管理人员的人事档案；

（六）外国企业常驻代表机构的中方雇员的人事档案；

（七）其他流动人员的人事档案。

流动人员人事档案管理机构为县以上（含县）党委组织部门和政府人力资源和社会保障部门所属的公共就业和人才服务机构，其他任何单位不得擅自管理流动人员人事档案；严禁个人保管他人人事档案。跨地区流动的流动人员人事档案，可由其户籍所在地的公共就业和人才服务机构管理，也可由其现工作单位所在地的公共就业和人才服务机构管理。

高校毕业生到具有档案管理权限的机关、事业单位、国有企业就业的，由单位直接接收、管理档案。到无档案管理权限的单位（私营企业、外资企业等）就业的，可由各地公共就业和人才服务机构负责提供档案管理等人事代理服务。高校毕业生离校时没有就业的，档案可由学校统一发回原户籍所在地公共就业和人才服务机构保管。档案不允许个人保存。

**7. 什么是人事代理？**

公共就业和人才服务机构可在规定业务范围内接受用人单位和个人委托，从事下列人事代理服务：（一）流动人员人事档案管理；（二）因私出国政审；（三）在规定的范围内申报或组织评审专业技术职务任职资格；（四）转正定级和工龄核定；（五）大中专毕业生接收手续；（六）其他人事代理事项。

**8. 高校毕业生怎样办理人事代理？**

按照《人才市场管理规定》有关规定，人事代理方式可由单位集体委托代理，也可由个人委托代理；可多项委托代理，也可单项委托代理；可单位全员委托代理，也可部分人员委托代理。

单位办理委托人事代理，须向代理机构提交有效证件以及委托书，确定委托代理项目。经代理机构审定后，由代理机构与委托单位签订人事代理合同书，明确双方的权利和义务，确立人事代理关系。

**9. 高校毕业生如何与用人单位订立劳动合同？**

《劳动合同法》第七条规定："用人单位自用工之日起即与劳动者建立劳动关系。"第十条规定："建立劳动关系，应当订立书面劳动合同。已建立劳动关系，未同时订立书面劳动合同的，应当自用工之日起一个月内订立书面劳动合同。用人单位与劳动者在用工前订立劳动合同的，劳动关系自用工之日起建立。"

第八条规定："用人单位（企业、个体经济组织、民办非企业单位等组织）招用劳动者时，应当如实告知劳动者工作内容、工作条件、工作地点、职业危害、安全生产状况、劳动报酬，以及劳动者要求了解的其他情况；用人单位有权了解劳动者与劳动合同直接相关的基本情况，劳动者应当如实说明。"

第九条规定："用人单位招用劳动者，不得扣押劳动者的居民身份证和其他证件，不得要求劳动者提供担保或者以其他名义向劳动者收取财物。"

**10. 什么是社会保险？我国建立了哪些社会保险制度？**

社会保险是指国家通过立法，按照权利与义务相对应原则，多渠道筹集资金，对参保者在遭遇年老、疾病、工伤、失业、生育等风险情况下提供物质帮助（包括现金补贴和服务），使其享有基本生活保障、免除或减少经济损失的制度安排。

《社会保险法》第二条规定："我国建立基本养老保险、基本医疗保险、工伤保险、失业保险、生育保险等社会保险制度，保障公民在年老、疾病、工伤、失业、生育等情况下依法从国家和社会获得物质帮助的权利。"其中，基本养老保险制度包括职工基本养老保险制度、新型农村社会保险制度和城镇居民社会养老保险制度；基本医疗保险制度包括职工基本医疗保险制度、新型农村合作医疗制度和城镇居民医疗保险制度。

**11. 用人单位应该履行哪些社会保险义务？享有哪些社会保险权利？**

（1）社会保险义务：一是申请办理社会保险登记的义务；二是申报和缴纳社会保险费的义务；三是代扣代缴职工社会保险的义务；四是向职工告知缴纳社会保险费明细的义务。

（2）社会保险权利：一是有权免费查询、核对其缴费记录；二是有权要求社会保险经办机构提供社会保险咨询等相关服务；三是可以参加社会保险监督委员会，对社会保险工作提出咨询意见和建议，实施社会监督；四是对侵害自身权益和不依法办理社会保险事务的行为，有权依法申请行政复议或者提起行政诉讼。此外，还有权对违反社会保险法律、法规的行为进行举报、投诉。

**12. 参加社会保险的个人享有哪些权利？**

高校毕业生依法缴纳社会保险费后，享有以下权利：

（1）有权依法享受社会保险待遇；

（2）有权监督本单位为其缴费情况；

（3）有权免费向社会保险经办机构查询、核对其缴费和享受社会保险待遇权益记录；

（4）有权要求社会保险经办机构提供社会保险咨询等相关服务；

（5）对侵害自身权益和不依法办理社会保险事务的行为，有权依法申请行政复议或者提起行政诉讼。

此外，还有权对违反社会保险法律、法规的行为进行举报、投诉。

**13. 目前国家对用人单位及其职工和参保个人缴纳社会保险费的费率是如何规定的？**

（1）用人单位及其职工缴纳社会保险费的费率。根据国务院《关于完善企业职工基本养老保险制度的决定》(国发〔2005〕38号)、国务院《关于建立城镇职工基本医疗保险制度的决定》(国发〔1998〕44号)、《失业保险条例》（国务院令第258号）规定，用人单位缴纳基本养老保险、基本医疗保险和失业保险的费率，分别是原则上为本单位工资总额的20%、6%左右和2%；用人单位缴纳工伤保险费按照《工伤保险条例》（国务院令第586号）规定实行行业差别费率和浮动费率，有关费率确定按照国家相应规定执行；用人单位缴纳生育保险费的费率按照《企业职工生育保险试行办法》（劳部发〔1994〕504号）规定执行，由统筹地区政府根据实际情况自行确定，但不得超过用人单位工资总额的1%。职工本人缴纳基本养老保险、基本医疗保险和失业保险的费率，分别为本人工资的8%、2%和1%。

（2）参保个人缴纳社会保险费的费率。国务院根据《关于完善企业职工基本养老保险制度的决定》（国发〔2005〕38号）规定，无雇工的个体工商户和灵活就业人员参加职工基本养老保险的缴费费率为20%，其中8%计入个人账户；无雇工的个体工商户和灵活就业人员参加职工基本医疗保险的缴费费率，按国家有关规定，统筹地区可以参照当地基本医疗保险建立统筹基金的缴费水平确定。

（3）城镇居民参加居民医疗保险和农村居民参加新型农村社会养老保险及新型农村合作医疗，主要采取定额方式缴纳社会保险费。

### 14. 高校毕业生如何处理劳动人事纠纷？

发生劳动人事争议，可以通过协商解决。当事人不愿协商或协商不成的，可以向调解组织申请调解；不愿调解、调解不成或者达成调解协议后不履行的，可以向劳动人事争议仲裁委员会申请仲裁；对仲裁裁决不服的，除法律另有规定的外，可以向人民法院提起诉讼。

对用人单位违反劳动保障法律、法规和规章的情况，高校毕业生可向人力资源和社会保障部门举报、投诉。劳动保障监察机构将依法受理，纠正和查处有关违法行为。

### 15. 什么是服务外包和服务外包企业？

服务外包是指企业将其非核心的业务外包出去，利用外部最优秀的专业化团队来承接该业务，从而使其专注核心业务，达到降低成本、提高效率、增强企业核心竞争力和对环境应变能力的一种管理模式。

服务外包企业是指其与服务外包发包商签订中长期服务合同，承接服务外包业务的企业。

### 16. 目前服务外包产业主要涉及哪些领域及地区？

服务外包分为信息技术外包服务（ITO）、技术性业务流程外包服务（BPO）和技术性知识流程外包（KPO）等。ITO 包括软件研发及外包、信息技术研发服务外包、信息系统运营维护外包等领域。BPO 包括企业业务流程设计服务、企业内容管理数据库服务、企业运营数据库服务、企业供应链管理数据库服务等领域。KPO 包括知识产权研究、医药和生物技术研发和测试、产品技术研发、工业设计、分析学和数据挖掘、动漫及网游设计研发、教育课件研发、工程设计等领域。

我国目前有服务外包示范城市 21 个，分别是北京、天津、上海、重庆、大连、深圳、广州、武汉、哈尔滨、成都、南京、西安、济南、杭州、合肥、南昌、长沙、大庆、苏州、无锡、厦门。

### 17. 服务外包企业吸纳高校毕业生有哪些财政支持？

按照国务院《办公厅关于鼓励服务外包产业加快发展的复函》（国办函〔2010〕69 号）、人力资源和社会保障部、商务部《关于加快服务外包产业发展促进高校毕业生就业的若干意见》（人社部发〔2009〕123 号）等文件规定，对符合条件的服务外包企业，每新录用 1 名大学以上学历员工从事服务外包工作并签订 1 年期以上劳动合同的，给予企业不超过每人 4500 元的培训支持；对符合条件的培训机构培训的从事服务外包业务人才（大学以上学历），通过服务外包业务专业知识和技能培训考核，并与服务外包企业签订 1 年期以上劳动合同的，给予培训机构每人不超过 500 元的培训支持。

服务外包企业吸纳高校毕业生参加就业见习的，享受相关财政补助政策。服务外包企业吸纳就业困难高校毕业生就业，享受社会保险补贴等扶持政策。就业困难高校毕业生参加服务外包培训可按规定享受职业培训补贴和职业技能鉴定补贴。

## 二、鼓励引导高校毕业生面向城乡基层、中西部地区以及民族地区、贫困地区和艰苦边远地区就业

### 1. 什么是基层就业?

基层就业就是到城乡基层工作。国家近几年出台了一系列优惠政策,鼓励高校毕业生积极参加社会主义新农村建设、城市社区建设和应征入伍。一般来讲,"基层"既包括广大农村,也包括城市街道社区;既涵盖县级以下党政机关、企事业单位,也包括社会团体、非公有制组织和中小企业;既包含单位就业,也包括自主创业、自谋职业。

### 2. 国家鼓励毕业生到基层就业的优惠政策主要包括哪些?

按照国务院《关于进一步做好普通高等学校毕业生就业工作的通知》(国发〔2011〕16号)等文件规定:

(1)各地要根据统筹城乡经济和加快基本公共服务发展的需要,大力开发社会管理和公共教育、医疗卫生、文化等领域服务岗位,增加高校毕业生就业机会。要进一步完善相关政策,重点解决好他们在工资待遇、社会保障、人员编制、户口档案、职称评定、教育培训、人员流动、资金支持等方面面临的实际问题,鼓励和引导高校毕业生到城乡基层特别是城市社区和农村教育、医疗卫生、文化、科技等基层岗位工作。

(2)对到农村基层和城市社区从事社会管理和公共服务工作的高校毕业生,符合公益性岗位就业条件并在公益性岗位就业的,按照国家现行促进就业政策的规定,给予社会保险补贴和公益性岗位补贴。

(3)对到农村基层和城市社区其他社会管理和公共服务岗位就业的,给予薪酬或生活补贴,同时按规定参加有关社会保险。

(4)对到中西部地区和艰苦边远地区县以下基层单位就业并履行一定服务期限的高校毕业生,以及应征入伍服义务兵役的高校毕业生,按规定实施相应的学费补偿和国家助学贷款代偿。

(5)自2012年起,省级以上机关录用公务员,除部分特殊职位外,均应从具有2年以上基层工作经历的人员中录用。市(地)级以下机关特别是县乡机关招录公务员,应采取有效措施积极吸引优秀应届高校毕业生报考,录用计划应主要用于招收应届高校毕业生。

(6)对具有基层工作经历的高校毕业生,在研究生招录和事业单位选聘时实行优先。

### 3. 什么是基层社会管理和公共服务岗位?

所谓基层社会管理和公共服务岗位,包括大学生村官、支教、支农、支医、乡村扶贫,以及城市社区的法律援助、就业援助、社会保障协理、文化科技服务、养老服务、残疾人居家服务、廉租房配套服务等岗位。

2009年4月,人力资源和社会保障部下发《关于公布第一批基层社会管理和公共服务岗位目录的通知》(人社部函〔2009〕135号),向社会公布第一批基层社会管理和公共服务岗位目录,以指导各地做好鼓励和引导高校毕业生到基层就业的工作。

这批发布的岗位目录共分为基层人力资源和社会保障管理、基层农业服务、基层医疗卫生服务、基层文化科技服务、基层法律服务、基层民政、托老托幼、助残服务、基层市政管理、基层公共环境与设施管理维护以及其他 9 大类领域，包括在街道（乡镇）、社区（村）等基层单位从事公共就业服务、社会保障、劳动关系协调、劳动监察、农业、扶贫开发、医疗、卫生、保健、防疫、文化、科技、体育、普法宣传、民事调解、托老、养老、托幼、助残、公共设施设备管理养护等相关事务管理服务工作的 50 种岗位。

**4．什么是其他基层社会管理和公共服务岗位？**

在街道社区、乡镇等基层开发或设立的相应的社会管理和公共服务岗位。部分由政府出资，或由相关组织和单位出资。所安排使用的人员按规定享受相关补贴。

**5．什么是公益性岗位？**

公益性岗位是指由政府开发、以满足社区及居民公共利益为目的的管理和服务岗位。对符合条件在公益性岗位安置就业的就业困难人员，按规定给予社会保险补贴和岗位补贴。符合公益性岗位安置条件的就业困难高校毕业生，可按规定享受公益性岗位就业援助政策。

**6．什么是公益性岗位社会保险补贴？**

按照财政部、人力资源和社会保障部《关于进一步加强就业专项资金管理有关问题的通知》（财社〔2011〕64 号）规定，对就业困难人员的社会保险补贴实行"先缴后补"的办法。在公益性岗位安排就业困难人员，并缴纳社会保险费的，按其为就业困难人员实际缴纳的基本养老保险费、基本医疗保险费和失业保险费给予补贴，不包括就业困难人员个人应缴纳的基本养老保险费、基本医疗保险费和失业保险费，以及企业（单位）和个人应缴纳的其他社会保险费。社会保险补贴期限，一般最长不超过3 年。

**7．什么是公益性岗位补贴？**

对在公益性岗位安排就业困难人员就业的单位，按其实际安排就业困难人员人数给予岗位补贴。公益性岗位补贴期限，一般最长不超过 3 年。

在公益性岗位安排就业困难人员就业的单位，可按季向当地人力资源和社会保障部门申请公益性岗位补贴。公益性岗位补贴申请材料应附：符合享受公益性岗位补贴条件的人员名单及《身份证》复印件、《就业失业登记证》复印件、发放工资明细账（单）、单位在银行开立的基本账户等凭证材料，经人力资源和社会保障部门审核后，财政部门将补贴资金支付到单位在银行开立的基本账户。

**8．为鼓励高校毕业生面向基层就业，实施学费补偿和助学贷款代偿政策的主要内容是什么？**

按照财政部、教育部《关于印发〈高等学校毕业生学费和国家助学贷款代偿暂行办法〉的通知》（财教〔2009〕15 号）等文件规定，中央部门所属高校应届毕业生（全日制本专科、高职生、研究生、第二学士学位毕业生）到中西部地区和艰苦边远地区基层单位就业、服务期在 3 年以上（含 3 年）的，其学费由国家实行补偿。在校学习期间获得国家助学贷款（含高校国家助学贷款和生源地信用助学贷款，下同）的，补偿的学费优先用于偿还国家助学贷款本金及其全部偿还之前产生的利息。定向、委培以及在校期间已享受免除全部学费政策的学生除外。

**9. 国家实施补偿学费和代偿助学贷款的就业地域范围包括哪些?**

国家对到中西部地区和艰苦边远地区基层单位就业、并履行一定服务期限的中央部门所属高校毕业生,按规定实施相应的学费补偿和助学贷款代偿。这里涉及的地域范围主要包括以下地区。

(1)西部地区:西藏、内蒙古、广西、重庆、四川、贵州、云南、陕西、甘肃、青海、宁夏和新疆12个省(自治区、直辖市);

(2)中部地区:河北、山西、吉林、黑龙江、安徽、江西、河南、湖北、湖南和海南10个省;

(3)艰苦边远地区:由国务院确定的经济水平、条件较差的一些州、县和少数民族地区。(详情可登录中国政府网查询:http://www.gov.cn)

(4)基层单位:

① 中西部地区和艰苦边远地区县以下机关、企事业单位,包括乡(镇)政府机关、农村中小学、国有农(牧、林)场、农业技术推广站、畜牧兽医站、乡镇卫生院、计划生育服务站、乡镇文化站、乡镇劳动就业服务站等;

② 工作现场地处以上地区县以下的气象、地震、地质、水电施工、煤炭、石油、航海、核工业等中央单位艰苦行业生产第一线。

**10. 学费补偿和助学贷款代偿的标准和年限是多少?**

每生每学年补偿学费和代偿国家助学贷款的金额最高不超过6000元。在校学习期间每年实际缴纳的学费或获得的国家助学贷款低于6000元的,按照实际缴纳的学费或获得的国家助学贷款金额实行补偿或代偿。每年实际缴纳的学费高于6000元的,按照每年6000元的金额实行补偿或者代偿。

本科、专科(高职)、研究生和第二学士学位毕业生补偿学费或代偿国家助学贷款的年限,分别按照国家规定的相应学制计算。在校学习的时间低于相应学制规定年限的,按照实际学习时间计算补偿学费或代偿助学贷款年限。在校学习时间高于相应学制年限的,按照学制规定年限计算。

每年代偿学费或国家助学贷款总额的1/3,3年代偿完毕。

**11. 中央部门所属高校毕业生如何申请学费补偿和助学贷款代偿?**

(1)在办理离校手续时向学校递交《学费和国家助学贷款代偿申请表》和毕业生本人、就业单位与学校三方签署的到中西部地区和艰苦边远地区基层单位服务3年以上的就业协议;

(2)在校学习期间获得国家助学贷款的,在与国家助学贷款经办银行签订毕业后还款计划时,注明已申请国家助学贷款代偿,如获得国家助学贷款代偿资格,不需自行向银行还款;

(3)高校负责审查申请资格并上报全国学生资助管理中心。

**12. 地方所属高校毕业生到基层就业如何获得学费补偿和助学贷款代偿?**

按照财政部、教育部《关于印发〈高等学校毕业生学费和国家助学贷款代偿暂行办法〉的通知》(财教〔2009〕15号)要求,各地要抓紧研究制订本地所属高校毕业生面向本辖区艰苦边远地区基层单位就业的学费补偿和助学贷款代偿办法。地方所属高校毕业生到基层就业是否可以获得学费补偿或国家助学贷款代偿,以及如何申请办理补偿或代偿等,请向学校所在地政府有关部门查询。

189

### 13. 到基层就业如何办理户口、档案、党团关系等手续？

对到西部县以下基层单位和艰苦边远地区就业的高校毕业生，实行来去自由的政策，户口可留在原籍或根据本人意愿迁往就业地区；人事档案原则上统一转至就业单位所在地的县级政府人力资源和社会保障部门，由公共就业和人才服务机构提供免费人事代理服务；党团组织关系转至就业单位，在工作期间积极要求入党的，由乡镇一级党组织按规定程序办理。

### 14. 中央有关部门实施了哪些基层就业项目？

近年来，中央各有关部门主要组织实施了 4 个引导高校毕业生到基层就业的专门项目，包括团中央、教育部、财政部、人力资源和社会保障部等四部门从 2003 年起组织实施的"大学生志愿服务西部计划"；中组部、人力资源和社会保障部、教育部等八部门从 2006 年开始组织实施的"三支一扶"（支教、支农、支医和扶贫）计划；教育部、财政部、人力资源和社会保障部、中央编办等四部门从 2006 年开始组织实施的"农村义务教育阶段学校教师特设岗位计划"；中组部、教育部、财政部、人力资源和社会保障部等部门从 2008 年起组织实施的"选聘高校毕业生到村任职工作"。

人力资源和社会保障部门积极会同有关部门，按照统一征集岗位、统一发布公告、统一组织考试、统一服务管理的原则，统筹实施基层服务项目，做好各类项目之间的政策衔接，进一步落实对服务期满考核合格人员的就业政策措施。

### 15. 什么是农村义务教育阶段学校教师特设岗位计划？

2006 年，教育部、财政部、原人事部、中央编办下发《关于实施农村义务教育阶段学校教师特设岗位计划的通知》（教师〔2006〕2 号），联合启动实施"特岗计划"，公开招聘高校毕业生到"两基"攻坚县农村义务教育阶段学校任教。特岗教师聘期 3 年。

### 16. 农村教师特岗计划实施的地区范围包括哪些？

2006—2008 年"特岗计划"的实施范围以国家西部地区"两基"攻坚县为主（含新疆生产建设兵团的部分团场），包括纳入国家西部开发计划的部分中部省份的少数民族自治州，适当兼顾西部地区一些有特殊困难的边境县、少数民族自治县和少小民族县。2009 年，实施范围扩大到中西部地区国家扶贫开发工作重点县。

### 17. 农村教师特岗计划招聘对象和条件是什么？

（1）以高等师范院校和其他全日制普通高校应届本科毕业生为主，可招少量应届师范类专业专科毕业生。

（2）取得教师资格，具有一定教育教学实践经验，年龄在 30 岁以下的全日制普通高校往届本科毕业生。

（3）参加过"大学生志愿服务西部计划"、有从教经历的志愿者和参加过半年以上实习支教的师范院校毕业生同等条件下优先。

（4）报名者应同时符合教师资格条件要求和招聘岗位要求。

### 18. 农村教师特岗计划的招聘程序有哪些？

特岗教师实行公开招聘，合同管理。合同规定用人单位和应聘人员双方的权利和义务。

招聘工作由省级教育、人力资源社会保障、财政、编办等相关部门共同负责，遵循"公开、公平、自愿、择优"和"三定"（定县、定校、定岗）原则，按下列程序进行：①公布需求；②自愿报名；③资格审查；④考试考核；⑤集中培训；⑥资格认定；⑦签订合同；⑧上岗任教。

**19. 什么是选聘高校毕业生到村任职？**

2008年，中组部、教育部、财政部、人力资源和社会保障部出台了《关于印发〈关于选聘高校毕业生到村任职工作的意见（试行）〉的通知》（组通字〔2008〕18号），计划用五年时间选聘10万名高校毕业生到农村担任村党支部书记助理、村委会主任助理或团支部书记、副书记等职务。从2010年开始，扩大选聘规模，逐步实现"一村一名大学生村官"计划的目标。选聘的高校毕业生在村工作期限一般为2～3年。

**20. 选聘到村任职的对象是什么？要满足哪些条件？**

选聘对象为30岁以下应届和往届毕业的全日制普通高校专科以上学历的毕业生，重点是应届毕业和毕业1～2年的本科生、研究生，原则上为中共党员（含预备党员），非中共党员的优秀团干部、优秀学生干部也可以选聘。

基本条件是：①思想政治素质好，作风踏实，吃苦耐劳，组织纪律观念强；②学习成绩良好，具备一定的组织协调能力；③自愿到农村基层工作；④身体健康。此外，参加人力资源和社会保障部、团中央等部门组织的到农村基层服务的"三支一扶"、"志愿服务西部计划"等活动期满的高校毕业生，本人自愿且具备选聘条件的，经组织推荐可作为选聘对象。

**21. 选聘到村任职的程序是什么？**

选聘工作一般通过个人报名、资格审查、组织考察、体检、公示、决定聘用、培训上岗等程序进行。

**22. 什么是"三支一扶"计划？**

"三支一扶"是支教、支医、支农、扶贫的简称。2006年，中组部、原人事部等八部门下发《关于组织开展高校毕业生到农村基层从事支教、支农、支医和扶贫工作的通知》（国人部发〔2006〕16号），以公开招募、自愿报名、组织选拔、统一派遣的方式，从2006年开始，连续5年，每年招募2万名高校毕业生，主要安排到乡镇从事支教、支农、支医和扶贫工作。服务期限一般为2～3年。招募对象主要为全国普通高校应届毕业生。

2011年4月，人力资源和社会保障部下发《关于继续做好高校毕业生三支一扶计划实施工作的通知》（人社部发〔2011〕27号），决定继续组织开展高校毕业生"三支一扶"计划，从2011年起，每年选拔2万名，五年内选拔10万名高校毕业生到基层从事"三支一扶"服务。

**23. 什么是大学生志愿服务西部计划？**

大学生志愿服务西部计划由共青团中央牵头，教育部、财政部、人力资源和社会保障部共同组织实施。从2003年开始，每年招募1.8万名普通高等学校应届毕业生，到西部贫困县的乡镇从事为期1～3年的教育、卫生、农技、扶贫以及青年中心建设和管理等方面的志愿服务工作。

**24. 参加中央部门组织实施的基层就业项目，服务期满后享受哪些优惠政策？**

根据中组部、人力资源和社会保障部、教育部、财政部、共青团中央《关于统筹实施引导高校毕业生到农村基层服务项目工作的通知》（人社部发〔2009〕42号）等政策规定，参加"选聘高校毕业生到村任职"、"三支一扶"、"大学生志愿服务西部计划"、"农村义务教育阶段学校教师特设岗位计划"项目、服务期满的毕业生，享受以下优惠政策：

（1）公务员招录优惠：每年拿出公务员考录计划的一定比例，专门用于定向招录服务期满且考核称职（合格）的服务基层项目人员。服务基层项目人员也可报考其他职位。

（2）事业单位招聘优惠：鼓励在项目结束后留在当地就业，参加各基层就业项目相对应的自然减员空岗，全部聘用服务期满的高校毕业生。从 2009 年起，到乡镇事业单位服务的高校毕业生服务满 1 年后，在现岗位空缺情况下，经考核合格，即可与所在单位签订不少于 3 年的聘用合同。同时，各省（区、市）县及县以上相关的事业单位公开招聘工作人员，应拿出不低于 40%的比例，聘用各专门项目服务期满考核合格的高校毕业生。

（3）考学升学优惠：服务期满后三年内报考硕士研究生初试总分加 10 分；同等条件下优先录取；高职（高专）学生可免试入读成人本科。

（4）国家补偿学费和代偿助学贷款政策：参加各基层就业项目的毕业生，符合规定条件的，可享受相应的学费补偿和助学贷款代偿政策。

（5）服务期满自主创业的，可享受税收优惠、行政事业性收费减免、小额贷款担保和贴息等有关政策。

（6）其他：各基层就业项目服务年限计算工龄。服务期满到企业就业的，按照规定转接社会保险关系。

**25. 高校毕业生到艰苦边远地区或国家扶贫开发工作重点县就业有什么优惠政策？**

根据国务院《关于进一步做好普通高等学校毕业生就业工作的通知》（国发〔2011〕16 号）规定，对到艰苦边远地区或国家扶贫开发工作重点县就业的高校毕业生，在机关工作的，试用期工资可直接按试用期满后工资确定，试用期满后级别工资高定 1~2 档；在事业单位工作的，可提前转正定级，转正定级时薪级工资高定 1~2 级。

# 三、鼓励高校毕业生应征入伍，报效祖国

**1. 国家鼓励高校毕业生入伍，这里的"高校毕业生"如何界定？**

指中央部门和地方所属全日制公办普通高等学校、民办普通高等学校和独立学院的全日制普通本专科（含高职）、研究生、第二学士学位应届毕业生。不包括往届毕业生及成人高等教育、高等教育自学考试类学生、各类非学历教育的学生。

征集的高校应届毕业生以男性为主，女性应届毕业生征集根据军队需要确定。

高职（专科）毕业班学生完成专业理论课程学习并取得毕业所需学分，仅需再完成毕业实习即能毕业的，可在当年冬季报名应征入伍，享受高校应届毕业生入伍有关优惠政策。

**2. 公民应征入伍需要满足哪些政治条件？**

征兵政治审查的内容包括：应征公民的年龄、户籍、职业、政治面貌、宗教信仰、文化程度、现实表现以及家庭主要成员和主要社会关系成员的政治情况等。征集

服现役的公民必须热爱中国共产党，热爱社会主义祖国，热爱人民军队，遵纪守法，品德优良，决心为抵抗侵略、保卫祖国、保卫人民的和平劳动而英勇奋斗，等等。

**3. 公民应征入伍要满足哪些基本身体条件？**

公民应征入伍要符合国防部颁布的《应征公民体格检查标准》和有关规定。其中，有几项基本条件。

身高：男性162cm以上，女性160cm以上。

体重：男性不超过标准体重的+25%、-15%，女性不超过标准体重的±15%；标准体重=（身高-110）kg。

视力：陆勤岗位视力标准，大学专科以上文化程度的青年入伍，右眼裸眼视力放宽至4.6，左眼裸眼视力放宽至4.5。屈光不正，准分子激光手术后半年以上，无并发症，视力达到相应标准，合格。

内科：乙型肝炎表面抗原呈阴性等。

**4. 应征入伍高校毕业生的年龄条件是多少？**

高职（专科）毕业生当年为18~23周岁，本科以上学历的可以放宽到当年24周岁。

**5. 高校毕业生应征入伍服义务兵役要经过哪些程序？**

（1）参加网上预征报名：4~7月，有应征意向的高校毕业生登录"大学生网上预征报名系统"报名预征（http://zbbm.chsi.com.cn 或 http://zbbm.chsi.cn），填写、打印《应届毕业生预征对象登记表》和《应征入伍高校毕业生补偿学费代偿国家助学贷款申请表》（以下分别称《登记表》、《申请表》），交所在学校预征工作管理部门。

（2）参加初审、初检，通过确认：5~7月，按照兵役机关的统一安排，预征报名高校毕业生参加身体初检、政治初审，通过的毕业生被确定为预征对象。在毕业生离校前，高校协助兵役机关，将《登记表》和《申请表》审核盖章发给预征对象并完成网上信息确认。

（3）到户籍所在地报名应征：10月底全国征兵工作开始后，预征对象携带《登记表》和《申请表》，到入学前户籍所在地县（市、区）征兵办公室报名应征（落实单位户档随迁的，在现户籍所在地应征）。通过体检政审的高校毕业生由县级兵役机关批准入伍。

**6. 兵役工作由哪个部门负责？**

《兵役法》规定，全国的兵役工作，在国务院、中央军委领导下，由国防部负责。各军区按照国防部赋予的任务，负责办理本区域的兵役工作。省军区（卫戍区、警备区）、军分区（警备区）和县、自治县、市、市辖区的人民武装部，兼各该级人民政府的兵役机关，在上级军事机关和同级人民政府领导下，负责办理本区域的兵役工作。县级以上地方各级人民政府组织兵役机关和有关部门组成征集工作机构，负责组织实施征集工作。

高校毕业生预征工作在学校由学生管理部门或武装部门牵头。有意向参军入伍的高校毕业生可向所在学校学工部（处）、就业中心、武装部咨询。

**7. 高校毕业生应征入伍服义务兵役享受哪些优惠政策？**

高校毕业生应征入伍服义务兵役，除享有优先报名应征、优先体检政审、优先审批定兵外，还享受优先选拔使用、考学升学优惠、补偿学费或代偿国家助学贷款、就业安置帮扶等优惠政策。

**8. 如何理解高校毕业生应征"优先"政策？**

征兵报名前，县级兵役机关通知预征对象报名时间、地点、注意事项等。高校毕业生本人持《登记表》到户籍所在地县级兵役机关报名应征。

高校毕业生预征对象体检由县级征兵办公室统一组织，同级卫生部门具体负责。征兵前，县级兵役机关要通知预征对象体检时间、地点、注意事项，安排其上站体检。

组织高校毕业生政审时，严格按照《征兵政治审查工作规定》进行。《应征公民政治审查表》中的"就读学校鉴定意见"栏的鉴定意见以《登记表》意见为准，不再填写鉴定意见。入伍前，《登记表》作为政审表的附件装入新兵档案。

县级兵役机关召开定兵会议审批定兵时，优先批准体检、政审合格的高校应届毕业生预征对象入伍。

同等条件下，高校毕业生士兵在选取士官、安排到技术岗位等方面优先；具有普通本科学历、取得相应学位的高校毕业生士兵，表现优秀、符合总部有关规定的可以直接选拔为军官。有关具体规定按照军队有关部门出台的文件执行。

**9. 应征入伍服义务兵役给予学费补偿和助学贷款代偿的内容是什么？**

从 2009 年起，国家对应征入伍服义务兵役的高校应届毕业生在校期间缴纳的学费实行补偿。在校期间获得国家助学贷款的，学费补偿款首先用于偿还助学贷款本金及其全部偿还之前产生的利息。

**10. 高校毕业生应征入伍享受学费补偿和助学贷款代偿的标准是多少？**

按照财政部、教育部、总参谋部《关于印发〈应征入伍服义务兵役高等学校毕业生学费补偿和国家助学贷款代偿暂行办法〉的通知》（财教〔2009〕35 号）规定，国家对服义务兵役的高校毕业生每学年补偿学费或代偿国家助学贷款本息的金额，最高为 6000 元；毕业生在校期间每学年实际缴纳的学费或获得的国家助学贷款本息高于 6000 元的，按照每年 6000 元的金额实行补偿或者代偿；高校毕业生在校学习期间每年实际缴纳的学费或获得的国家助学贷款本息低于 6000 元的，按照学费和国家助学贷款本息两者就高的原则，实行补偿或代偿。

**11. 高校毕业生应征入伍都可以享受学费补偿或助学贷款代偿政策吗？**

在校期间已享受免除全部学费政策的学生、定向生、委培生、国防生、按部队生长干部条件招收的大学毕业生，以及从高校毕业生中直招的士官等其他形式到部队参军的高校毕业生，均不享受学费补偿和助学贷款代偿政策。

**12. 高校毕业生应征入伍享受学费补偿和助学贷款代偿的年限如何计算？**

对本科、专科（高职）、研究生和第二学士学位毕业生补偿学费或代偿国家助学贷款本息的年限，不论服役时间长短，分别按照国家规定的相应学制计算，在高校毕业生入伍时，实行一次性补偿或代偿。在校学习时间低于相应学制规定年限的，按照实际学习时间计算。在校学习时间高于相应学制规定年限的，按照学制规定年限计算。专升本、本硕连读、中职高职连读、第二学士学位毕业生补偿学费或代偿国家助学贷款本息的年限，分别按照完成本科、硕士、高职和第二学士学位阶段学习任务的实际时间计算（即按完成最终学历阶段学习任务的实际时间计算）。

**13．高校毕业生应征入伍申请学费补偿或助学贷款代偿的程序是什么？**

（1）填写有关表格：预征工作开始后，有应征意向的普通高校应届毕业生登录"大学生预征网上预征报名系统"（http://zbbm.chsi.com.cn 或 http://zbbm.chsi.cn），填写、打印并向就读高校递交《登记表》、《申请表》。在校学习期间获得国家助学贷款的，还需提供与经办银行签订的还款计划书复印件。其中，应注明已申请国家助学贷款代偿。

（2）高校初审盖章：离校前，高校对被确定为预征对象的毕业生补偿学费和代偿国家助学贷款本息的条件资格、具体金额及相关信息资料进行初审，确认无误后，在《申请表》上加盖公章，连同《登记表》一起交给学生本人。

（3）表格递交县征兵办：10 月 31 日前，高校毕业生到入学前户籍所在地报名应征时将《登记表》及《申请表》交县（市、区）人民政府征兵办公室。

（4）县征兵办审批入伍、复核材料并盖章：12 月 31 日前，县（市、区）人民政府征兵办公室批准高校毕业生应征入伍后，向其发放《应征入伍通知书》，并会同同级教育行政部门对应征入伍的高校毕业生申请补偿学费和代偿国家助学贷款本息等情况进行复核。确认无误后，分别在《申请表》上加盖公章。

（5）学生资助中心审核并确定最终名单：次年 1 月 15 日前，县（市、区）教育行政部门将户籍为本县（市、区）的入伍高校毕业生的《应征入伍通知书》复印件及《申请表》原件，寄送至应征入伍毕业生原就读高校学生资助管理机构。各高校按隶属关系，分别报各省（区、市）学生资助管理中心和全国学生资助管理中心审核。最终，汇总至全国学生资助管理中心复核、备案后，确定当年享受补偿学费和代偿国家助学贷款本息政策的最终名单及具体金额。

**14．补偿、代偿的经费如何发放到符合条件的高校毕业生手中？**

各中央部门所属高校和地方所属高校在收到补偿学费和代偿国家助学贷款本息资金的 15 个工作日内，向毕业生补偿学费；对于申请助学贷款代偿的毕业生，由学校代替毕业生按照还款协议，向银行偿还其在本校办理的国家助学贷款本息，并将银行开具的偿还国家助学贷款本息的凭据交寄毕业生本人或其家长，将剩余资金汇至高校毕业生指定的地址或账户。

入学前在户籍所在县（市、区）办理了生源地信用助学贷款的应征入伍毕业生，在收到代偿资金后 1 个月内，根据与银行签订的还款协议，由学生本人或家长（或其他法定监护人）一次性向银行偿还生源地信用助学贷款本息。

**15．因个人原因被部队退回，毕业生已获补偿、代偿的经费要被收回吗？**

高校毕业生因本人思想原因、故意隐瞒病史或违法犯罪等被部队退回的，取消其补偿学费和代偿国家助学贷款的资格。已获补偿或代偿资金由毕业生户籍所在地县（市、区）教育行政部门会同同级征兵办公室收回，并逐级汇总上缴至全国学生资助管理中心。

**16．高校应届毕业生入伍服义务兵役年限是多少？**

我国现行的义务兵役制度是 2 年。

**17．具有高等教育学历的士兵退役后，享受哪些升学考学优惠政策？**

（1）参加政法院校为基层公检法定向岗位招生时，同等条件下优先录取，且专列一定比例招收退役毕业生报考者；

（2）退役后 3 年内参加全国硕士研究生招生统一入学考试，初试总分加 10 分；

（3）立二等功及以上的，退役后免试（指初试）攻读硕士研究生；

（4）具有高职（高专）学历的，退役后免试入读成人本科；或经过一定考核(计划单列、专升本考试、单独录取)，30%比例入读普通本科。

**18. 什么是政法院校为基层公检法定向岗位招生？**

2008 年，政法院校开展招录培养体制改革试点工作，重点从军队退役士兵和普通高校毕业生中选拔人才，为西部和经济欠发达地区的基层公、检、法、司机关定向招录培养专科以上层次的各类人才。

**19. 高校毕业生应征入伍服义务兵役，其户口档案存放在哪里？如何迁转？**

高校毕业生在 4～7 月参加预征，身体初检和政治初审合格，填写《登记表》，将户口迁回入学前户籍所在地，档案可转到入学前户籍所在地公共就业和人才服务机构存放。批准入伍后，其学籍档案放入新兵档案。

**20. 高校毕业生退役后就业及户档迁移有何优惠政策？**

入伍高校毕业生退出现役后，可参照普通高等学校应届毕业生，凭用人单位录（聘）用手续，向原就读高校再次申请办理就业报到证（从退出现役当年的 12 月 1 日起至次年 12 月 31 日止），户档随迁（直辖市按照有关规定执行）。到各地公共就业和人才服务机构求职的，可按规定免费享受公共就业和人才服务。参加户籍所在地省级毕业生就业指导机构、原毕业高校就业招聘会，享受提供信息、重点推荐、就业指导等就业服务。

**21. 什么是士官？士官与义务兵有什么区别？**

我军现役士兵按兵役性质分为义务兵役制士兵和志愿兵役制士兵。义务兵役制士兵称为义务兵，志愿兵役制士兵称为士官。士官属于士兵军衔序列，但不同于义务兵役制士兵，是士兵中的骨干。义务兵实行供给制，发给津贴；士官实行工资制和定期增资制度。预征指的是义务兵。

**22. 没有参加网上预征报名的高校毕业生是否还可以应征入伍并享受有关优惠政策？**

离校前未报名的应届毕业生，可在冬季征兵前到入学前户籍所在地乡（镇、街道）武装部报名并进行兵役登记，合格者确定为预征对象，择优送站体检。体检、政审合格被批准入伍后，补办补偿代偿等手续，仍可享受国家鼓励高校毕业生应征入伍的各项优惠政策。

# 四、积极聘用高校毕业生参与国家和地方重大科研项目

## 1. 国家和地方重大科研项目包括哪些？

按照科技部、教育部、财政部、人力资源和社会保障部、国家自然科学基金委员会《关于鼓励科研项目单位吸纳和稳定高校毕业生就业的若干意见》（国科发财〔2009〕97 号）规定，由高校、科研机构和企业所承担的民口科技重大专项、973 计划、863 计划、科技支撑计划项目以及国家自然科学基金会的重大重点项目等，可以聘用高校毕业生作为研究助理或辅助人员参与研究工作。此外的其他项目，承担研究的单位也可聘用高校毕业生。

**2．哪些高校毕业生可以被吸纳为研究助理或辅助人员？**

吸纳对象主要以优秀的应届毕业生为主，包括高校以及有学位授予权的科研机构培养的博士研究生、硕士研究生和本科生。

**3．科研项目吸纳的高校毕业生是否为在编职工？**

不是项目承担单位的正式在编职工，被吸纳高校毕业生需与项目承担单位签订服务协议，明确双方的权利、责任和义务。

**4．科研项目承担单位与被吸纳高校毕业生签订的服务协议应包含哪些内容？**

（1）项目承担单位的名称和地址；

（2）研究助理的姓名、居民身份证号码和住址；

（3）服务协议期限；

（4）工作内容；

（5）劳务性费用数额及支付方式；

（6）社会保险；

（7）双方协商约定的其他内容。

服务协议不得约定由毕业生承担违约金。

**5．服务协议的期限如何约定？**

根据人力资源和社会保障部办公厅《关于重大科研项目单位吸纳高校毕业生参与研究工作签订服务协议有关问题的通知》（人社厅发〔2009〕47 号）等文件规定，服务协议期限最多可签订 3 年，3 年以下的服务协议期限已满而项目执行期未满的，根据工作需要可以协商续签至 3 年。

**6．服务协议履行期间可以解除协议吗？**

服务协议履行期间，毕业生可以提出解除服务协议，但应提前 15 天书面通知项目承担单位。

项目承担单位提出解除服务协议的，应当提前 30 日书面通知毕业生本人。研究助理被解除服务协议或协议期满终止后，符合条件的毕业生可按规定享受失业保险待遇。

**7．被吸纳高校毕业生如何获取报酬？**

由项目承担单位向高校毕业生支付劳务性费用，具体数额按照国家有关规定、参照相应岗位标准，由双方协商确定。

**8．项目承担单位是否给被吸纳的高校毕业生上保险？**

项目承担单位应当为毕业生办理社会保险，具体包括基本养老保险、基本医疗保险、失业保险、工伤保险、生育保险，并按时足额缴费。参保、缴费、待遇支付等具体办法参照各项社会保险有关规定执行。

**9．被吸纳的高校毕业生户档如何迁转？**

毕业生参与项目研究期间，根据当地情况，其户口、档案可存放在项目承担单位所在地或入学前家庭所在地公共就业和人才服务机构。项目承担单位所在地或入学前家庭所在地公共就业和人才服务机构应当免费为其提供户口、档案托管服务。

**10．服务协议期满后如何就业？**

协议期满，如果项目承担单位无意续聘，则毕业生到其他岗位就业。同时，国家鼓励项目承担单位正式聘用（招用）人员时，优先聘用担任过研究助理的人员。项目承担单位或其他用人单位正式聘用（招用）担任过研究助理的人员，应当分别依据《劳动合同法》、国务院办公厅转发人事部《关于在事业单位试行人员聘用制度意见的通知》（国办发〔2002〕35号）等规定执行。

**11．毕业生服务协议期满被用人单位正式录（聘）用后，如何办理落户手续？工龄如何接续？**

担任过研究助理的人员被正式聘用（招用）后，按照有关规定，凭用人单位录（聘）用手续、劳动合同和《普通高等学校毕业证书》办理落户手续；工龄与参与项目研究期间的工作时间合并计算，社会保险缴费年限合并计算。

## 五、鼓励支持高校毕业生自主创业、稳定灵活就业

**1．高校毕业生自主创业可以享受哪些优惠政策？**

按照国务院《关于进一步做好普通高等学校毕业生就业工作的通知》（国发〔2011〕16号）、国务院办公厅转发人力资源和社会保障部等部门《关于促进以创业带动就业工作指导意见的通知》（国办发〔2008〕111号）等文件规定，高校毕业生自主创业优惠政策主要包括：

（1）税收优惠：持《就业失业登记证》（注明"自主创业税收政策"或附着《高校毕业生自主创业证》）的高校毕业生在毕业年度内（指毕业所在自然年，即1月1日～12月31日）从事个体经营的，3年内按每户每年8000元为限额依次扣减其当年实际应缴纳的营业税、城市维护建设税、教育费附加和个人所得税。对高校毕业生创办的小型微利企业，按国家规定享受相关税收支持政策。

（2）小额担保贷款和贴息支持：对符合条件的高校毕业生自主创业的，可在创业地按规定申请小额担保贷款；从事微利项目的，可享受不超过10万元贷款额度的财政贴息扶持。对合伙经营和组织起来就业的，可根据实际需要适当提高贷款额度。

（3）免收有关行政事业性收费：毕业2年以内的普通高校毕业生从事个体经营（除国家限制的行业外）的，自其在工商部门首次注册登记之日起3年内，免收管理类、登记类和证照类等有关行政事业性收费。

（4）享受培训补贴：对高校毕业生在毕业年度内参加创业培训的，根据其获得创业培训合格证书或就业、创业情况，按规定给予培训补贴。

（5）免费创业服务：有创业意愿的高校毕业生，可免费获得公共就业和人才服务机构提供的创业指导服务，包括政策咨询、信息服务、项目开发、风险评估、开业指导、融资服务、跟踪扶持等"一条龙"创业服务。各地在充分发挥各类创业孵化基地作用的基础上，因地制宜建设一批大学生创业孵化基地，并给予相关政策扶持。对基地内大学生创业企业要提供培训和指导服务，落实扶持政策，努力提高创业成功率，延长企业存活期。

（6）各城市应取消高校毕业生落户限制，允许高校毕业生在创业地办理落户手续（直辖市按有关规定执行）。

**2．高校毕业生怎样提升自主创业的能力？**

各高校要广泛开展创业教育，积极开发创新创业类课程，完善创业教育课程体系，将创业教育课程纳入学分管理。

各地人力资源和社会保障部门已形成一些成熟的创业培训模式，如"GYB"（产生你的企业想法）、"SYB"（创办你的企业）、"IYB"（改善你的企业）；高校毕业生可选择参加创业培训和实训，并可按规定享受培训补贴，以提高创业能力。

**3. 什么是小额担保贷款？小额担保贷款的用途是什么？**

小额担保贷款是指通过政府出资设立担保基金，委托担保机构提供贷款担保，由经办商业银行发放，以解决符合一定条件的待就业人员从事个体经营自筹资金不足的一项贷款业务。

小额担保贷款主要用做自谋职业、自主创业或合伙经营和组织起来创业的开办经费和流动资金。

**4. 申请小额担保贷款额度是多少？贷款期限有多长？**

国家规定对符合条件的高校毕业生自主创业的，可在创业地按规定申请小额担保贷款；从事微利项目的，可享受不超过 10 万元贷款额度的财政贴息扶持。各地区对申请小额担保贷款额度有不同规定。对合伙经营和组织起来就业的，可根据需要适当提高贷款额度。

小额担保贷款的期限一般不超过 2 年，可展期 1 年。

**5. 怎样申请小额担保贷款？在哪些银行可以申请小额担保贷款？**

小额担保贷款按照自愿申请、社区推荐、人力资源和社会保障部门审查、贷款担保机构审核并承诺担保、商业银行核贷的程序，办理贷款手续。

各国有商业银行、股份制商业银行、城市商业银行和城乡信用社都可以开办小额担保贷款业务，各地区根据实际情况确定具体经办银行。在指定的具体经办银行可以办理小额担保贷款。

**6. 哪些项目属于微利项目？**

微利项目由各省、自治区、直辖市人民政府结合当地实际情况确定，并报财政部、中国人民银行、人力资源和社会保障部备案。对于从事微利项目的，财政据实全额贴息，展期不贴息。

**7. 我国针对高校毕业生灵活就业有什么政策措施？**

根据国务院《关于进一步做好普通高等学校毕业生就业工作的通知》（国发〔2011〕16 号）、财政部、人力资源和社会保障部《关于进一步加强就业专项资金管理有关问题的通知》（财社〔2011〕64 号）等规定，鼓励支持高校毕业生通过多种形式灵活就业，并给予相关政策扶持。对符合就业困难人员条件的灵活就业高校毕业生，要按规定落实社会保险补贴政策。对申报灵活就业的高校毕业生，各级公共就业和人才服务机构按规定提供人事、劳动保障代理服务，做好社会保险关系接续工作。

对就业困难人员灵活就业后缴纳的社会保险费，给予一定数额的社会保险补贴，补贴数额原则上不超过其实际缴费的 2/3。灵活就业的就业困难人员按规定向当地人力资源和社会保障部门申请社会保险补贴。社会保险补贴申请材料应附：由灵活就业人员签字、人力资源和社会保障部门盖章确认的、注明具体从事灵活就业的岗位、地址等内容的相关证明材料，灵活就业人员身份证复印件、《就业失业登记证》复印件、社会保险征缴机构出具的社会保险费明细账（单）等凭证材料，经人力资源和社会保障部门审核后，财政部门将补贴资金支付给申请者本人。

## 六、支持高校毕业生参加就业见习和技能培训

### 1. 什么是就业见习？

就业见习是指由各级人力资源和社会保障部门根据离校未就业高校毕业生本人意愿，组织其到经政府认定的就业见习单位进行见习锻炼、积累工作经验、提升就业能力的一项就业促进措施。

2009 年起，人力资源和社会保障部会同教育部、工业和信息化部、国资委、工商总局、全国工商联和共青团中央联合下发《关于印发 3 年百万高校毕业生就业见习计划的通知》（人社部发〔2009〕38 号），决定 2009—2011 年，拓展和规范一批用人单位作为高校毕业生见习基地，用 3 年时间组织 100 万离校未就业高校毕业生参加就业见习。

未就业高校毕业生如参加就业见习可向当地人力资源和社会保障部门及当地团组织咨询，当地人力资源和社会保障部门是就业见习的组织实施单位。

### 2. 离校后未就业高校毕业生如何参加就业见习？

人力资源和社会保障部门通过媒体、公共就业和人才服务机构以及电视、网络、报纸等多种渠道，发布就业见习信息，公布见习单位名单、岗位数量、期限、人员要求等有关内容，或者组织开展见习单位和高校毕业生的双向选择活动，帮助离校未就业高校毕业生和见习单位对接。离校后未就业回到原籍的高校毕业生可与原籍所在地人力资源和社会保障部门及当地团组织联系，主动申请参加就业见习。

### 3. 就业见习期限有多长？

高校毕业生就业见习期限一般为 3 ~ 12 个月。

高校毕业生就业见习活动结束后，见习单位对高校毕业生进行考核鉴定，出具见习证明，作为用人单位招聘和选用见习高校毕业生的依据之一。在见习期间，见习单位正式录（聘）用的，在该单位的见习期可以作为工龄计算。

### 4. 就业见习单位给毕业生上保险吗？

见习期间所在见习单位为毕业生办理人身意外伤害保险。

### 5. 离校未就业高校毕业生参加就业见习享受哪些政策和服务？

（1）获得基本生活补助（基本生活补助费用由见习单位和地方政府分担，各地要根据当地经济发展和物价水平，合理确定和及时调整基本生活补助标准）；

（2）免费办理人事代理；

（3）办理人身意外伤害保险；

（4）见习期满未被录用可继续享受就业指导与服务。

### 6. 见习单位能享受什么优惠政策？

对企业（单位）吸纳离校未就业高校毕业生参加就业见习的，由见习企业（单位）先行垫付见习人员见习期间基本生活补助，再按规定向当地人力资源和社会保障部门申请就业见习补贴。

就业见习补贴申请材料应附：实际参加就业见习的人员名单、就业见习协议书、见习人员身份证、《就业登记证》复印件和大学毕业证复印件、企业（单位）发放基本生活补助明细账（单）、企业（单位）在银行开立的基本账户等凭证材料，经人力

资源和社会保障部门审核后，财政部门将资金支付到企业（单位）在银行开立的基本账户。

见习单位支出的见习补贴相关费用，不计入社会保险缴费基数，但符合税收法律法规规定的，可以在计算企业所得税应纳税所得额时扣除。

### 7. 高校毕业生如何申请参加职业培训？

职业培训由各地人力资源和社会保障部门负责组织实施。高校毕业生可到当地人力资源和社会保障部门咨询了解职业培训开展情况，选择适宜的培训项目参加。

职业培训工作主要由政府认定的培训机构、技工院校或企业所属培训机构承担。

### 8. 高校毕业生能否享受职业培训补贴政策？如何申请职业培训补贴？

高校毕业生毕业年度内参加就业技能培训或创业培训，可按规定向当地人力资源和社会保障部门申请职业培训补贴。毕业后按规定进行了失业登记的高校毕业生参加就业技能培训或创业培训，也可向当地人力资源和社会保障部门申请职业培训补贴。

按照财政部、人力资源和社会保障部《关于进一步加强就业专项资金管理有关问题的通知》（财社〔2011〕64号）等文件规定，申请材料经人力资源和社会保障部门审核后，财政部门按规定将补贴资金直接拨付给申请者本人。职业培训补贴申请材料应附：培训人员身份证复印件、《就业失业登记证》复印件、职业资格证书（专项职业能力证书或培训合格证书）复印件、就业或创业证明材料、职业培训机构开具的行政事业性收费票据（或税务发票）等凭证材料。

高校毕业生参加就业技能培训或创业培训后，培训合格并通过职业技能鉴定取得初级以上职业资格证书（未颁布国家职业技能标准的职业应取得专项职业能力证书或创业培训合格证书），6个月内实现就业的，按职业培训补贴标准的100%给予补贴。6个月内没有实现就业的，取得初级以上职业资格证书，按职业培训补贴标准的80%给予补贴；取得专项职业能力证书或创业培训合格证书，按职业培训补贴标准的60%给予补贴。

### 9. 高校毕业生如何获取职业资格证书？

高校毕业生个人可向职业技能鉴定所（站）自主申请职业技能鉴定。职业技能鉴定要参加理论知识考试和操作技能（专业能力）考核。经鉴定合格者，由人力资源和社会保障部门核发相应的职业资格证书。

### 10. 高校毕业生能否享受职业技能鉴定补贴政策，如何申请技能鉴定补贴？

按照财政部、人力资源和社会保障部《关于进一步加强就业专项资金管理有关问题的通知》（财社〔2011〕64号）等文件规定，对高校毕业生在毕业年度内通过初次职业技能鉴定并取得职业资格证书或专项职业能力证书的，按规定给予一次性职业技能鉴定补贴。

通过初次职业技能鉴定并取得职业资格证书或专项职业能力证书的，可向职业技能鉴定所在地的人力资源和社会保障部门申请一次性职业技能鉴定补贴。职业技能鉴定补贴申请材料应附：申请人身份证复印件、《就业失业登记证》复印件、职业资格证书复印件、职业技能鉴定机构开具的行政事业性收费票据（或税务发票）等凭证材料，经人力资源和社会保障部门审核后，财政部门按规定将补贴资金支付给申请者本人。

## 七、为高校毕业生提供就业指导、就业服务和就业援助

**1. 主要有哪些机构为高校毕业生提供就业服务？**

（1）公共就业和人才服务机构

由各级人力资源和社会保障部门举办的公共就业和人才服务机构，为高校毕业生免费提供政策咨询、就业信息、职业指导、职业介绍、就业援助、就业与失业登记或求职登记等各项公共服务，按规定为登记失业高校毕业生免费提供人事档案管理等服务。此外，还定期开展面向高校毕业生的公共就业和人才服务专项活动。例如，每年5月"民营企业招聘周"、每年9月"高校毕业生就业服务月"、每年11月"高校毕业生就业服务周"等，为高校毕业生和用人单位搭建供需对接平台。

（2）高校毕业生就业指导机构

目前，各省教育部门、各高校普遍建立了高校毕业生就业指导机构，为毕业生提供就业咨询、用人单位招聘及实习实训信息、求职技巧、职业生涯辅导、毕业生推荐、实习实践能力提升和就业手续办理等多项就业指导和服务。

（3）职业中介机构

主要包括从事人力资源服务的经营性机构，政府鼓励各类职业中介机构为高校毕业生提供就业服务，对为登记失业高校毕业生提供服务并符合条件的职业中介机构按规定给予职业介绍补贴。

**2. 职业中介机构如何享受职业介绍补贴？**

按照财政部、人力资源和社会保障部《关于进一步加强就业专项资金管理有关问题的通知》（财社〔2011〕64号）等文件规定，在工商行政部门登记注册的职业中介机构，可按经其就业服务后实际就业的登记失业人员人数向当地人力资源和社会保障部门申请职业介绍补贴。

职业介绍补贴申请材料应附：经职业中介机构就业服务后已实现就业的登记失业人员名单、接受就业服务的本人签名及居民身份证（以下简称身份证）复印件、《就业失业登记证》（以下简称《登记证》）复印件、劳动合同等就业证明材料复印件、职业中介机构在银行开立的基本账户等凭证材料。申请材料经人力资源和社会保障部门审核后，财政部门按规定将补贴资金支付到职业中介机构在银行开立的基本账户。

**3. 高校毕业生获取就业信息的主要渠道有哪些？**

（1）浏览各类就业信息网站，包括中央有关部门主办的全国性就业信息网站、地方有关部门主办的就业信息网站、各高校就业信息网站及校内BBS求职版面、其他专业性就业网站等；

（2）参加各类招聘和双向选择活动，包括国家有关部门、各地、学校、用人单位等相关机构组织的各类现场或网络招聘活动；

（3）参与校企合作实习，包括社会实践、毕业实习等活动；

（4）查阅媒体广告，如报纸、刊物、电台、电视台、视频媒体等；

（5）他人推荐，如导师、校友、亲友等；

（6）主动到单位求职自荐等。

**4.在校期间高校毕业生可以通过哪些途径提升就业能力？**

在学好专业知识技能的同时，根据学校要求或安排，毕业生可以通过选修或必修就业指导课程、参与学校组织的就业实习、技巧辅导、模拟招聘等活动，学习和了解相关职业的资料和信息，充分借助社会实践平台，全面提升就业能力。

高校毕业生还可通过学校实施的毕业证书与职业资格证书"双证书"制度、组织到企业顶岗实习、参加人力资源和社会保障部门认定的定点机构开展的职业技能培训等，切实增强自身的岗位适应能力与就业竞争力，促进职业素养的养成。

**5.困难家庭高校毕业生包括哪些毕业生？享受哪些帮扶政策？**

困难家庭高校毕业生是指：来自城镇低保家庭、低保边缘户家庭、农村贫困家庭和残疾人家庭的普通高校毕业生。

各级机关考录公务员、事业单位招聘工作人员时，免收困难家庭高校毕业生的报名费和体检费。

为帮助困难家庭的高校毕业生求职就业，高校一般都会安排经费作为困难家庭毕业生的求职补助，或对已成功就业的困难家庭毕业生给予奖励。困难家庭的毕业生可向所在院系书面申请。学校也应根据平时掌握的情况，对困难家庭的毕业生给予主动帮助。

**6.面对求职困难，高校毕业生该如何应对？**

（1）主动了解国家促进就业的相关政策，努力争取各方支持；

（2）主动联系学校就业指导老师和专业教师，并保持经常沟通；

（3）积极参加校园招聘会和各类人才洽谈会；

（4）主动到各级人力资源和社会保障部门所属的公共就业和人才服务机构进行求职登记，获得免费的政策咨询、就业信息、职业指导、职业介绍、就业援助等服务；

（5）通过网络等各种渠道，广泛搜集社会需求信息；

（6）充分利用亲友、校友、学校社团等资源，积极获取就业信息；

（7）了解社会发展动态，树立正确的就业观，合理调整求职预期。

**7.高校毕业生如何办理就业登记和失业登记？离校后未就业如何获得相应的就业指导和服务？**

各级公共就业和人才服务机构要按照《就业促进法》的规定，为已就业高校毕业生免费办理就业登记，并按规定提供人事、劳动保障代理服务。对未就业的高校毕业生可按规定办理失业登记，并纳入户籍所在地失业人员统一管理，落实相关就业扶持政策。各级人力资源和社会保障部门、教育部门和各高校将进一步完善以实名制为基础的高校毕业生就业统计制度，做好高校毕业生毕业前后的信息衔接和服务接续。

回到原户籍所在地报到的未就业高校毕业生，能够免费享受当地人力资源和社会保障部门提供的公共就业和人才服务。

**8.离校未就业高校毕业生登记失业后，可以享受哪些服务和政策？**

登记失业高校毕业生可免费获得政策咨询、职业指导、职业介绍和人事档案托管等服务政策。有意愿参加就业见习的，可按规定提供基本生活补助并办理一次性人身意外伤害保险；参加职业培训和技能鉴定的，可以按规定申请培训补贴和鉴定补贴。有创业意愿的，可以享受有关税收优惠、小额担保贷款及贴息、行政事业性收费减免、创业服务等扶持政策。

　　各级公共就业和人才服务机构已将就业困难的高校毕业生纳入当地就业援助体系，建立专门台账，实施"一对一"职业指导和重点帮扶，并向用人单位重点推荐，或通过公益性岗位安置就业。符合就业困难条件的高校毕业生可按规定得到就业援助，并落实社会保险补贴或公益性岗位补贴等政策。

# 附录二

# 鼓励高校毕业生创业的政策

**1. 应届高校毕业生自主创业、灵活就业，可享受哪些鼓励政策？**

凡应届高校毕业生从事个体经营的，除国家限制的行业（包括建筑业、娱乐业以及广告业、桑拿、按摩、网吧、氧吧等）外，自工商部门批准其经营之日起，一年内免交登记类和管理类的各项行政事业性收费。地方政府人事部门所属人才服务机构将为其提供所有的人事代理。可免交的具体收费项目主要包括：

（一）法律、行政法规规定的收费项目，国务院以及财政部、国家发展改革委（含原国家计委、原国家物价局，下同）批准的收费项目：

（1）工商部门收取的个体工商户登记费、个体工商户管理费、集贸市场管理费、经济合同签证费、经济合同示范文本工本费。

（2）税务部门收取的税务登记工本费。

（3）卫生部门收取的民办医疗机构管理费、卫生监测费、卫生质量检验费、预防性体检费、预防接种劳务费、卫生许可证工本费。

（4）民政部门收取的民办非企业单位登记费。

（5）劳动保障部门收取的劳动合同签证费、职业资格证书费。

（6）公安部门收取的特种行业许可证工本费。

（7）烟草部门收取的烟草专卖零售许可证费。

（8）国务院以及财政部、国家发改委批准的涉及个体经营的其他登记类和管理类收费项目。

（二）各省、自治区、直辖市人民政府及其财政、价格主管部门批准的涉及个体经营的登记类和管理类收费项目。从事个体经营的高校毕业生，应当向工商、税务、卫生、民政、劳动保障、公安、烟草等部门的相关收费单位出具本人身份证、高校毕业证以及工商部门批准从事个体经营的有效证件，经收费单位核实无误后可按规定免交有关收费。

2．跨省市就业的高校毕业生能享受哪些鼓励政策？

为了促进高校毕业生就业，消除人为限制毕业生跨省就业障碍，国家有关部门出台了多项鼓励人才合理流动的政策。

一、落实企业用人自主权的规定，鼓励用人单位根据实际需要多招聘高校毕业生。

二、取消对接收高校毕业生收取的城市增容费、出省(自治区、直辖市)费、出系统费和其他不合法、不合理的收费政策。

三、省会及省会以下城市放开对吸收高校毕业生落户的限制。省会以上城市也要根据需要，积极放宽高校毕业生就业落户规定，简化有关手续。公安部门对应届毕业生凭用人单位与毕业生签订的《就业协议书》和高校毕业生所持的《普通高校毕业证书》、《全国普通高等学校毕业生就业报到证》办理其落户手续；对非应届毕业生凭用人单位录（聘）用手续、劳动合同和《普通高等学校毕业证书》办理其落户手续。

3．对于高校生活困难毕业生，国家有哪些救助办法？

凡高校毕业生（含大学专科、大学本科、研究生）因患病等原因短期无法就业且生活困难的，由高校毕业生户籍迁入地所在地民政部门参照当地低保标准，给予临时救助，享受临时救助的时间最长不得超过一年。一年后家庭生活仍有困难的，按有关规定申请享受最低生活保障或其他社会救济。对于滞留高校尚未办理户籍迁移的高校困难毕业生，民政部门不予受理。

高校生活困难的毕业生申请临时救助，按最低生活保障的申请审批程序办理。高校生活困难毕业生应当向户籍迁入地所在的申请审批机关出具高等学校颁发的《毕业证书》、个人身份证以及省级高校毕业生就业工作主管部门签发的《全国普通高等学校本专科毕业生就业报到证》或者《全国毕业研究生就业报到证》。

享受临时救助的高校毕业生已参加就业或家庭经济条件好转，应及时取消其临时救助。

4．如何进行失业登记？

毕业半年以上未能就业并要求就业的高校毕业生，可持学校证明到入学前户籍所在城市或劳动保障部门办理失业登记。劳动保障部门所属的公共职业介绍机构和街道劳动保障机构应免费为其提供就业服务。对已进行失业登记的高校毕业生，有条件的城市、社区可组织其参加临时性的社会工作、社会公益活动，或到用人单位见习，给予一定报酬。对于因患病等原因短期无法工作并确无生活来源者，由民政部门参照当地城市低保标准，给予临时救助。

# 附录三

## 高校毕业生自主创业可以享受的优惠政策

　　按照国务院《关于进一步做好普通高等学校毕业生就业工作的通知》（国发〔2011〕16号）、国务院办公厅转发人力资源社会保障等部门《关于促进以创业带动就业工作指导意见的通知》（国办发〔2008〕111号）等文件规定，高校毕业生自主创业优惠政策主要包括：

　　（1）税收优惠：持《就业失业登记证》（注明"自主创业税收政策"或附着《高校毕业生自主创业证》）的高校毕业生在毕业年度内（指毕业所在自然年，即1月1日至12月31日）从事个体经营的，3年内按每户每年8000元为限额依次扣减其当年实际应缴纳的营业税、城市维护建设税、教育费附加和个人所得税。高校毕业生创办的小型微利企业，按国家规定享受相关税收支持政策。

　　（2）小额担保贷款和贴息支持：符合条件的高校毕业生自主创业的，可在创业地按规定申请小额担保贷款；从事微利项目的，可享受不超过10万元贷款额度的财政贴息扶持。对合伙经营和组织起来就业的，可根据实际需要适当提高贷款额度。

　　（3）免收有关行政事业性收费：毕业2年以内的普通高校毕业生从事个体经营（除国家限制的行业外）的，自其在工商部门首次注册登记之日起3年内，免收管理类、登记类和证照类等有关行政事业性收费。

　　（4）享受培训补贴：对高校毕业生在毕业年度内参加创业培训的，根据其获得创业培训合格证书或就业、创业情况，按规定给予培训补贴。

　　（5）免费创业服务：有创业意愿的高校毕业生，可免费获得公共就业和人才服务机构提供的创业指导服务，包括政策咨询、信息服务、项目开发、风险评估、开业指导、融资服务、跟踪扶持等"一条龙"创业服务。各地在充分发挥各类创业孵化基地作用的基础上；因地制宜建设一批大学生创业孵化基地，并给予相关政策扶持。对基地内大学生创业企业要提供培训和指导服务，落实扶持政策，努力提高创业成功率，延长企业存活期。

（6）各城市应取消高校毕业生落户限制，允许高校毕业生在创业地办理落户手续（直辖市按有关规定执行）。